Accounting Masters

会计名家精品教材

国家级一流本科课程教材

MANAGERIAL ACCOUNTING

管理会计

刘俊勇 安娜 主编

第四版

东北财经大学出版社
Dongbei University of Finance & Economics Press
大连

图书在版编目（CIP）数据

管理会计 / 刘俊勇，安娜主编. —4版. —大连：东北财经大学出版社，2024.4
（会计名家精品教材）
ISBN 978-7-5654-5141-6

Ⅰ.管… Ⅱ.①刘… ②安… Ⅲ.管理会计-教材 Ⅳ.F234.3

中国国家版本馆CIP数据核字（2024）第041794号

东北财经大学出版社出版
（大连市黑石礁尖山街217号 邮政编码 116025）
网 址：http://www.dufep.cn
读者信箱：dufep@dufe.edu.cn
大连图腾彩色印刷有限公司印刷 东北财经大学出版社发行

幅面尺寸：185mm×260mm 字数：357千字 印张：15.75 插页：1
2024年4月第4版 2024年4月第1次印刷

责任编辑：高 铭 吴 茜 责任校对：刘贤恩
封面设计：张智波 版式设计：原 皓

定价：45.00元

教学支持 售后服务 联系电话：（0411）84710309

如有印装质量问题，请联系营销部：（0411）84710711

第四版前言

管理会计在中国已有40多年的发展历史，本书在继承国内外已有管理会计教材优秀成果的基础上，反映了国内外管理会计实践的最新发展。

一、本书特色

1.理念领先、内容新颖

在理论联系实际的指导思想下，本教材与时俱进，将古典与现代成果相结合、国际经验与国内实践相结合。相对于传统管理会计教材聚焦于制造业，本书增加了商业企业、服务业企业相关的管理会计内容，英国特许管理会计师公会、美国管理会计师协会对管理会计的最新定义，财政部管理会计应用指引的核心内容，以及我国管理会计实践领域近年来的新发展，如战略地图、平衡计分卡、作业成本法、经济增加值、业绩评价与激励机制等内容。

2.定位准确、体系合理

本课程设计面向本科教学，体系完整，内容翔实，结构合理。

管理会计的基本内容包括：（1）成本会计，包括变动成本法和作业成本法。（2）决策与计划会计，主要有短期经营决策分析、长期投资决策分析和全面预算管理。（3）管理控制与业绩评价会计，主要有平衡计分卡与战略执行、标准成本、弹性预算与差异分析、管理控制系统与责任会计、管理会计报告。本书每章包括学习目标、引例、正文、拓展课堂和思考题、练习题、案例分析。

3.深入浅出、便于教学

产生于工业时代的管理会计体系运用了许多较复杂的数学模型，以反映工业时代重视实物资产和金融资产的特点，这体现在本量利分析、变动成本法、决策分析等内容上；进入信息时代后，管理会计所面临的环境发生了很大的变化，比如关注战略执行、团队学习和以人为本，因此，我们也增加了战略地图、平衡计分卡、全面预算管理的副作用、业绩评价和激励机制等内容。本书在安排相关章节时，也尽量遵循由浅入深、循序渐进的原则，以便于读者自学和教师讲授。

二、第四版修订亮点

（1）增加了第十二章管理会计报告。

（2）调整了教材的语言风格，修改并删除部分赘余语句，使语言更加口语化，删除了理论性强的文字，对原有文字进行精简和整合，使知识点更加通俗易懂。

（3）每章增加即学即测，方便读者进行课后练习。

（4）增加了“拓展课堂”栏目。以真实案例为载体，思政元素与章节知识点相对应，体现了习近平新时代中国特色社会主义思想、社会主义核心价值观，以及中华优秀传统文化等，达到有效的价值引领作用。

（5）在专业知识中有机融合了党的二十大精神，激发学生的爱党爱国情怀，为立德树人和人才培养提供强大的精神动力。

三、章节内容变动

（1）第一章的变化主要有：替换章首案例，并且将行文中的案例全部替换为上海铁路局相关内容。删除了第一节国外机构对管理会计的定义，并补充了根据定义延伸的管理会计要解决的问题，删除了管理会计构成中原有的结构图，替换为带有案例的结构图。第二节补充了管理会计与财务会计受其他领域影响的区别。第三节精简了管理会计的发展过程，补充了数字化转型，增加了我国管理会计的发展，删除了国外相关案例。第四节精简了管理会计组织的相关描述；删除了管理会计师地位中关于组织的描述；知识体系更新为CIMA 2019年版本，并精简内容；在管理会计师职业道德部分，补充了场景案例。

（2）第二章的变化主要是将章首案例只保留概述部分用以引出后续内容，具体内容整合到章节内。第一节精简了案例中过于详细的描述，扩充了关于战略的解释，加入了目标、指标和标杆的内容。第二节中运用华润紫竹案例对于平衡计分卡和战略地图进行介绍解释，并修改了相关示意图。第三节精简理论内容，并将小案例修改为国内企业案例。

（3）第三章的变化主要是替换了章首案例。行文中增加小案例，方便读者理解知识点。对第一节“二、基于财务会计系统的成本分类”中的各种分类进行删减合并，删除文末的优点介绍。对第二节“一、不同分类标准下的成本分类”，删减了部分不常用的分类。第三节“二、混合成本分解”所有方法用一个大案例DW公司贯穿；对散点图法和回归直线法，删减了复杂理论，用基于Excel环境的操作进行简化，仅说明处理思路，不介绍具体的计算方法。

（4）第四章的变化主要是替换了章首案例，章节全部计算均以DW公司为例。调整章节内容顺序，将“盈亏临界图”放在第一部分讲解。

（5）第五章的变化主要是替换了章首案例。第二节保留计算，删除理论讲解。第一节和第三节删除了大篇幅复杂理论，对理论进行精简整合。

（6）第六章的变化主要是替换了章首案例。除第四节拓展部分外，章节全部计算使用巨龙公司案例贯穿。第一节全部删除，部分重要理论移入后面小节。第二节前半部分案例内容形成新的第一节，并修改案例数据，精简后半部分理论内容。第三节精简理论内容，增添案例材料。第四节全部删除，重要理论内容移入第三节后半部分。

（7）第七章的变化主要是替换了章首案例。章节全部计算使用稻谷公司案例贯穿。第一节精简了理论内容。第二节全部删除，部分重要理论移入其他小节。第三节精简理论内容，并修改了案例数据。编者用原有第四节内容形成新的第二节，删除了线性规划计算内容，完善了求解步骤，增添了不同情况下的生产决策。增加了产品销售决策内容，构成新的第四节。

（8）第八章的变化主要是替换了章首案例和正文串联的案例，对涉及的数字略作更改。删除原有第一节“四、资本项目事后审计”。删除原有第五节“投资效益的敏感性分析”。

（9）第九章的主要变化是替换了章首案例。在整个章节内使用旭日公司全面预算编制过程串联。

（10）第十章的主要变化是替换了章首案例和章节学习目标。在整个章节内采用威宝公司案例串联。删除原文中第二节“二、差异分析”中“（三）制定标准”的相关内容，将小标题统一。

（11）第十一章的主要变化是章节全部计算使用骏马公司案例贯穿。第一节精简了理论内容，将监控和报告部分的理论形成新的第三节。原有第二、三、四、五节融合形成新的第二节，精简理论内容，修改案例数据，增添利润中心有关案例。原有第六节形成新的第四节，精简理论部分。将我国中央企业激励机制的部分按照2019年新政策进行替换，并设置成二维码拓展内容。

（12）第十二章是新增章节。主要讲述管理会计报告相关内容，包括第一节管理会计报告，概述了管理会计报告的基本概念。第二节是管理会计报告与财务会计报告的区别和联系。第三节是管理会计报告的编制。

基于多年管理会计的教学、研究和实践经验，以及与工业和信息通信业管理会计推广应用联盟、美国管理会计师协会、英国特许管理会计师公会等团体的合作，我们撰写了本教材。刘俊勇负责本书各章正文的修订；安娜负责各章章首案例的选取和修订，以及新增第十二章管理会计报告的撰写；戴钰霞负责第一章至第二章语言风格、章节内容等的修订；赵玥负责第三章至第五章语言风格、章节内容等的修订；李林珂负责第六章、第七章、第十一章语言风格、章节内容等的修订；张小荷负责第八章至第十章语言风格、章节内容等的修订。全书最后由刘俊勇统一定稿。

本书可以作为高等院校会计学专业及其他经济管理类专业管理会计学课程的教材，也可供财务会计人员和经济管理人员自学管理会计时使用。我们建议本课程的先修课程为会计学和管理学。我们更期望本课程能够作为经济管理类学科的专业基础课，为战略管理、人力资源管理、市场营销、工商管理等专业课程作出贡献。

囿于学识、经验和团队磨合，本书难免会存在不足之处，敬请广大读者朋友不吝赐教。

编　者

2023年12月于北京太阳园

目录

第一章　管理会计概述

学习目标

通过本章的学习，了解掌握管理会计的定义与基本内容；了解管理会计的形成与发展过程，了解管理会计当今的发展趋势；理解管理会计的基本理论，管理会计人员在企业价值链职能中的作用；了解管理会计师与管理会计的地位和职责。

引例：疫情影响下的上海铁路局[①]

中国铁路上海局集团有限公司（以下简称“铁路局”），是中国国家铁路集团有限公司管理的18个大型铁路运输企业之一。2020年初，受新冠肺炎疫情的影响，铁路客运量同比下滑87.2%。面对疫情防控常态化，预期客流量与收入的回升将非常缓慢，防疫成本支出不断增加，用于基础设施建设与运输设备购买、折旧、工资等刚性支出难以压缩，给铁路局造成了很大的压力。这时管理会计发挥了作用，从“战略调整、预算调整、成本管理、风险控制、运营管理以及运用数字化系统”几个方面，维护了疫情影响下铁路局的正常运营。

（一）战略管理方面

铁路局首先严格地做好了消毒测温工作，将乘客和员工的生命安全放在第一位。其次，配合政府进行密切接触者的排查和隔离，将疫情扩散风险降到最低。最后，克服困难紧急运输防疫物资，输送医护人员，为复工复产开设专列。

（二）预算管理方面

铁路局增强了收入预算并预测收入水平走向，因受疫情影响，铁路局将相关收入预算进行下调。最后，在制定收入预算时均考虑到国际疫情蔓延、国际运输不畅、石油价格下降等诸多因素的影响，以增强预算的预见性。

（三）成本管理方面

铁路局通过优化消毒技术、统采统购口罩、优先安排休假与派遣闲置员工以及精细调整开车方案，节省采购费用、控制人工成本、降低列车维修保养费和运输成本。

（四）风险管理方面

铁路局在疫情蔓延风险管理和现金风险管理方面进行了安排。为控制疫情蔓延，一

---

① 财政部管理会计咨询专家组．管理会计助力上海铁路局疫情下稳定发展［EB/OL］．［2020-07-27］．http：//kjs.mof.gov.cn/diaochayanjiu/202007/t20200724_3556272.htm.

旦列车上发现发热旅客，马上对该辆列车进行终末消毒。与此同时，还通过客票系统的大数据分析实现列车人员数量的精准匹配，减少了人员聚集的风险。现金流风险管理方面，由于疫情导致很多负责列车保洁与餐饮的员工闲置，但是薪酬还得按月按时支付，铁路局采取劳务外派的方式避免了现金“断流”的风险。

（五）运营管理方面

铁路局统筹列车投放，提高列车使用效率，并调整经营业务，配合“公转铁”的落实。此外，在实现增加铁路运货量的同时，也享受到了诸多政府补贴。

（六）管理会计信息系统应用

铁路局根据数据预测结果调整人员及餐食配备，并根据大数据分析结果统筹列车开行，有效地降低了成本。

在步入管理会计领域后，我们就会熟悉管理者是如何利用会计信息全盘控制企业的各项活动的，也会明白同为会计分支的管理会计和财务会计紧密相关又迥然不同的作用。

第一节 管理会计系统

一、管理会计的概念

财政部（2014年）对管理会计定义如下：管理会计是会计的重要分支，主要服务于单位（包括企业和行政事业单位，下同）内部管理需要，是通过利用相关信息，有机融合财务与业务活动，在单位规划、决策、控制和评价等方面发挥重要作用的管理活动。

了解了上述概念，我们总结一下管理会计究竟是什么。管理会计作为会计的分支，它的本质也是一个信息系统。更具体地说，管理会计就是通过提供相关信息，为管理者服务的会计。先通过一系列专门的方法对企业收集到的各种信息进行加工处理，再提供给企业各层级管理者帮助他们进行决策。

管理者每年都要做一系列决策，这些决策依赖会计信息，所以会计信息最基本的目的就是帮助管理者决策。除此之外，会计信息还承担帮助管理者计划和控制组织运营的任务。计划表示企业如何达成目标，而控制则是执行计划并评估组织是否在向目标前进。

明确了以上管理会计的目标，为了具体落实它，需要解决三个问题：

1.管理会计为谁提供信息

上文提到，在一个企业中，需要对其提供的产品与服务的成本和盈利情况进行分析，对消费者满意度进行计量，对各种活动的成本和收益进行计量，企业的各项决策都离不开信息。既然管理会计是通过信息向管理者提供服务的会计，那么自然就应该为企业各级管理者提供相关会计信息。

2. 管理会计提供什么样的信息

传统管理会计作为会计的一个分支，提供的信息自然也具有“会计风格”，提供与企业经济活动相关的，用货币计量的现金流动信息。但管理会计信息也有其特别之处，它描述的现金流动情况，既包括已经发生或已完成的过去现金流动信息，又包括按计划会发生的但尚未发生的未来现金流动信息。同时，管理会计服务的是各层级管理者，所以管理会计信息既包括企业整体的现金流动，又包括各分部的现金流动。所以，具体来说，传统管理会计提供的信息，是以货币表现的企业不同空间（整体和分部）不同时间（过去和未来）的现金流动信息。

传统的管理会计信息是以货币形式表现的财务信息。但是，目前管理会计信息已经大为扩展，除了包括财务信息外，还包含了越来越多的非财务信息。这些非财务信息有客观的信息和主观的信息。客观信息包括营运信息和实物信息，比如产品质量和生产时间。主观信息包括消费者满意度评价、员工能力和新产品表现等。

3. 管理会计如何提供信息

作为一个决策支持系统，管理会计通过内部管理报告或绩效报告提供相关信息。比如，盈利分析报告、经营分析报告、成本管理报告、预算执行报告、绩效评价报告等。从多个维度计量和报告，不仅直接关系到相关部门的利益，还影响到企业总体战略的实施。企业的员工和各级管理者可以从管理会计信息中获得有关他们表现的信息反馈，能使他们找到过去工作中的不足并在将来加以改正。

总之，一个企业要想取得成功并不断地繁荣发展，必须设计和提供消费者满意的产品和服务，建立高效率的分销渠道，开展富有成效的市场营销活动，快速地将产品和服务提供给消费者。尽管管理会计信息不能保证这些至关重要的活动取得成功，但是匮乏和扭曲的管理会计信息将使企业面临严重的困难。高效的管理会计信息系统通过及时而准确地提供信息，可以为企业创造巨大的价值。

二、管理会计的基本内容

不同于财务会计对记账以及有关凭证的严格要求，管理会计的主要任务在于“算账”，管理会计所说的算账范围非常广泛，需要对财务会计所提供的资料及其他有关资料进行整理、计算、对比、分析，为企业管理者提供信息，用于对经济活动进行计划、控制和评价，合理利用企业的各种资源。

除了需要整合多方资源，管理会计运用到的方法也灵活多样。运用到的方法有变动成本法、作业成本法、标准成本法等方法，这部分内容我们将在后续章节进行详细介绍。

我们可以将管理会计分为两个基本组成部分：规划与决策会计和控制与评价会计。图 1-1 以上海铁路局为例描述其疫情影响下的管理会计循环。

（一）规划与决策会计

规划与决策会计是为企业管理中的预测前景、参与决策和规划未来服务的。这一部分要解决的问题是组织的目标是什么，组织什么时候以及如何才能达到这些目标。

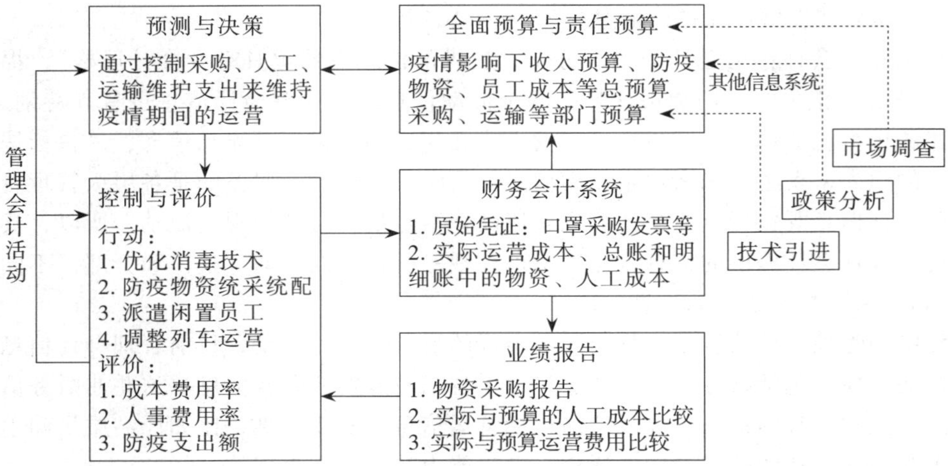

图1-1 上海铁路局的管理会计框架

计划为组织制定目标并描述如何实现目标。预测阶段，需要先利用财务会计提供的资料和其他有关信息，经过调查研究和情况判断，预测企业在计划期间的各项重要经济指标（包括保本点、利润、销售、成本等）。我们以上海铁路局为例：受新冠肺炎疫情的影响，铁路客运量同比下滑87.2%。收入大幅缩减且回升将非常缓慢，还将不断产生防疫成本支出，管理者希望能控制企业的支出以维持运营。

进入决策阶段，需要对企业即将进行的经营、投资等活动的结果作出超前评价，进行决策分析。上海铁路局决定降低防疫物资的采购成本并控制人工和列车运输维护成本。

有了控制成本这个目标，以及上述任务，接下来就要把它们用数量和表格形式加以协调、汇总，编成企业在一定期间的全面预算，预算可以看作行动计划的数量化表达形式，没有预算，计划就不会得到应有的重视；最后再按照责权利原则，将全面预算的综合指标层层分解，形成各个责任单位的责任预算。这样一来，负责防疫物资采购的部门、人事部门和运输部门都能明确自己的目标和任务，从而规划和把握未来的经济活动。

总之，"规划与决策会计"可以保证企业的各项有限资源能得到最合理、最优化的配置和使用，以便获得最佳的经济效益和社会效益。

（二）控制与评价会计

控制与评价会计是管理会计为企业管理中的分析过去和对现在及未来的经济活动进行控制与评价服务的。它是将计划付诸实施并不断地反馈以评价目标实现的程度。

我们要对制定的目标采取行动，上海铁路局优化了消毒技术，并对口罩进行了统采统购统配，以降低防疫和采购成本，优先安排休假与派遣闲置员工以控制人工成本，最后精细调整了开车方案尽量降低了列车开动产生的支出。

在实施上述行动的过程中，利用标准成本制度，结合变动成本法，对发生的防疫物资采购、员工派遣、列车运营等经济活动进行追踪、收集和计算。每个部门都单独编制这一期间的业绩报告，再通过对报告中的实际数和预算数的差异进行分析和研究，来评价和考核各个责任单位的业绩和成果，并根据行为科学的激励理论分别确定它们应承担的经济责任和应享有的奖励，同时，把发现的重要问题立即反馈给有关部门，迅速采取有效措施，及时解决。

总之，“控制与评价会计”可以保证企业的各项经济活动按照预定的目标进行，合理分配利润，并充分调动全体职工的积极性和创造性，为实现企业的总目标而奋斗。

三、服务性组织和非营利性组织中的管理会计

管理会计的基本思想是从制造业企业中发展而来的。然而，这些思想通过演变已适用于各行各业，包括服务性组织。服务性组织是指除了制造业、批发业和零售业之外的那些组织，即不生产和销售有形商品的组织，比如上海铁路局只负责货物的运输而不生产货物。会计师事务所、律师事务所、管理咨询公司、广告传媒公司、房地产公司、运输公司、银行、保险公司和旅馆等都是以营利为目的的服务性组织。

几乎所有的非营利性组织，如医院、学校、图书馆、博物馆、政府机关和慈善组织，都是服务性组织。非营利性组织与营利性组织中的管理人员和会计人员有很多共同点。如需要筹集和花费资金，需要制定预算，需要设计和执行控制系统，需要实现资源的有效配置等。灵活运用管理会计，对提高经营效率，帮助非营利性组织实现其目标将起到至关重要的作用。

营利性和非营利性服务性组织的共同特征归纳如下：

（1）劳动力密集。对于学校和会计师事务所来说，在费用中所占比例最高的部分来自于工资和与工资相关的成本，而不是那些与使用机器、设备和固定设施有关的成本。所以，工时管理是服务性组织提高经营效率和经济效益的重点。

（2）难以定义产出。一个大学的产出可以定义为多少数量的毕业生，但是许多评论家认为应以学生所学到的知识来定义真正的产出。因此，要衡量产出通常被认为是不可能的。

（3）主要的投入和产出不可储存。上海铁路局一趟列车未坐满的席位不可能储存下来用于下一趟列车；同样，一家旅馆每天可提供的劳务和房间也不可能储存，要么被使用，要么未被使用。

在服务性行业和非营利性组织中建立会计系统，简单化是一项重要原则。事实上，许多专业人士（如医生、教授或政府官员）甚至拒绝填写计时卡。实际上，简单化是在设计任何会计系统时都应遵循的重要原则。复杂化意味着收集和解释信息的成本可能会超过带来的收益。

相关链接：　财政部管理会计指引体系

2014年10月27日，财政部以财会〔2014〕27号印发《财政部关于全面推进管理会计体系建设的指导意见》，分为：全面推进管理会计体系建设的重要性和紧迫性，指导思想、基本原则和主要目标，主要任务和措施，工作要求四部分。主要任务和措施包括：推进管理会计理论体系建设，推进管理会计指引体系建设，推进管理会计人才队伍

建设，推进面向管理会计的信息系统建设。

2016年6月22日，财政部发布了《管理会计基本指引》，标志着我国管理会计体系建设取得新的重大突破。在深入研究和吸收各方意见的基础上，在《管理会计基本指引》中形成了涵盖目标、原则、要素等的基本框架，并以要素为主线铺陈章节。首章为总则，包括《管理会计基本指引》的制定依据、适用范围、管理会计目标、原则、要素等内容；第二章至第五章分别对总则中提出的应用环境、管理会计活动、工具方法、信息与报告这4个管理会计要素进行了展开；第六章为附则，包括《管理会计基本指引》的解释权限和施行日期等内容。

2017年9月，财政部发布了《管理会计应用指引第100号——战略管理》等22项管理会计应用指引；2018年8月17日，财政部印发了《管理会计应用指引第202号——零基预算》等7项管理会计应用指引征求意见稿；2018年12月27日，财政部印发了《管理会计应用指引第204号——作业预算》等5项管理会计应用指引。至此，我国已经形成了战略管理、预算管理、成本管理、营运管理、投融资管理、绩效管理、风险管理和其他领域共8大领域管理会计应用指引。管理会计应用指引体系见表1-1。

表1-1 管理会计应用指引体系

应用领域	管理会计应用指引
战略管理	管理会计应用指引第100号——战略管理 管理会计应用指引第101号——战略地图
预算管理	管理会计应用指引第200号——预算管理 管理会计应用指引第201号——滚动预算 管理会计应用指引第202号——零基预算 管理会计应用指引第203号——弹性预算 管理会计应用指引第204号——作业预算
成本管理	管理会计应用指引第300号——成本管理 管理会计应用指引第301号——目标成本法 管理会计应用指引第302号——标准成本法 管理会计应用指引第303号——变动成本法 管理会计应用指引第304号——作业成本法
营运管理	管理会计应用指引第400号——营运管理 管理会计应用指引第401号——本量利分析 管理会计应用指引第402号——敏感性分析 管理会计应用指引第403号——边际分析 管理会计应用指引第404号——内部转移定价 管理会计应用指引第405号——多维度盈利能力分析
投融资管理	管理会计应用指引第500号——投融资管理 管理会计应用指引第501号——贴现现金流法 管理会计应用指引第502号——项目管理 管理会计应用指引第503号——情景分析 管理会计应用指引第504号——约束资源优化

续表

应用领域	管理会计应用指引
绩效管理	管理会计应用指引第600号——绩效管理 管理会计应用指引第601号——关键绩效指标法 管理会计应用指引第602号——经济增加值法 管理会计应用指引第603号——平衡计分卡 管理会计应用指引第604号——绩效棱柱模型
风险管理	管理会计应用指引第700号——风险管理 管理会计应用指引第701号——风险矩阵 管理会计应用指引第702号——风险清单
其他	管理会计应用指引第801号——企业管理会计报告 管理会计应用指引第802号——管理会计信息系统 管理会计应用指引第803号——行政事业单位

第二节 管理会计与财务会计的区别

一、管理会计和财务会计的区别

在第一节的介绍中，我们已经提到了一些管理会计与财务会计之间的联系和区别。财务会计通过定期地提供财务报表为企业外部的有关组织和个人服务，这些组织和个人包括股东、债权人（银行、债券持有者和信用提供者）、政府部门。财务会计向外部使用者提供的信息只是企业决策执行和经营改善的结果，是过去的信息。财务会计要受公认会计准则的制约。在我国，财政部会计司负责拟定并组织实施国家统一的会计制度。在美国，影响准则制定的部门有财务会计准则委员会（Financial Accounting Standards Board，FASB）和美国证券交易委员会（US Securities and Exchange Commission，SEC）。财务会计倾向于被规则驱动，学生学习财务会计主要是学习科目设置、账务处理和编制财务报表。

相反，管理会计是为企业内部的管理者提供各种经济信息。企业在设计它们的管理会计系统上有很大的灵活性。管理者利用这个灵活性设计的系统可以帮助他们更好地作出有关企业人力、物力、财力资源以及产品、服务、渠道、供应商和消费者的决策。这些来自于管理会计信息系统的信息能够帮助企业的员工知道如何做下述事情：（1）提高工作质量；（2）降低营运成本；（3）增强满足消费者需要的责任感。

因此，学习管理会计的重点在于如何决策及满足管理者和员工的信息需要。表1-2列示了管理会计和财务会计的基本特征。

表1-2 **管理会计和财务会计的基本特征**

项目	管理会计	财务会计
服务对象	企业内部的各级管理者	企业外部团体，如股东、债权人、税务部门等
目标	为员工和管理者提供制定决策的信息；反馈决策实施过程中的信息并进行控制	向企业外部组织和个人报告企业过去的业绩；与所有者和债权人保持联系
关注的时点	当前的、面向未来的	滞后的、历史的
时间跨度	灵活性，从适时到10~15年不等	固定性，常为1年、1个季度或1个月
限制因素	非法定的；为满足企业战略和运营管理需要而制定的信息系统	法定的；公认会计准则和政府部门制定的规则
信息类型	财务信息；有关生产、技术、供应商、消费者和竞争者的数据；实物形式表现的非财务信息	仅仅以货币形式表现的财务信息
信息属性	相对主观的、估计的、有效的、相关的、相对准确的	客观的、可查的、可信的、经常的、一致的、精确的
报告内容	详细的、关于局部决策和行动的信息	合计的、关于整个企业的信息
工具方法	数学模型、统计方法、管理工具、管理会计应用指引等	会计准则、税法、记账凭证等
行为问题	通过设计直接影响员工行为	间接影响员工行为
其他领域的影响	涉及经济学、决策科学和行为科学	较少涉及其他学科

从表1-2的简单描述中，我们可以看出，会计过程应该是首先满足企业内部管理目标的需要，设计出优秀的管理会计系统（当然，这个系统同时也要满足对外报告的需要），再将企业内部决策执行的结果总括地提供给外部的有关利害关系者。这样的过程才是符合逻辑的。事实上，在19世纪，企业设计会计系统的本来目的就是满足企业制定决策和实施控制需要。

然而，在过去的一个世纪里，由于来自外部越来越多的准则和标准的出现，对于会计来说，许多为满足外部利害关系者需要的要求已变得十分苛刻。这些要求使许多企业将注意力集中在编制对外的财务报告，而不是将精力用于改善为企业内部管理决策和控制提供服务的信息。结果是，面对日新月异的技术进步、激烈的市场竞争，在大多数企业中，管理会计系统显得太虚弱了。

在本书中所描述的管理会计案例或练习，均源于企业中管理者制定决策和员工对信息的需要，而不是为了满足企业外部利益相关者的需要去编制会计报表。

二、管理会计与财务会计的联系

从上面所讲的内容来看，管理会计与财务会计在许多方面存在差别，但应该注意的是，它们之间也经常互相渗透，存在密切联系。

（一）它们的原始资料很多是相同的

管理会计一般不涉及填制凭证和按复式记账法登记账簿的问题，它经常直接应用财务信息的记账、算账和报账的资料进行分析研究，上海铁路局基于当年的中期报表来编制下一年度的预算报告；有时根据这些资料进行必要的加工、调整、改制和延伸，再结合其他有关信息进行计算、对比和分析，编制各种管理报表，为改进企业内部经营管理、提高经济效益服务，比如将列车运营成本信息进行加工，计算有效运输情况。

（二）财务会计有时也把一些原来属于管理会计的内部报表列入对外公开发表的范围

例如，财务会计有时会把企业内部管理需要的主要产品的实际成本与标准成本、实际利润与目标利润的对比数作为对外报表的补充资料。我国财政部在《关于修订印发2018年度一般企业财务报表格式的通知》（财会〔2018〕15号）文件中，关于利润表项目的列报，新增研发费用项目，对财务费用项目新增利息费用和利息收入两行信息，这些做法提高了会计信息质量，便于外部信息使用者开展分析。

（三）数字化转型和财务共享服务促进会计信息整合

利用数字技术赋能会计工作，实现数字化转型已成为当下最重要的会计实践主题之一。财务所关注的数据不再局限于结果数据，还要采集交易数据、过程数据、行为数据、环境数据。全方位的数据不仅高质量满足财务会计对外报告的需要，而且支持和驱动财务在内部经营管理中发挥作用并创造价值。

财务共享服务是通过将集团企业分散在各个区域运营单元中易于标准化和规范化的财务业务进行流程再造与标准化，并集中到相对独立的财务共享服务中心进行处理。因此，在数据基础方面，企业实现大数据共享，统一数据标准，形成数据仓库，为管理会计深入分析、挖掘数据，提供实时、智能决策分析报告奠定基础。

第三节 管理会计的形成与发展

大家知道，从古代的结绳记事到中世纪的复式记账，再到当代的会计信息系统，会计发展的历史源远流长。会计在其产生和初期发展过程中，唯一的目标就是满足经营者的需要。管理会计作为会计的一个重要分支，我们可从下面几个方面来阐述其产生和发展。

一、成本会计阶段

现代管理会计的产生要从成本会计说起。18世纪末发生的产业革命，使生产力获得巨大的发展，企业规模越来越大。当时的纺织、军工等制造业企业充分利用规模经济的优势，在资本相对集中的条件下雇用大量的工人进行生产。这些企业的生产形式基本上都是大规模的多步骤生产，需要反映厂区内部各步骤生产效率的信息，总厂需要建立一个信息系统以激励边远厂区的管理者，评价厂区管理者和工人的工作效率。

19世纪中叶，铁路是当时人类创建的规模最大、经营最复杂的企业组织，跨越广泛的地理空间。铁路业的管理者发明了管理铁路经济业务的计量指标，如吨公里成本、人公里成本、销售成本比率等，用以帮助管理者评估其经营业绩。铁路业管理者创立的许多管理会计新方法也被随后发展起来的钢铁公司管理者所应用和拓展。

19世纪末，大型商业企业利用销售大量消费品的规模经济优势发展起来。同样需要计量指标来评估企业内部经营的效率。在商业企业里，采用毛利率、存货周转率等指标来评价企业的获利能力和存货的周转速度。

上述所有企业的管理者在一定程度上进行了成本计算，建立起相应的计量指标激励，评价企业内部经营的效率。但是这时的成本计算技术是十分简单的，可以说，囿于企业的管理水平，成本会计未能充分发挥会计管理的职能。

二、管理会计体系形成阶段

进入20世纪以后，随着生产力发展、资本积聚和集中，企业规模扩大，企业之间的竞争日趋激烈。这一切促使企业加强内部管理。为适应这种客观要求，泰罗的科学管理方法在美国许多企业中得到广泛推行。泰罗科学管理方法的核心是强调提高生产和工作效率，科学管理方法的出现给会计的发展带来了很大的影响，并为现代管理会计打下了基础，从而使会计潜在的职能得到了积极的发挥。具体表现在以下几个方面：

（一）成本计算职能的扩充

这一阶段的成本计算不仅丰富了其内容，同时也与期间损益的计算有机地结合在了一起，从而提高了其精密程度并建立了严密的计算组织。值得指出的是，这时的成本计算是按各经营部门来进行的，这种成本计算能反映经营活动的全部情况，能提供经营管理方面的重要资料。

（二）经营分析的发展

最初的经营分析指的是资产负债表分析，主要是为适应外部需要而进行的以偿债能力分析为中心的分析。随着科学管理方法在企业中的运用，经营分析的对象由资产负债表分析扩大到损益表分析。分析方法也发展到比率分析、标准分析。分析的结果除了进行期间比较之外，还进行部门之间的比较。这一阶段的分析完全是服务于内部经营管理的。可以说，这种分析已具备了管理会计的性质。

(三) 标准成本、预算控制、差异分析等方法引入会计体系

科学管理使会计发生的最大变化就是引入了事前计算，即采用了标准成本和预算控制。这两者预先确定作为规范的数值，并以此数值为基数与实际执行的数值进行比较。通过对比较中出现的差异进行分析，以测定经营效率，并明确提出有关差异的责任归属及效率低下的原因，以研究改进的对策，通过以上措施加强对经营活动的管理。

第二次世界大战以后，科技发展日新月异，生产力迅猛发展，许多管理理论被引入会计体系中。于是，专门为企业内部加强管理、提高经济效益服务的“管理会计”体系就正式形成了。1952年，世界会计师大会正式通过了“管理会计”这个名词。管理会计作为一门独立的新兴学科，其作用日益受到企业的重视，其方法和技术不仅在制造业中采用，而且推广到所有类型的组织中，包括服务性行业以及非营利性组织。各国纷纷成立管理会计组织，举办管理会计师资格考试，有力地推动了管理会计的发展。我国于20世纪70年代末、80年代初开始引进管理会计，已在实践中取得了相当多的经验和成就。

三、管理会计发展阶段

近年来，全球经济发展呈现如下趋势：(1) 向服务型经济的转变；(2) 全球化市场竞争；(3) 基于时间的竞争，如先进的信息系统、电子商务、适时制 (just in time, JIT)。基于上述变化，当代管理会计取得了巨大的发展。

(一) 适时制方式

适时制方式，最初是一种存货系统，通过控制原材料和零部件到达工厂的时间（在正好需要生产时到达）以及产品完工的时间（正好要交付给客户时完工），从而使库存量最小化，即要求以顾客的需要为出发点，实现零存货。

JIT方式的终极目标可总结为“三必要”，即“必要时生产必要数量的必要产品”。这个目标最重要的表现是防止生产过量，尽量压缩各工序间的存货积压，其最高境界是实现零存货。减少了企业在存货上的投资。

实施JIT方式的局限性在于，当企业保持过低的存货水平时，如果供应商提出苛刻条件、不能按时供货或产品质量不合格，会使企业遭受损失。JIT系统要求销售部门及时提供订单以保证生产顺利进行。

(二) 全面质量管理

全面质量管理始于日本，后传到欧美。全面质量管理是指组织内每一个人都能持续不断地从事质量改进，以达到顾客满意的一种管理方法。全面质量管理使企业管理发生了很大变化：全面的质量观念取代了狭义的质量观念，用户至上、市场导向、以质取胜的思想被普遍接受，全面质量管理提倡的质量意识、问题意识、竞争意识和改进意识普遍增强；对产品质量形成全过程的管理，对影响产品质量的各种因素的控制等一整套全面质量管理的思想和技术方法已被很多企业所认识和接受。

(三) 战略管理会计

战略管理会计的形成和战略管理的产生有着密切的关系，著名管理学家西蒙于1981年首次提出了“战略管理会计”这一名词。

战略管理会计是为企业战略管理服务的会计。它从战略的高度，围绕本企业、顾客和竞争对手组成的“战略三角”，既提供顾客和竞争对手具有战略相关性的外向型信息，也对本企业的内部信息进行战略审视，帮助企业的管理者知己知彼，进行战略思考，进而据以进行竞争战略的制定和实施，借以最大限度地促进本企业价值链的改进与完善，保持并不断创新其长期竞争优势，以促进企业长期、健康地向前发展。战略管理会计适应动态变化的市场环境，改变了传统分析中诸多静态的假设，在变动的外部环境下进行各项决策分析；同时，战略管理会计考虑顾客的需求及竞争者的实力，扩大了信息收集与加工的涉及面，拓展了管理控制的视角，例如，战略决策分析要考虑顾客需求和竞争者信息，成本控制要扩展到整个产品生命周期。

(四) 目标成本法

目标成本法于20世纪60年代源于日本的汽车制造业，它帮助日本公司削减成本，以低价与西方企业竞争，用新产品击败对手，被美国企业喻为“锋利的日本秘密武器”。目标成本法是降低产品在其生命周期内总成本的一种管理工具，它需要生产、设计、研发、营销、财务以及供应商的支持。它引导和促使设计人员以尽可能低的成本设计产品。

(五) 作业成本法

20世纪70年代以来，高新技术的发展日新月异，促进了企业生产组织形式的重大变革。因为在为顾客提供产品和服务的作业链中，从顾客角度来讲，每完成一项作业，都要增加一定的价值，所以作业链也称为价值链。新的企业观使管理深入到作业水平，形成以作业为基础的管理。20世纪80年代中期产生的作业成本法（activity-based costing，ABC）是一个以作业为基础的信息系统，贯穿于作业管理的始终，通过对所有作业活动追踪进行动态反映，借以更好地发挥其在决策、计划和控制中的作用。但是，作业成本法在调查员工工时分配上耗时过多，并且处理数据成本过高，许多企业放弃了作业成本法。针对此问题，2005年提出的时间驱动的作业成本法系统，通过时间来计量产能，简化了成本计算流程，只需要两组简单的估计即可。具体思路如下：首先，将部门所耗资源成本除以产能，即员工执行工作的实际时间，得到产能成本率；其次，估计每个成本对象所耗资源产能（时间），将部门资源成本分配到成本对象。

(六) 平衡计分卡

信息时代淘汰了许多工业时代竞争的基本假设，企业不能仅仅通过把快速发展的新技术转化为实物资产及表现良好的资产、负债等财务指标来获取持续的竞争优势。不论是制造业还是服务业，信息时代的环境要求企业拥有新的能使竞争成功的生产能力，企业开发和利用无形资产的能力变得比投资和管理实物、有形资产的能力更重要。企业的无形资产包括：忠实而有价值的客户关系；高质量的经营流程；创新的产品与服务；员工技能与积极性；数据库和信息系统。由于传统的财务控制系统无法满足衡量和管理无形资产的需要，1992年平衡计分卡应运而生。它是一套业绩评价和管理系统，通过财务、客户、内部业务流程、学习与成长四个相互联系的层面来全方位地衡量和管理企业经营业绩，包括传统的财务指标和驱动未来财务效益的非财务指标。

（七）数字化转型

随着互联网时代的到来，行业和竞争对手之间以及企业内外部之间的界限都变得非常模糊。数字时代，数据成为企业的重要驱动力之一，财务部门是天然的数据掌控者。可是没有经过分析、理解和沟通的数据不具备价值，而管理会计可以释放数据的价值，更好地支持业务经营和战略决策。

1.管理会计数字化

随着数字技术的快速发展，企业正在构建生产经营的大数据平台。除了内部数据，管理会计使用的数据应从外部广泛收集与挖掘，包括国内外行业、主管部门、竞争对手数据和政府相关单位的数据。可在网上及时收集与汇总数据，在线更新和补充，在线分析，在线提供各种预测、决策的可选择方案。大数据不仅为管理会计应用提供更加良好的基础，使管理会计能够从大数据中客观分析、解读与还原数据的真相，而且扩大了管理会计的应用范围，对企业业务、经营管理各个层面的管理、预测、决策提供全方位的支持。

2.管理会计智能化

目前，人工智能应用于会计工作领域，主要包括智能财务风控、预测与决策方案提供等场景。人工智能实际上最擅长的是各种方案的提供，人工智能既是一种预测技术，又是决策方案的支持技术。预测是根据已经掌握的数据，生成尚未掌握的数据。亚马逊就是依靠人工智能预测技术，将商业模式从“先买后寄”变成“先寄后买”。人工智能可以从多维度、多角度对公司的经营信息进行分析，除了数字还包括文本和图像，甚至包括与客户的通话记录。而且，人工智能可以根据不同的参数，提供不同的、精准的预测方案。管理会计智能化就是用图形来连续显示管理会计数据，借助图表、图形和地图等可视化元素便捷地查看和了解管理会计数据中的趋势、异常值和模式。

四、我国管理会计的发展①

（一）以经济责任制为基础的管理会计实践探索期（1949—1978年）

这个阶段是我国的计划经济时代，国家是一个巨型企业，国营企业只是这个巨型企业的生产车间，生产计划由国家统一确定并下达，产品由国家统一定价。从管理会计的角度看，企业充其量是一个“成本中心”，最多也就是一个“人为利润中心”。因此，成本及其考核是这个时期企业唯一探索管理会计的途径，也是国家必然要重视的事情。这种对以成本为核心的内部责任会计的重视使得我国企业在这个阶段涌现出大量对管理会

① 本部分参考：韩向东. 智能管理会计：全面赋能业财融合的实战指南［M］. 北京：人民邮电出版社，2021.

计的探索性应用，包括班组核算、经济活动分析和资金成本归口分级管理等。

（二）以经济责任制为基础的管理会计体系建设的发展阶段（1979—1989年）

1978年之后，我国进入了改革开放时期，市场机制开始产生作用。一方面，国家开始探索建设有中国特色的管理会计制度体系，并形成了一套完整的成本管理制度，同时，结合经济责任制的贯彻和深化，厂内经济核算纳入了经济责任制，形成了以企业内部经济责任制为基础的，具有中国特色的管理会计制度，如责任会计制度等。另一方面，一批能够适应市场变化并有一定活力的国有企业涌现出来，并把目光转向市场和企业内部，向管理要效益，掀起了责任会计应用的高潮。

（三）从生产导向转向市场导向的过渡时期（1990—1999年）

20世纪90年代是我国管理会计发展的一个重要分水岭。在那之前，管理会计的应用仅侧重于企业内部，内涵也局限于责任会计基础下的成本管理，没有明显的市场特征。而进入20世纪90年代，随着我国市场经济体制的建立和市场竞争的兴起，以及西方多元化管理会计理念和工具的冲击，管理会计在我国企业的应用有所突破，出现了“邯钢模式”这一在我国管理会计应用史上具有里程碑式意义的典型案例。此外，管理会计的内涵也不再仅仅表现为成本管理，而是进一步表现为成本管理与资金管理结合。这个时期的管理会计开始由生产导向的执行性管理会计转变为以市场为导向的决策性管理会计，全面预算管理、平衡计分卡等西方先进的管理会计工具开始进入我国，信息系统在管理会计领域的应用在这一阶段开始萌芽。不过，综观20世纪90年代，我国企业对管理会计的应用仍主要在成本会计系统、短期决策、资本预算、业绩衡量和成本加成法等方面，而对管理会计的研究还局限在企业内部成本管理方面，且集中于西方管理会计的理念和方法介绍，理论与应用脱节的现象在这一阶段开始日趋严重。

（四）以计划和决策为主的管理会计的发展阶段（2000—2008年）

进入新世纪，随着经济全球化进程的加快，市场竞争日趋激烈，我国企业建立现代企业制度和完善内部管理的需求和进程也日趋加快，这推动了管理会计实践的快速发展。管理会计的计划、决策和规划未来的功能获得了前所未有的重视和研究，以计划和决策为主的管理会计在这个阶段获得了大量应用与发展，而以价值创造为核心的战略管理会计也开始引起学界和少数企业的关注。西方管理会计理念与工具的大量涌入在这一阶段对我国管理会计的应用和发展起到了很大的推动作用。全面预算管理、作业成本管理、经济增加值、平衡计分卡、标杆管理、适时制等先进的管理会计方法在我国企业获得了不同程度的应用并涌现出大批成功案例。一些方法的本土化改良研究开始广泛开展，信息系统在管理会计领域的研发和应用进入了新的阶段，管理会计信息化成为大势所趋。在这一阶段，以中华人民共和国财政部（以下简称“财政部”）、国务院国有资产监督管理委员会（以下简称“国资委”）为主的企业管理部门出台了一系列以预算管理为重点的制度和办法，推动了企业管理会计的应用和快速发展。

（五）以价值创造为核心的战略管理会计体系建设发展阶段（2009年以后）

金融危机后，全球经济陷入低谷，而我国经济在经历多年的快速发展后，也逐渐进入调整阶段。与此同时，信息技术飞速发展，移动互联网时代拉开序幕。学者和实践者们开始反思传统管理和商业模式的弊端，先行者们开始探讨和寻找能更好地适应这个时代的管理模式。要想在经济环境不确定性和模糊性日增、信息技术发展日新月异、全球化竞争日趋白热化的局面中谋取优势，脱颖而出，必须从粗放式管理向精细化管理转变，从战术经营向战略管理转变，即从机会导向向战略导向转变，从简单资源整合向核心能力培养转变，从巧妙运作关系向系统管理战略转变。管理会计正是帮助我国企业成功实现转变的一门科学。我国管理会计的发展从2009年开始提速，2014年后，受益于财政部的有力推动，呈现一派繁荣之势，应用管理会计实现企业做强、做优一时成为企业界的主基调。监管层频频出台政策助力推动企业管理升级，财务工作由财务核算向价值创造转型，各类管理会计工具的应用与创新此起彼伏。在这个阶段，伴随着战略经营的思想在企业经营中占据主流，我国管理会计开始迈入“战略管理会计”时代，其研究和应用进入了一个与国际趋同、与本土化发展相适应的多内容、多视角、多学科的创新时期，并将继续得到进一步的发展。

第四节　管理会计师

一、管理会计专业机构

西方国家建立管理会计专业机构的目的就是指导管理会计的研究与实务，并负责举办管理会计师资格考试以及管理会计师业务培训与管理等，在世界上有较大影响的是英国特许管理会计师公会和美国管理会计师协会。

（一）英国特许管理会计师公会

英国特许管理会计师公会（The Chartered Institute of Management Accountants，CIMA）成立于1919年，当时的名称为成本和劳工会计师公会（Institute of Cost and Works Accountants），1986年改为现名，是世界上最大的管理会计师认证、管理和监督机构，属于非营利性组织，也是国际会计师联合会的创始成员之一，拥有22.9万名会员和学员，遍布176个国家。2012年初，CIMA与美国注册会计师协会联合推出了全球公认的管理会计师新头衔——CGMA（全球特许管理会计师）。2016年6月，CIMA与AICPA共同宣布将联手创建一个能够代表完整会计职业广度的全新会计师协会——国际注册专业会计师协会。新协会旨在成为全球最具影响力的会计师组织，并将代表当前和未来超过60万名会计专业人士。

CIMA的会员通常身居管理要职，以扎实的财务知识、卓越的管理能力和出色的战略思维在工商界、政府部门及各类非营利机构发挥着举足轻重的作用。在中国，CIMA发展迅速，已经成为聚集国际金融高管及财界领袖的最大平台。CIMA通过与企业的紧密合作及资助前沿研究，不断更新教育认证体系、职业资格要求及职业发展计划，使其会员逐渐成为企业招聘财务高管以及有财务基础的管理人才时的首选。CIMA致力于不断提高财务管理人员的专业水准并加强职业道德规范，普及管理会计师的公信力。

（二）美国管理会计师协会

美国管理会计师协会（Institute of Management Accountants，IMA）是一家在全球具有重要影响的国际性管理会计师组织。IMA成立于1919年，由美国成本会计师协会（NACA）衍生而来，1991年更名为管理会计师协会，目前拥有遍布全球的265个分会的超过8万名会员。

成为CMA，首先必须通过美国注册管理会计师（Certified Management Accountant，CMA）资格证书认证考试，而且还要符合IMA订立的学历和道德操行标准。1972年IMA首次开始举办注册管理会计师认证考试。CMA资格证书是一个针对财务管理综合能力的证书，考试涉及商业分析、管理会计与报告、战略管理和商业应用等四大方面内容，考试主要以基础知识、实用知识为主，知识覆盖面很广，具有很强的实用性、可操作性。

二、管理会计师的地位

企业一般要设置财务副总经理（或总会计师）来领导财会机构。《中华人民共和国会计法》规定，在国有和国有资产占控股地位或者主导地位的大、中型企业必须设置总会计师。《总会计师条例》规定，凡设置总会计师的单位，在单位行政领导成员中，不设与总会计师职权重叠的副职，即总会计师相当于财务副总经理。

总会计师（财务副总经理）组织领导本单位的财务管理、成本管理、预算管理、会计核算和会计监督等方面的工作，参与本单位重要经济问题的分析和决策。某央企财务组织架构如图1-2所示。

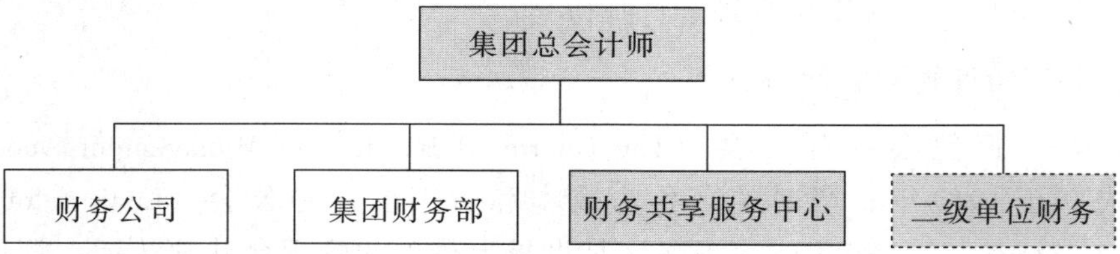

图1-2　某央企财务组织架构

在该央企财务管理运作体系中，集团总会计师下辖集团财务部、财务公司和财务共享中心。所有下属公司已经没有财务会计，全部为管理会计，集团财务部只有不到20人。依托财务公司做资金管理，统一审批国内外500多家公司所有开户事项，资金集中度达到90%以上。财务共享中心掌控整个集团的会计信息，财务会计的报销、审核、报表等工作全部由共享中心集约化服务完成。

集团财务部从管人和管事两方面入手进行垂直化管理。管人方面，下属公司总会计师的任命，以集团财务部意见为主，同时，征求成员公司总经理的意见。下属公司财务人员的考核和管理，以集团财务部意见为主。管事方面，每个季度定期组织财务负责人会议，形成定期报告制度和重大事项例外报告制度。财务共享服务中心架构如图 1-3 所示。

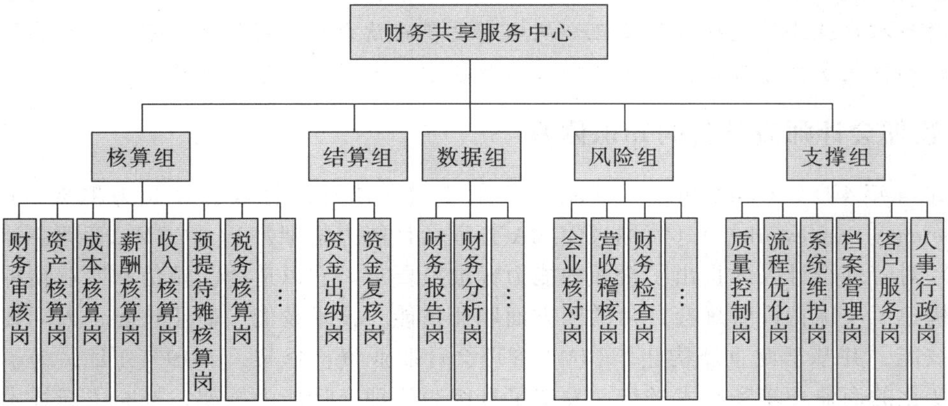

图1-3　财务共享服务中心架构

财务共享服务中心根据系统单据、操作环节实际情况，梳理组织内部具体岗位及对应职责，包括报账审核部、资金结算部、专业核算部、运维支撑部等多个岗位。每个岗位均有详细的职责说明，实际运营时严格按照对应职责开展工作。

现代管理以决策为核心，把一个完整的管理系统分为决策系统、决策支持系统和执行与控制系统。与此相对应，将管理人员分为决策人员、参谋人员和执行人员。决策支持系统与决策系统的关系，实质上是谋与断的关系。会计部门属于决策支持系统中的参谋部门，会计人员属于决策支持系统中的参谋人员。

管理会计重在面向未来，履行预测、决策、规划、控制和考核的职能。管理会计职业在西方发达国家已经有上百年的历史，世界上所有市场经济国家的企业都有一大批管理会计师，在那些设有首席财务官（CFO）岗位的企业中，CFO的主要职责之一也是以提高利润为目标，包括成本控制等管理会计业务，财务部门的经理也大多是管理会计师或掌握很高水平的管理会计方法与技术。

相关链接：　　财务共享服务中心促进财务转型

近年来，很多企业采用财务共享服务中心的模式。将有限的资源与精力专注于自身的核心业务，创建和保持长期竞争优势；达到强化管控、整合资源、提高效率、降低成本、保证质量、提高客户满意度的目的。

财务共享服务将改变企业的管理基础、组织基础和数据基础，从而实现财务转型。在管理基础方面，实现流程制度标准化，统一业务流程和作业标准、统一财务管理和核算制度、统一资金管控和调度、统一信息系统；在组织基础方面，进行财务职能的专业化分工，将财务团队分为交易处理团队、管理控制团队和决策支持团队；在数据基础方面，实现大数据共享，统一数据标准，形成数据仓库，深入分析、挖掘数据，提供实时、智能决策分析报告。

借助财务共享，实现管理会计转型。在实施财务共享之前，绝大多数的财务人员专注于会计处理，而对决策支持、业务管控、报表编制投入较少，呈现金字塔结构。而建立财务共享服务中心后，财务人员被分为战略财务、共享财务和业务财务，仅仅依靠较少的财务人员就能够完成会计处理，从而有更多的精力投入到信息披露、业务管控、数据分析和决策支持等可以提升企业价值的业务中，呈现倒金字塔结构。

三、管理会计师应具备的知识体系

2014年4月，CIMA和AICPA联合发布了《全球特许管理会计能力框架（CGMA Competency Framework）》（简称《CGMA管理会计能力框架》）。《CGMA管理会计能力框架》对管理会计人才提出了全面的能力标准及要求。它以道德、诚信和专业精神为基础，构建了全球特许管理会计师的四方面职业技能：技术技能、商业技能、人际技能和领导技能，并基于此重新构建了CIMA管理会计职业资格框架。2019年1月，为了跟上不断变化的商业环境和技术进步，发布了升级版管理会计能力框架，补充了新技术环境（区块链等）下管理会计师所需的新能力要求。

升级版CGMA管理会计能力框架由5个知识领域构成：技术技能、商业技能、人际技能、领导技能和数字技能。

1.技术技能

技术技能使财务专业人员能够收集、存储、处理和分析信息用来与各利益相关方分享。这些技能包括根据专业会计标准来编制和传播外部和内部报告。具体包括：财务会计与报告，成本会计与成本管理，商业规划，管理报告与分析，公司财务与财资管理，风险管理与内部控制，会计信息系统，税务策略、筹划与合规。

2.商业技能

商业技能使财务专业人员能够利用其商业知识及其运营的生态系统将数据转化为洞察力。这使企业能够评估其战略定位，业务模式与战略的一致性，以及未来的表现和机遇。具体包括：战略、商业模式、市场和监管环境、流程管理、商业关系、商业生态系统管理、项目管理、宏观经济分析。

3.人际技能

人际技能和有效沟通的能力会影响决策者和整个组织的其他人员的决策、行动和行为，会影响其利益相关者合作和共事的能力，也是一项关键技能。具体包括：影响力、谈判与决策、沟通、协作与合作。

4.领导技能

领导技能发生在各个层面，有三种类型的领导：行内领导、职能领导和战略领导。行内领导指的是领导财务部门内外的财务同行，共同处理那些需要充分了解其行为所会产生的财务影响的事项，共同解决组织内部和外部运营环境中所发生的问题。职能领导是指确保财务职能在组织实现其目标的领导。该类型领导从中层级别开始出现，但大多数是在高层级别。战略领导在战略层面实施专家与其他职能领域的领导者一起定义、制定和监督组织战略的实施。领导能力包括：团队建设、辅导与指导、推动绩效考核、激励与鼓舞、变革管理。

5.数字技能

数字技能对于财务专业人员至关重要，从基本的数字素养到云计算、网络安全、数据分析和数字成本核算的深入专业知识。财务专业人员要想与时俱进，就需要跟上技术进步的步伐，并能够在数字世界中管理和指导财务职能。除了作为独立的知识领域，数字技能也渗透到其他知识领域。具体包括：信息和数字素养、数字内容创作、问题解决、数据战略和规划、数据分析、数据可视化。

四、管理会计师的职业道德

（一）道德品行的标准

注册管理会计师必须严格遵守能力、保密、正直和信用等方面的行为准则。表1-3列出了管理会计师协会制定的职业道德行为准则（IMA Statement of Ethical Professional Practice），职业会计组织也相应制定了一系列程序，以调查那些被指控不符合该标准的行为。

表1-3 管理会计师协会职业道德行为准则[①]

IMA的会员应该只进行那些有道德的行为。职业道德行为的承诺包括：能够表现我们的价值的所有原则和能够作为我们的行为指导的所有准则
原则
IMA的道德原则包括：诚实、公正、客观以及责任。会员应该遵守这些原则并且鼓励企业中的其他人遵守这些原则
标准
没有遵守下面这些标准的会员可能会受到惩罚
I能力
1.通过不断地丰富自己的知识和技能，保持与其职业能力相适应的专业水平。 2.严格依据相关法规、制度和专业标准履行职责。 3.提供准确、清晰、简明、及时的，用以支撑决策的信息和推荐。 4.了解并沟通会影响职业判断和行为的职业限制和其他限制
Ⅱ保密
1.防止泄露工作中获得的机密信息。除非得到所有者的同意或法律要求披露这些信息。 2.向所有相关者说明机密信息的正确运用途径。告知下属对工作中获得的机密信息予以保密，并监督他们的活动以确保保密性。 3.防止使用机密信息去谋求不道德或非法的利益

① 资料来源：Institute of Management Accountants，IMA Statement of Ethical Professional Practice［EB/OL］.［2017-07-01］. https：//www.imanet.org/en/Career-Resources/Ethics-Center/Statement.

续表

Ⅲ正直
每一个会员都有责任做到： 1.避免利益冲突。定期与企业协会进行沟通以避免利益的明显冲突，并对潜在的冲突提出建议。 2.避免参加任何有碍于正确履行职责的行为。 3.放弃参加或支持任何使职业信用丧失的活动
Ⅳ信用
每一个会员都有责任做到： 1.公正、客观地交流信息。 2.公布所有可以预期到会对使用者理解报告、分析相关信息产生影响的信息。 3.公布所有有关信息、及时性、流程以及内部控制是否符合组织政策和适用的法律
道德冲突的解决
在运用道德行为准则时，管理会计和财务管理执业人员可能会在确认不道德行为和解决道德冲突方面遇到问题。当面临重大的道德冲突问题时，管理会计和财务管理执业人员应该遵循已有的解决此类问题的原则——如果这些原则还不能帮助解决道德冲突，那么执业人员应该考虑采取以下一系列行动： 1.与自己的直属上级讨论这些问题，当然如果他也牵涉其中就不要跟他讨论了。在直属上级受到牵涉的情况下，应该向更高级的管理层报告。如果你没有得到满意的解答，就应该同更高一级的管理层沟通这些情况。如果你的直属上级是CE0或同等职位的人，那么可以接受的参加讨论的机构是审计委员会、执行委员会、董事会、信托委员会及所有者。假设直属上级并不牵涉其中，在向更高级的管理层汇报时应该获得直属上级的首肯。除非你认为这类问题明显违反法律规定，将这类问题告知未被组织雇用的个人或者管理当局是不恰当的。 2.通过和管理会计师协会的道德咨询部门或其他外部顾问私下交流相关道德问题来获得更好的备选方案。 3.向你自己的律师咨询有关道德冲突的法律责任和权利

（二）道德的两难处境

道德标准为个人留下了太多需要自己解释和判断的空间。假设你是一名会计人员，你的部门经理要求你向银行提供一份明年盈利的预测，这项预测关系到一笔急需的贷款。经理判断如果利润没有达到100万元，就无法取得该笔贷款。你根据历史数据和未来行情预测判断：实现100万元利润的可能性并不是特别大，但如果无法取得这笔贷款，会导致新产品面世的延误，则企业必然会亏损，甚至倒闭。这时，你该作出怎样的预测报告呢？如果经理判断正确，提供不足100万元利润的预测报告会导致公司财务危机，损害多方的利益，这显然是不道德的行为，但如果你的判断是对的，100万元利润的预测报告就是不客观的，会对银行产生误导。

对于这种两难境地，并没有一个正确答案，这是一个有风险的黄色警示区域，但这样的黄色警示区域可能转化为红色区域，所以会计人员最好与这样的道德边界保持一定的距离，通常保守要比冒险好得多。不少企业因为做了过于乐观的估计，最终导致了不可控的风险。

（三）道德冲突的解决方法

高层管理人员确定基调，从言语和行动上做到坦诚支持道德标准，并完善自身，是对企业道德行为的重大激励。就如人们常说的，高层管理人员应当做他们应该做的，说他们应该说的。行为准则（专门用来描述企业道德标准的文件）是大多数道德工程的核心。但是，只有准则是远远不够的。

真正的政策和措施影响着人们的行为，也就是管理人员的评估必须包括对道德行为的评估。即使不道德的行为会给公司带来更好的财务表现，企业也不能容忍这种行为。例如，很多公司如安然、世通、康美药业等都通过会计造假使得它们的财务报表比真实的更“好看”。有的情况下，会计人员参与了这种财务舞弊。在其他的情况下，他们只是没有站出来挑战那些错误的会计信息。

拓展课堂　　诚实守信，恪守原则——“德勤事件”警钟需长鸣

2023年3月，财政部公布了对全球四大会计师事务所之一的德勤华永会计师事务所（以下简称“德勤”）和中国华融资产管理股份有限公司（以下简称“华融”）依法作出行政处罚的公告。

德勤被处罚是因为华融2014至2019年度不同程度存在内部控制和风险控制失效、会计信息严重失真等问题。公告显示，德勤未充分关注华融多项经济业务实质，未穿透审计底层资产真实状况，对重大投资事项忽略审批合规性，对已识别的异常交易未恰当发表审计意见，未能客观评价企业资产状况，未能准确评估预期信用损失模型参数的合理性，在提供审计服务期间，未保持职业怀疑态度，未有效执行必要的审计程序，未获取充分适当的审计证据，存在严重审计缺陷。最终，给予德勤总所警告；暂停德勤北京分所经营业务3个月；没收德勤北京分所违法所得并处罚款总额21 190.44万元，德勤总所承担连带责任。此次处罚还根据情节轻重，对德勤相关审计报告的多名责任人进行了不同程度的行政处罚。

不论是注册会计师还是管理会计师，任何会计从业人员都必须做到讲真话、做实事、守法律，严守社会公德、职业道德以及个人品德，积极维护社会公平正义，规范市场经济秩序、保障国家经济安全。

思考题

1.试简述管理会计与财务会计的主要区别与联系。
2.管理会计有哪些职能？
3.简述管理会计的概念。
4.简述管理会计师的职业道德。
5.管理会计发展的四个阶段分别是什么？

二维码1-1　即学即测

案例分析

光明矿业公司提炼和加工各种各样的矿石原料，它的业务之一是净化煤，在这个过程中会产生有毒气体。很多年以来，这些废气一直经过中国一家有经验的处置公司适当地处理。然而，废气的处理带来越来越多的经济难题。政府加强管制使得处置成本在过去的6年里增加了4倍。

小王是光明矿业公司的财务报告主管，她正在编制今年的财务报表。在查看或有事项附注所需的有关资料时，她发现了下面一段话，该段话是用潦草的铅笔字写在给那家煤炭清洁厂总经理的备忘录上的，备忘录涉及有毒气体处理成本增加的一些细节：

刘总——我们已经把这些成本维持在最低水平上，否则我们就将超出预算。我们能把废料与垃圾混在一起运到橡树山垃圾场？如果它们混合得完美无缺，没人会注意到煤炭的清洁度。

小王被这些记录搞得心烦意乱，她考虑忽略它，假装没看到；但几个小时过去后，她的良心让她否定了这种做法——她考虑了下列三种处理办法：

- 征求她的上级的意见，也就是光明矿业公司的财务副总裁；
- 把这个消息向当地的报纸匿名透露；
- 把这个消息告诉光明矿业公司的独立董事，这位董事是她的邻居。

要求：

（1）讨论为什么小王有道德责任对她所怀疑的有毒废料的非法倾倒行为采取行动。

（2）对上面给出的三种方法，请分别解释是否适当。

（3）假设小王征求了财务副总裁的意见，并发现他了解并且赞成这种倾倒有毒废料的做法，在这种情况下，她应该采取什么行动来解决这一冲突呢？

二维码1-2　管理会计体系——厦门航空的“大财务”管理模式

第二章　平衡计分卡与战略执行

学习目标

通过本章的学习，了解平衡计分卡的概念及框架结构；了解战略地图各要素的支撑关系；了解组织战略对于企业发展的重要作用；掌握实施平衡计分卡项目的关键步骤及主要问题。

引例：战略地图和平衡计分卡在华润紫竹药业的实践①

华润紫竹药业有限公司的前身为1969年建厂的北京第三制药厂，1999年改制为北京紫竹药业有限公司，2012年成为华润医药集团全资子公司并更名为华润紫竹药业有限公司（以下简称“紫竹药业”）。如今，紫竹药业已成为集生产、经营、科研开发于一体的综合性的大型制药骨干企业。

随着公司所处生殖健康行业的发展变化，国内外竞争对手的实力和投入提升，股东对公司定位的影响，以及公司的内部管理体系，尤其是战略管理、预算管理和绩效管理不能很好地与战略结合，公司高层决定引入平衡计分卡，加强战略管理。

2008年1月中旬，紫竹药业召开为期3天的战略地图/平衡计分卡研讨会，公司高管、部门经理及核心员工40多人并外聘平衡计分卡专家参与了此次会议。该次会议形成了公司战略地图以及公司级平衡计分卡指标体系，包括了财务、客户、内部业务流程和学习与成长四个层面，并完成了高管层对公司级指标的认领。首先，确定战略主题，进一步细化得出战略目标，最后为每个战略目标选定一些衡量指标。具体指标我们将在后面的学习中详细列举。

在高管团队和部门制定好平衡计分卡指标之后，就要确定目标值、行动计划和预算。各个部门根据现状和未来发展趋势设定自己的目标值并制订行动计划和预算。公司管理层根据实际情况进行调整。

为了保证战略的有效执行，紫竹药业每季度召开运营分析会议。财务部门每个月会编制一份运营分析报告交给管理层。董事会办公室每个季度编制一份平衡计分卡执行报告。公司年度工作会上对公司战略、战略地图和BSC执行情况进行回顾，修订完善并发布最新的战略地图和平衡计分卡。紫竹药业初步形成了战略回顾与运营分析两级管理会

① 改编自“刘俊勇，祝钧萍．平衡计分卡非财务绩效影响财务绩效的机理研究——基于ZZ药业的案例［J］．财务研究，2015（2）：36-47.”

计体系。通过近一年的实践，确定了战略制定、战略规划、战略分解、运营规划、战略与运营回顾、战略检验与调整等六步闭环管理系统。同时，公司制定了《紫竹药业战略绩效管理制度》，将上述工作进行了流程化和制度化。

战略地图与平衡计分卡在紫竹药业的应用是否能够解决公司的战略执行问题？战略地图与平衡计分卡作为战略执行的工具是如何实现战略执行任务的？平衡计分卡如何对战略进行支撑？其与其他的战略执行工具有什么差异呢？

第一节 战略概述

在形成战略以前，管理层首先要对公司的使命、愿景和价值观达成一致。也就是我们的企业的存在是能为谁解决哪些问题？未来在哪些领域希望有什么样的成就和地位？我们需要共同遵守的、倡导的、反对的行为准则、底线和信条是什么？企业的使命和价值观在相当长的时间内都是稳定不变的。愿景虽然不像使命和价值观那样稳定，但至少在未来3~5年的战略规划中是稳定的。

一、使命

使命通常是用简洁清晰、激动人心的文字说明企业存在的理由。使命决定了企业的愿景和战略。使命描述了企业向客户带来何种价值以及如何实现。同时，也应该让管理层和员工都清楚他们共同追求的总体目标。

华润集团的使命——引领商业进步，共创美好生活。

这是华润作为商业机构存在的意义和动机，也是华润必须承担的责任和义务。将企业使命与商业进步和社会发展紧紧连在一起，表达了华润在促进整个社会的文明与进步中求得企业发展的价值取向，体现了华润人的崇高追求。

二、价值观

企业的价值观（通常被称为核心价值观）体现了组织的态度、行为和特质。它是我们为了保证使命的正确和成效所必须遵循的原则。企业的价值观是企业持久和最根本的信仰，是企业及其每一个成员共同的价值追求、价值评价标准和所崇尚的精神。无论对于企业整体还是员工个体，价值观作为一把标尺，时刻衡量着我们自身的存在意义和行为方式。

华润集团的价值观——诚实守信，业绩导向，以人为本，创新发展。

诚实守信是华润的核心价值观，是华润建基立业的根本；业绩导向是华润发展壮大的支撑；以人为本是华润价值创造的宗旨；创新发展是华润迎接挑战的动力。

三、愿景

愿景是一个简明的陈述，表达了企业的中长期（3~10年）目标。愿景应该是外部的和市场导向的，通常用“憧憬”的言语传达企业想要展现给世界的形象。

华润集团的愿景——成为大众信赖和喜爱的全球化企业。

华润集团以“成为大众信赖和喜爱的全球化企业”作为自己的理想蓝图。不仅为股东和客户创造卓越价值，而且还为社会、环境创造令人满意的价值。以全球化企业为愿景，努力跻身国际竞争的大舞台，拥有国际水平的人才团队、管理水平、运营效率、企业文化和产品品牌，建立国际竞争力，实现全球化发展。

四、战略

使命和愿景陈述书为组织制定了总目标和方向，它们帮助股东、客户和员工理解公司怎么样和公司期望实现什么。但是这些陈述表述得太含糊了，不足以指导日常行动和资源分配决策。当公司界定了使命和愿景将如何实现战略时，才让使命和愿景变得更具有操作性。

企业战略具有两个职能，首先是为企业进行外部定位，打造竞争优势，帮助企业获得相应的能力和资源；其次是为企业内部的资源分配提供指导，企业所有的人员都需要为企业竞争优势的保持作出决策、实施决策。

一个优秀的战略通常有两个组成部分：(1) 对于企业竞争优势的明确表述，即企业拥有的不同于竞争对手的优势和特色；(2) 企业的战略范围，包括选择的细分市场、技术、地域和产品线宽度等。

通常决策者的基本战略有两种：产品差异化战略和成本领先战略。

产品差异化（product differentiation）是一个组织的能力，它使顾客感觉公司的产品和服务要比竞争对手的产品和服务更优质、更独特。苹果公司在电子行业使自己的产品差异化，强生公司在制药行业、可口可乐公司在软饮料行业都是如此。通过创新产品研发、品牌推广和产品快速投放市场，这些公司实现了差异化战略。这种差异化提升了品牌忠诚度以及顾客的支付意愿。

成本领先（cost leadership）是一个组织的能力，它通过提高生产率和效率、消除浪费和严格控制成本来实现比竞争对手更低的成本，如前面提到的沃尔玛。它提供与竞争对手相似而非差异化的产品，但是价格更低，从而形成竞争优势。

有了使命、愿景和战略这些建立企业高层次方向的简单背景知识后，我们就可以开发战略地图和平衡计分卡，为高层的大方向提供必要的细节，从而使其对所有员工更有意义和更具行动指导性。

第二节 平衡计分卡和战略地图

一、平衡计分卡的基本原理

平衡计分卡是一套综合的业绩衡量和管理系统，它通过四个相互联系的层面来全方位地衡量和管理企业经营业绩（如图2-1所示），这四个层面取决于企业的使命、价值观、愿景和战略。

• 财务：股东如何衡量企业的成功？

• 客户：企业如何为客户创造价值？

• 内部流程：企业必须擅长哪些关键业务流程才能让股东和客户满意？

• 学习与成长：哪些员工能力、信息系统和企业文化使我们能持续改善关键流程和客户关系？

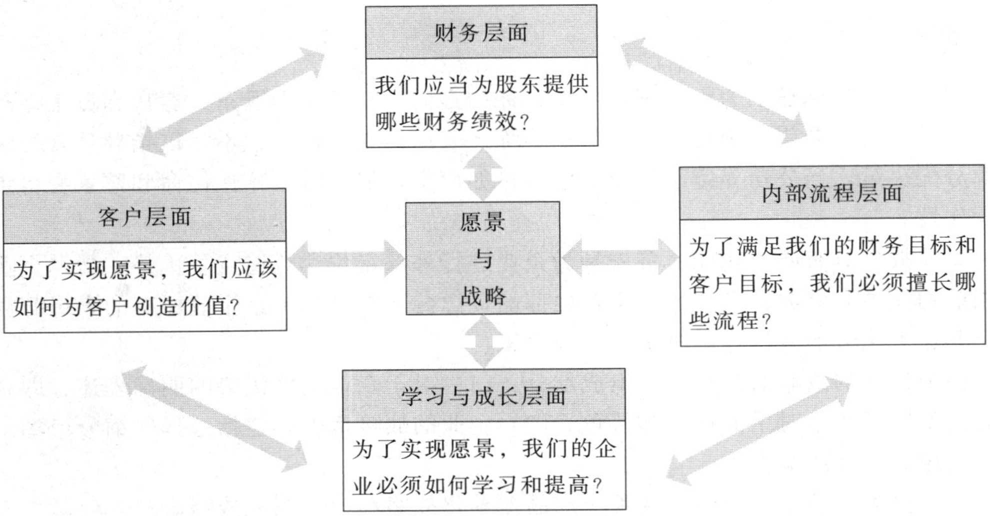

图2-1　平衡计分卡框架

通过平衡计分卡，公司可以同时对财务指标和非财务指标进行监控。财务指标是对企业当前财务数据的汇总计算，反映的是当前或以前期企业的绩效情况，其展示的结果是相对滞后的。但其他三个层次的指标则是领先的，客户、内部流程和学习与成长层面的非财务指标的改善，会在未来期间体现为财务业绩的改善。

下面我们以一个简化的平衡计分卡为例（图2-2），说明平衡计分卡指标之间的因果关系。

战略地图（部分）	目标	指标
财务：长期股东价值；增加收入；提高生产率	· 实现长期股东价值 · 增加收入 · 提高生产率	· 现有产品销量增长率 · 投入产出比
客户：吸引、留住顾客；多品类；高知名度	· 吸引、留住顾客 · 多品类 · 高知名度	· 品牌知名度 · 品类覆盖率
内部流程：加大品牌宣传；开发创新的产品；缩短周转时间	· 缩短周转时间 · 加大品牌宣传 · 开发创新的产品	· 单位产品生产周期 · 销售费用率 · 研发费用
学习与成长：留住专业人才；增强协调一致性	· 增强协调一致 · 留住专业人才	· 员工离职率 · 系统与业务的匹配度

图2-2　与目标相联系的简单平衡计分卡

如图2-2所示，该组织在财务层面的目标是创造长期的股东价值，这个目标通过增加收入和提高生产率两种基本方法来实现。希望能吸引并留住更多的顾客增加收入，需要较高的名气和多种产品类别，所以客户层面包括了品牌知名度和品类覆盖率两种指标。

以上的财务和客户两个层面表达了企业目标“是什么”，说明了企业如何将其外部的两个对象——股东和客户的期望达成一致，内部流程和学习与成长层面则是对于目标的内化，从企业内部作出改变，回答的是“怎么样”达成战略。

内部流程需要辨别那些对满足股东和客户起重要作用的业务流程。比如为了提高财务层面的生产率，需要企业缩短资产周转时间，提高资产利用效果；为了达到客户层面的多品类和高知名度要求，需要优化产品开发创新和品牌宣传的流程。因此，选用生产周期、销售费用、研发费用等指标。

最后的学习与成长层面说明了企业为优化关键的内部流程需要什么方面的知识和技能，公司认识到需要招募有能力的研发人员和销售人员，并匹配信息系统和业务流程。

二、目标、指标和目标值

（一）目标

如果我们准备建立一个平衡计分卡，那么第一步就是要撰写财务、客户、内部流程和学习与成长四个层面的战略目标，也就是图2-2的前两列内容。目标说明战略要到达哪里以及关键成功因素，它指明了组织奋斗的大方向、大致的指导方针、核心优势、业务聚焦点，以及未来设想，往往不具体或不可量化。例如，图2-2财务层面的增加收入、客户层面的吸引和留住客户、内部业务流程层面的缩短周转时间等。

接下来就是要为每个目标选择对应的指标。指标是对我们的目标的一种量化表达。最后为指标确定要达到的具体水平，即目标值。

（二）指标

指标是一种更加准确、更加专业的术语。由于我们对目标进行的语言描述具有一定的模糊性，比如华润集团在财务层面希望提高收入，实现较高的长期股东价值，那么如何才能确定收入是否提高呢？较高的股东价值又具体是多少？指标就可以消除不同对象对以上目标的不同理解，清楚无误地传达公司战略、使命和愿景中语言陈述的部分。

（三）目标值

目标值代表指标所衡量的业绩水平或改进程度，是企业为指标设定的具体水平，比如华润集团希望来年的营业收入总额能提升20%，这是公司财务层面的收入指标设立的目标值，是希望达到的收入改善水平。等到第二年结束，可以通过比较实际值与目标值，来进行沟通、激励、解释和评价等多种管理活动。

平衡计分卡帮助管理者选择源自其战略的目标和指标，并用一定的因果关系将它们联系起来。

三、战略地图的编制

战略地图是从平衡计分卡简单的四层面模型发展而来的。它是对企业战略构成要素及其因果关系的可视化描述方法。通过战略地图，企业可以建立和管理平衡计分卡四个层面的目标和指标。

战略描述了一个企业打算如何为它的股东创造持续的价值。平衡计分卡战略地图（如图 2-3 所示）就为其提供了一个框架。

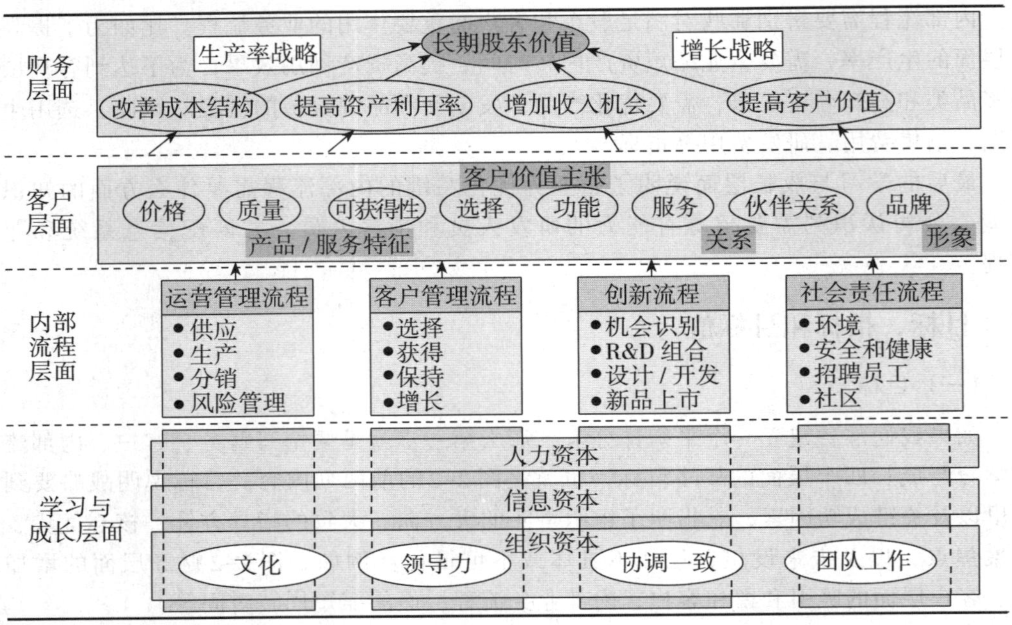

图2-3　战略地图模板

四个层面的目标通过因果关系联系在一起。从顶部开始的假设是，只有目标客户满意了，财务成果才能实现。客户价值主张描述了如何创造来自于目标客户的销售额和忠诚度。内部流程创造并传送客户价值主张。然后，支持内部流程的无形资产为战略提供了基础。这四个层面目标的协调一致是价值创造的关键，因此，也是一个重点突出、内部一致战略的关键。连接四个层面的因果框架也是开发战略地图所依赖的结构。建立战略地图迫使企业明晰这个逻辑关系：如何创造价值以及为谁创造价值。

四、财务层面

平衡计分卡财务层面以利润最大化为公司的最终目标。财务业绩指标表明了公司战略，包括战略实施和执行，是否对盈余改进有所贡献。财务目标典型地与盈利性相关，例如，用经营收入和投资报酬率来衡量。基本上，财务战略是简单的，公司可以通过下列方式赚到更多的钱：（1）增收；（2）节支。其他的每件事都是“背景音乐”。任何项目，包括亲近客户、六西格玛质量、知识管理和适时制，只有它们能带来销售增加和开支减少，才能为企业创造更多的价值。因此，公司的财务业绩通过两种基本方式得到改善：收入增长和生产率提升（如图2-4所示）。

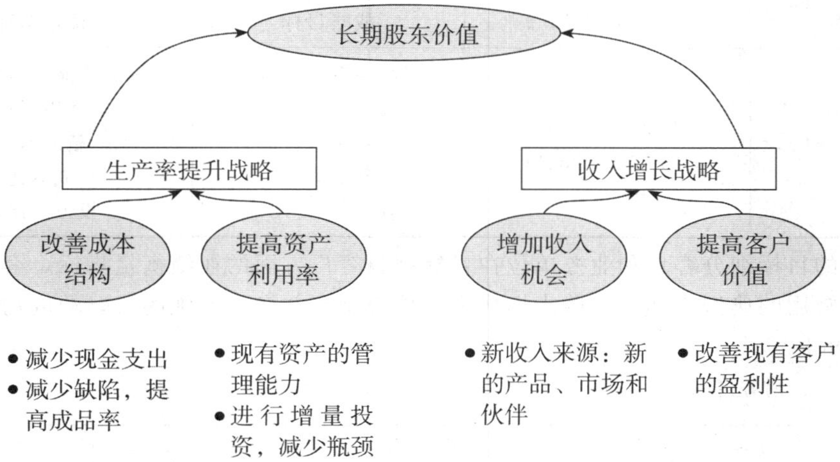

图2-4　财务层面

通过加深与现有客户的联系，公司能够创造盈利性收入增长。这能使他们销售更多的现有产品或服务，或者额外的产品和服务。例如，银行试图使它们的经常账户客户也使用本行发行的信用卡，并从本行借款购房或买车。

通过销售全新的产品，公司也能够创造收入增长。如康师傅公司目前除了销售饮品还销售方便食品和零食；瑞幸鼓励它的客户除了购买咖啡，还通过它的小程序购买水杯等商品。企业也可以通过在新的市场中销售来扩大收入，如从国内销售扩展到国际销售。

生产率改进是财务战略的另一个维度。它也可以通过两种方式进行。首先，公司通过降低直接和间接成本来削减成本。这样的成本降低方式使企业生产同样数量的产品却消耗更少的人力、物力、能源和供给。其次，通过更有效地利用它们的资金和实物资产，公司可以减少支持既定业务量水平所必需的营运和固定资本。例如，通过适时制方法，企业可以用更少的存货来支持既定的业务量水平；通过减少计划外的设备停工时间，企业可以在不增加厂房和设备投入的情况下生产更多的产品。

当企业在收入增长和生产率提升这对矛盾的力量之间进行权衡时，就引发了财务层面战略的平衡问题。改善收入增长的行动通常比改善生产率的行动花费更长的时间。出于向股东显示财务成果的日常压力，企业自然倾向于支持短期行动而非长期行动。战略地图第一层的开发，迫使企业处理这种压力。顶层的财务目标是也必须是股东价值的持续增长。因此，战略的财务要素必须有长期（收入增长）和短期（生产率提升）两个维度。

五、客户层面

在客户层面，收入增长战略要求特殊的价值主张，特殊的价值主张描述了企业将如何为目标客户创造差异化、可持续的价值。在战略地图的客户层面，管理者确定了业务

表2-1　　紫竹药业公司级平衡计分卡（部分）——财务层面

层面	战略主题	战略目标	衡量指标
财务层面	收入增长战略 生产力提升战略	提高现有产品贡献 增加新的收入机会 创建未来成长能力 改善成本结构 提高资产使用率	现有产品销量增长率 国际市场销量 新品销量 总成本比率 投入产出比

单位竞争的目标细分客户和业务单位在目标细分客户方面的业绩衡量指标。客户层面包括了几个常用的典型指标，这些指标代表了精心制定并良好实施的战略的成功结果（如图2-5所示）。

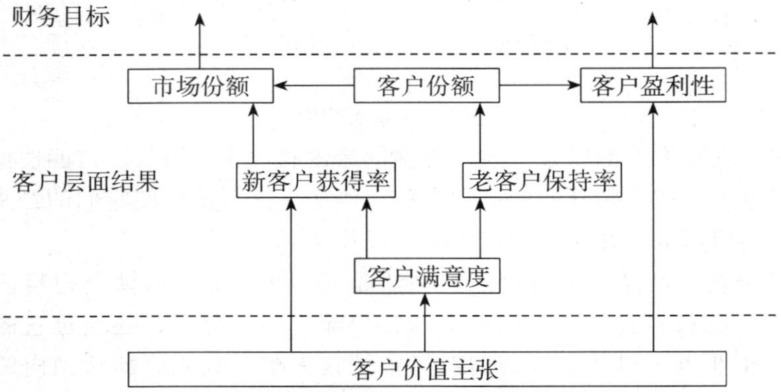

图2-5　客户层面

- 客户满意度；
- 老客户保持率；
- 新客户获得率；
- 客户盈利性；
- 市场份额；
- 客户份额。

这些常用的客户层面的指标是相互联系的。例如，客户满意度通常产生客户保持率，然后通过大家的传播，企业新增了客户获得率。通过保持客户，公司增加了业务份额——客户份额，当然它也需要忠诚的客户。获得新客户加上现有客户的业务增长，公司的目标客户市场份额将迅速扩大。最后，客户保持率将带来客户盈利性的增加，因为保持一个老客户的成本将远低于获得一个新客户的成本。

实际上，所有的企业都试图改善这些常用的客户指标，但是只使客户满意并保留客户几乎不可能成为战略。战略应确定特殊的细分客户，即为公司带来增长和盈利的目标客户。例如，西南航空公司以低价来满足并保留价格敏感性客户。不同的是，茅台公司的目标客户是愿意为高端产品支付高价的，具有较高可自由支配收入的群体。公司应该衡量目标客户的客户满意度、客户保持率和市场份额，只有较少可自由支配收入的价格敏感性客户不可能在茅台公司获得满意的购物体验。同样的消费额，慷慨大方的商务旅行者显然不可能选择西南航空公司的航班，因为搭乘该公司的航班要排很长的队，而且该公司常常缺乏预留座位和头等舱。

一旦公司明白了谁是它的目标客户，就将确定目标和指标来反映它想要提供的价值主张。通过描述公司为目标客户群体提供的独特产品组合、价格、服务、关系和形象，价值主张定义了公司的战略。价值主张应该向客户传达这样的信息：公司期望做的事情比竞争对手更好或与众不同。

例如，西南航空、小米、吉利汽车和娃哈哈等公司在各自的行业中都十分成功地向它们的客户提供了最佳购物或总成本最低的价值主张。总成本最低价值主张的目标应该强调有吸引力的价格、卓越而一致的质量、较短的交货期、方便的购物体验和良好的选择（如图2-6的顶行所示）。

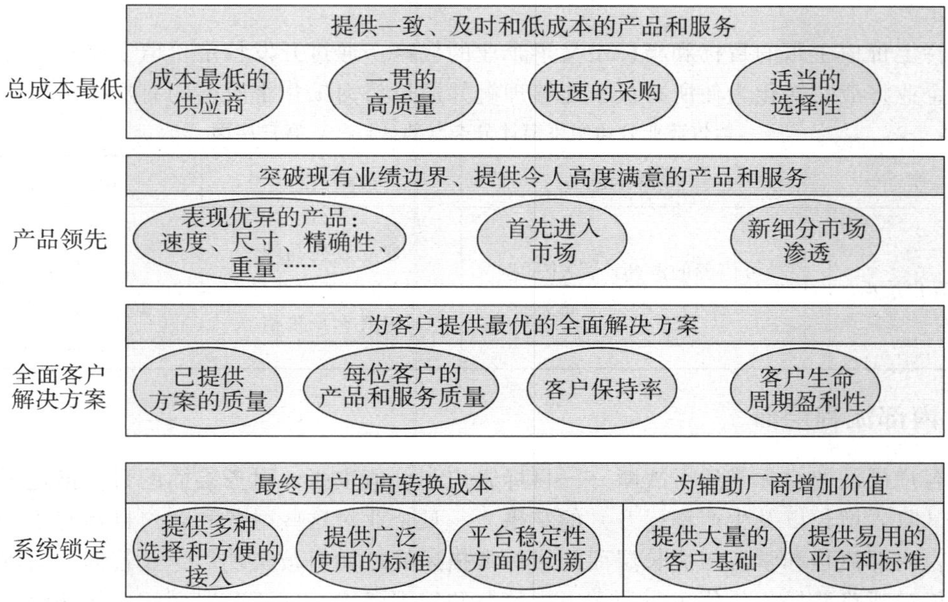

图2-6　客户价值主张

像华为和茅台这样的公司，却有另一种价值主张，它们强调产品创新和领先。这些公司统率着高于各自行业平均水平的价格领域，因为它们提供性能出众的产品。它们的价值主张强调独特的产品特征和性能，这些特征和性能是最前卫的客户所看重的，并愿意付出高价得到的。目标的衡量指标可以是速度、尺寸、精确性、消耗功率或其他优于竞争产品并被客户看重的性能特征。新特征和性能产品的率先上市是这些产品领先公司的另一个目标（如图2-6的第二行所示）。

第三种类型的价值主张强调提供全面解决方案。这种价值主张的成功典范当属中国建设银行。对于这个价值主张，客户应该感受到公司了解他们并能提供客户化的、满足他们需要的产品和服务。建行财富管理和私人银行业务，坚持的主张就是以客户为中心，基于客户需求，整合公司内部、外部的各种资源一起为客户提供财富管理和私人银行业务。全面解决方案针对每个用户的需要量体裁衣。提供这种客户解决方案价值主张的公司强调与解决方案全面性有关的目标（销售多样化、产品和服务捆绑等）、售前和售后的特别服务以及客户关系质量（如图2-6的第三行所示）。

第四种通用战略叫系统锁定，它是在公司为客户创造了高转换成本时发生的。理想的情况是，像计算机操作系统或微芯片硬件结构这样的私人所有产品变成行业标准。在这种情形下，买方和卖方都想让它们的产品与标准保持一致以便从庞大的用户网络中受益。变为像淘宝和京东这样的主流交换平台，是另一种成功的系统锁定战略典范。买方将选择拥有大量提供产品和服务的卖方的交换平台；卖方提供产品和服务所选择的交换平台将是能够把它们展现给大量潜在购买者的交换平台。在这种情形下，一家或两家公司将有趋向主流的交换平台供应商，并且它们将创造大量的障碍阻止其他交换平台提供商进入，也给买方和卖方创造了高昂的转换成本（如图2-6的底行所示）。

特定价值主张的目标和指标定义了企业的战略。通过开发特定价值主张的目标和指标，企业将战略转化为使所有员工能够理解并通过努力工作来改善的有形指标。

表2-2 紫竹药业公司级平衡计分卡（部分）——客户层面

层面	战略主题	战略目标	衡量指标
客户层面	可信赖的医药产品引领者 共赢/持久的经销商关系	建立领先品牌 与重点客户共赢 提升客户价值	市场占有率 品牌知名度 重点客户流失率 品类覆盖率

六、内部流程层面

客户层面的目标描述了战略——目标客户和价值主张，财务层面的目标描述了成功战略（收入增长以及生产率提升）的结果。一旦企业对这些财务和客户目标有了清晰的蓝图，内部流程和学习与成长层面的目标将描述战略如何被实现。企业管理它的内部流程和传送战略差异化价值主张的人力、信息和组织资本，这两个层面的卓越业绩将驱动战略。

内部流程实现两个关键的企业战略要素：（1）它们向客户生产和传递价值主张；（2）为了财务层面的生产率要素，它们改善流程并降低成本。我们将无数的内部流程分为四组（如图2-7所示）：

- 运营管理流程；
- 客户管理流程；
- 创新流程；
- 社会责任流程。

（一）运营管理流程

运营管理流程是基本的、日常的流程，通过这一流程公司生产它们的现有产品和服务并交付给客户。制造业企业的运营管理流程包括下列内容：

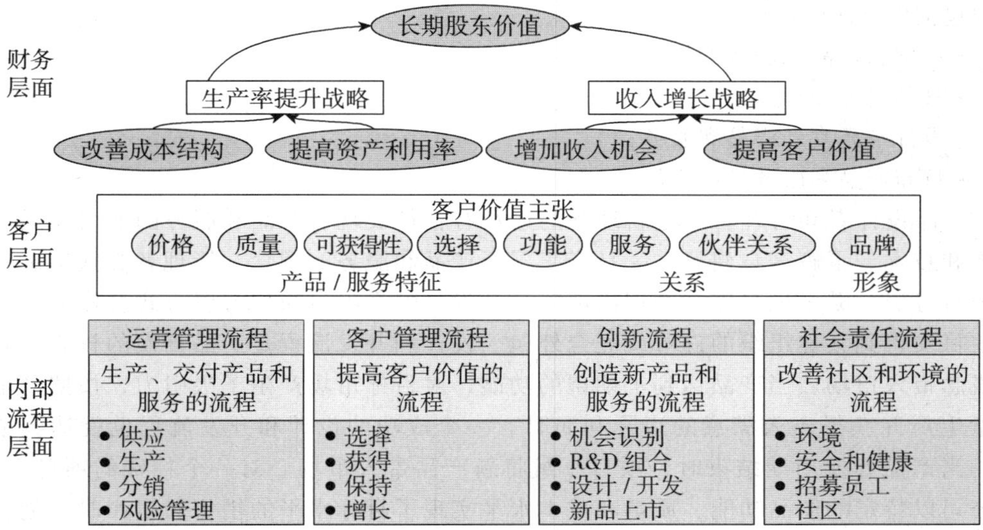

图2-7　内部流程层面和框架

- 从供应商处获得原材料；
- 将原材料转变为产成品；
- 向客户配送产成品；
- 管理风险。

服务企业的运营流程是生产并交付客户使用的服务。

（二）客户管理流程

客户管理流程拓展并加深了与目标客户的关系。我们能够确定四类客户管理流程：

- 选择目标客户；
- 获得目标客户；
- 保持目标客户；
- 增长客户业务。

客户选择包括确定公司价值主张中最想要的目标人群。客户选择过程定义了客户特征，以描述对公司最有吸引力的细分客户。对于消费品公司来讲，细分客户可以通过收入、财富、年龄、家庭规模和生活方式来界定；典型的商业细分客户属于价格敏感型、尽早采用型、技术复杂型几种类型。客户获得与创造领先、沟通潜在新客户、选择入门产品、产品定价、销售结算有关。客户保持是卓越服务和客户需求响应程度的结果。及时、专业的服务是维持客户忠诚并减少客户背叛可能性的关键。增长客户业务包括高效地管理客户关系、交叉销售多种产品和服务、成为值得信赖的知名顾问和供应商。

（三）创新流程

创新流程开发新产品、方法和服务，常常能使公司渗入新的市场和细分客户。创新流程包括以下四个流程：

• 识别新产品和服务的机会；
• 管理研究和开发组合；
• 设计与开发新产品和服务；
• 将新产品和服务推向市场。

产品设计者和管理者产生新理念的途径有：扩展现有产品和服务的能力、运用新发现和技术、了解客户建议。一旦产生了新产品和服务的理念，管理者必须决定为哪个项目筹资、哪个项目完全利用内部资源开发、哪个项目采用合资方式合作完成、哪个项目要得到其他组织的许可或完全外包。设计和开发流程是产品开发的核心，它将新概念带入市场。当产品达到了期望的功能，对目标市场产生了吸引力，按照稳定的质量生产并获得令人满意的边际利润时，一个成功的设计和开发流程也就达到了顶点。当产品开发周期结束时，项目小组将新产品带入市场。对一个特殊的项目来讲，当公司以特定的产品功能、质量和成本水平实现了目标水平的销售和生产时，创新流程才能画上句号。

（四）社会责任流程

社会责任流程有助于企业在生产和销售所处的社区和国家持续赢得经营的权利。有关环境、员工安全和健康、招聘和解雇的国家和地方性法规为公司的实践规定了标准。然而，有些公司想方设法不遵守法规确立的最低标准。它们希望表现得优于法规限制，从而建立声望。

按照下列几个关键维度，公司管理并报告它们的合规和社会责任表现：

• 环境；
• 安全和健康；
• 员工招聘；
• 社区投资。

对环境、健康、安全、招聘实践和社区发展进行投资的原因未必都只是为了无私奉献。合规和社会责任表现的卓越声望帮助公司吸引和保持高素质员工，因此，使人力资源流程更加富有效果和效率。减少环保事故并改善员工安全和健康也提高了生产率并降低了经营成本。最后，具有杰出声望的公司通常加强它们的客户形象和社会意识、投资者形象。强大的人力资源、经营、客户和财务流程之间的所有联系，阐明了合规和社会责任表现的有效管理能够驱动长期的股东价值创造。

（五）战略包括一系列相辅相成的主题

在开发战略地图的内部层面时，管理者要确定对战略最为重要的流程。实行产品领先战略的公司将强调卓越的创新流程；实行总成本最低战略的公司必须擅长运营流程；实行客户解决方案战略的公司将强调它们的客户管理流程。

但即使强调四组内部流程之一，公司仍必须实行“平衡”战略并投资改善所有四组流程。财务层面典型地受益于内部层面流程的改善，这四个主题不同的内部流程具有不同时间周期（如图2–8所示）。运营流程的改善使得成本节约传递快速（6~12个月）。客户关系的加强使得收入增长出现在中期（12~24个月）。创新流程通常需要更长的时间才能产生收入和利润的改善（24~48个月）。社会责任流程的好处也需要较长时间才能获得，那时企业将规避诉讼和倒闭的风险，提高社会形象，成为其经营所处社区首选的雇主和供应商。

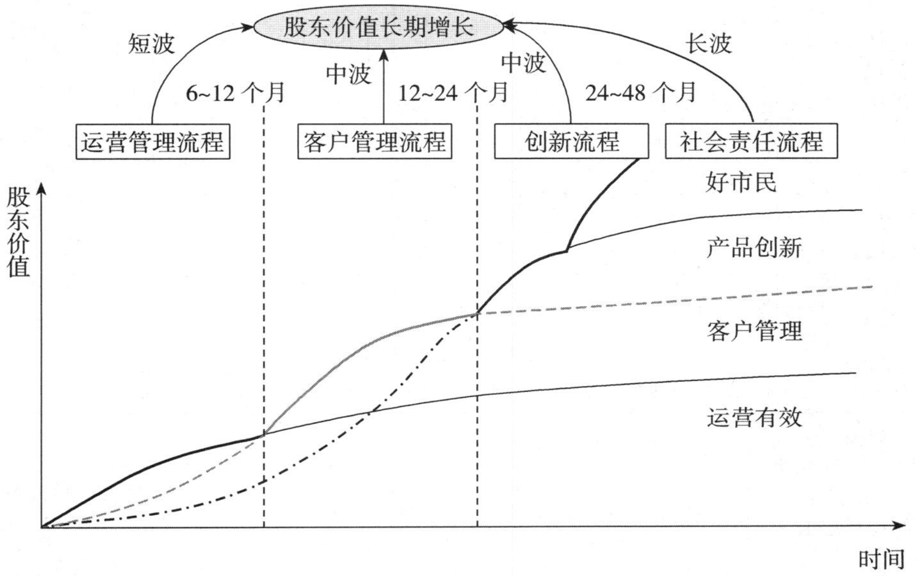

图2–8　内部流程创造价值的周期

严格来讲，在一个企业中同时存在着数以百计的流程，每个流程都以某种方式创造着价值。战略的艺术是确定并擅长少数几个关键的流程，这些流程对客户价值主张至关重要。所有流程都应被管理好，但是少数战略流程必须受到特别关注和重视，因为这些流程创造了战略的差异化。已选的战略流程也应通过四组流程画出。每个战略都应在运营管理、客户管理、创新、社会责任中确定一个或多个流程。按照这种方法，价值创造流程在长期和短期之间进行了平衡，这将确保股东价值增长得以长期持续。

少数关键战略流程经常被有机组成战略主题。战略主题允许企业强调行动方案并提出责任框架，它是战略执行时的构筑模块。

图2–9说明了一家高科技制造公司的七个战略主题。它的战略是扩大价值主张，从片面强调产品质量到传递量体裁衣的、能够解决客户问题的产品配置。这个战略的核心是两个客户管理主题——解决方案销售和关系管理。这些主题提供了新客户伙伴关系的基础。两个运营管理主题——适时制和弹性制造，确保产品能够在客户要求的较短时间水平内配置和交付。两个创新主题——内部产品开发和技术伙伴关系，提供了保持领先地位所需知识的两个平衡来源。战略的社会责任要素——建设社区，反映了公司作为杰出雇主的期望，即巩固影响员工生活质量的制度。这样公司将复杂的战略简化为七个战略主题，每个主题合乎逻辑地与客户价值主张和财务成果相衔接。

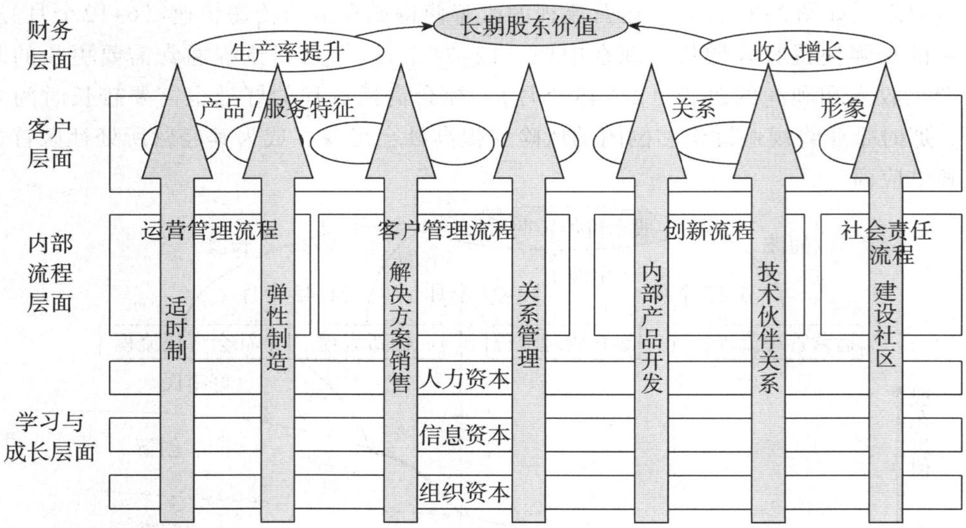

图2-9 战略主题

表2-3 紫竹药业公司级平衡计分卡（部分）——内部流程层面

层面	战略主题	战略目标	衡量指标
内部流程层面	打造卓越运营体系 履行社会责任	加强订单实现管理 消除质量隐患	完美订单履行率 单位产品生产周期 产品一次检验合格率

七、学习与成长层面

平衡计分卡战略地图的第四个层面——学习与成长，描述了组织的无形资产及其在战略中的作用（如图2-10所示）。我们将无形资产分为三类：人力资本、信息资本、组织资本。

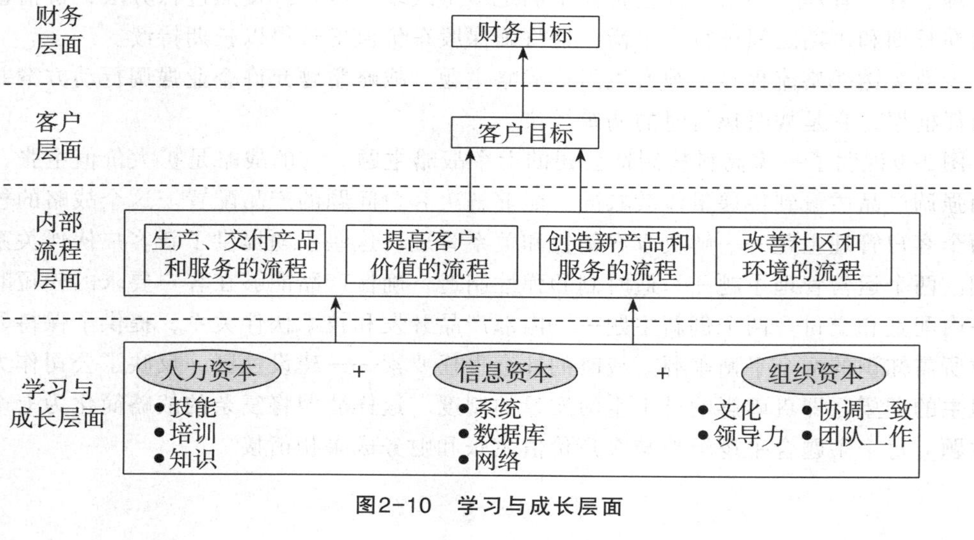

图2-10 学习与成长层面

人力资本：支持战略所需技能、才干和知识的可获得性。

信息资本：支持战略所需信息系统、网络和基础设施的可获得性。

组织资本：执行战略所需的发动并持续变革流程的组织能力。

尽管所有的企业都试图开发它们的人力、技术和文化，但是绝大多数企业不能将这些无形资产与它们的战略协调一致。达成这种协调一致的关键是“颗粒度”，也就是跳出诸如“开发我们的人才”或“激活我们的核心价值”等俗套，重视关键战略内部流程所需的特殊能力和特征。平衡计分卡战略地图能使管理者查明战略所需的特殊人力、信息和组织资本。

表2-4 紫竹药业公司级平衡计分卡（部分）——学习与成长层面

层面	战略主题	战略目标	衡量指标
学习与成长层面	提升信息资本准备度 提升组织资本准备度 提升人力资本准备度	增强信息收集的有效性 支持业务流程变革 增强协调一致 提升领导力 提高关键岗位准备度	信息获取满意度 信息系统与业务流程的匹配度 BSC项目推进力度 内部客户满意度 达到胜任能力的领导比率

八、平衡计分卡：化战略为行动的指标、目标值和行动方案

战略地图描述了战略的逻辑性，清楚地显示了创造价值的关键内部流程目标以及支持关键流程所需的无形资产。平衡计分卡将战略地图目标转化为指标和目标值。但是目标和目标值并不会只是因为它们被确定而得以实现，企业必须推出一套行动计划，这套行动计划能使所有指标的目标值得以实现。企业必须为每个行动计划提供稀有的资源——人力、资金和生产能力，我们将这些行动计划称为战略行动方案。对于平衡计分卡的每个指标，管理者必须确定实现其目标值的行动方案。行动方案创造了结果。因此，通过执行行动方案，战略执行得以管理。

详细说明战略行动方案并为其提供资源的行动计划必须以战略主题为中心协调一致，必须被看作一个集成的投资组合而不是一组孤立的项目。每个战略主题应该有一个独立完整的业务集合。

图2-11说明了一家低成本航空公司的“快速地面周转”主题的行动计划和业务集合。这个主题是总成本最低客户价值主张的核心。它将促成准时起飞和到达，从而增加客户满意程度并使得未来收入增长。它也将使公司以少于竞争对手的飞机和乘务人员运营并降低成本。这样，公司能在提供更低的票价吸引价格敏感性客户的同时仍能赚取利润和高于资本成本的投资回报。

图2-11的左边显示了促成战略所需的无形资产：管理舷梯的新技能、地面员工与战略的协调一致等。图2-11的中间显示了战略地图中的战略目标的平衡计分卡指标和目标值。图2-11的右边确定了战略行动方案和实现计分卡目标值需要的成本。公司确定了八个行动方案，每个行动方案影响一或两个目标。八个行动方案对战略的成功是必不可少的。如果其中的任何一个被删减，那么它所对应的关键目标将无法实现，并且因

果关系链将被割裂。例如，新的员工调度系统可能被引进，但是如果地面员工不理解它如何运作（沟通项目）或没有动机改善企业业绩，那么战略将可能会失败。

战略地图		平衡计分卡		行动计划	
流程：运营管理 主题：快速地面周转	目标	指标	目标值	行动方案	预算
利润和 RONA 收入增长　减少飞机	• 盈利性 • 收入增长 • 减少飞机	• 市场价值 • 座位收入 • 飞机租赁成本	• 30%CAGR • 20%CAGR • 5%CAGR		
吸引和保持更多的客户 服务准时　最低票价	• 吸引和保持更多的客户 • 航班准时 • 最低票价	• 回头客数量 • 客户数量 • FAA 准时到达率 • 客户排序	• 70% • 每年提高 12% • 第 1 名 • 第 1 名	• 实施 CRM 系统 • 质量管理 • 客户忠诚项目	• $××× • $××× • $×××
快速地面周转	• 快速地面周转	• 过站时间 • 准时起飞率	• 30 分钟 • 90%	• 周转期最优化	• $×××
战略工作舷梯管理 战略系统员工安排 地面员工协调一致	• 开发必要的技能 • 开发支持系统 • 地面员工与战略协调一致	• 战略工作准备度 • 信息系统可用性 • 战略意识 • 地面员工持股比率	• 第 1 年 70% 第 3 年 90% 第 5 年 100% • 100% • 100% • 100%	• 地面员工培训 • 完成员工安排系统 • 沟通项目 • 员工持股计划	• $××× • $××× • $××× • $×××
				预算总额	$××××

图2-11　基于战略主题的平衡计分卡和行动计划

九、将四个层面整合为战略地图

通过平衡计分卡的四个层面的分析，我们已经能够系统地开展工作，决定描述战略的目标和指标。战略地图（如图 2-3 所示）提供了一个战略的可视化的表示方法。它提供了一个只有一页的视图，说明了四个层面的目标如何被集成在一起描述战略。每个公司都为其特殊的战略目标制定战略地图。

战略地图的四个层面包含了 20~30 个相互关联的平衡计分卡指标。一些人批评平衡计分卡，认为人们不能同时关注 25 个不同的指标。如果平衡计分卡被看作 25 个独立的指标，那么对企业和员工来讲，它确实太复杂，以至于无法被消化吸收，但是这样考虑平衡计分卡是错误的。战略地图显示了结构适当的平衡计分卡中的多个指标如何为单个战略提供使用工具。公司能够在一个大约有二三十个指标的集成系统中制定并沟通它们的战略，这些指标确定了关键变量之间的因果关系，关键变量包括领先变量、滞后变量和反馈循环，即描述战略的轨迹或飞行计划。

第三节　基于战略运营一体化的闭环管理系统

绩效卓越的企业不但能够制定科学的战略规划，而且可以有效地在运营中执行战略。图 2-12 给出了将战略制定和规划与运营执行有机结合的一体化管理系统。紫竹药业基于此框架在年度内开展战略和运营管理工作。

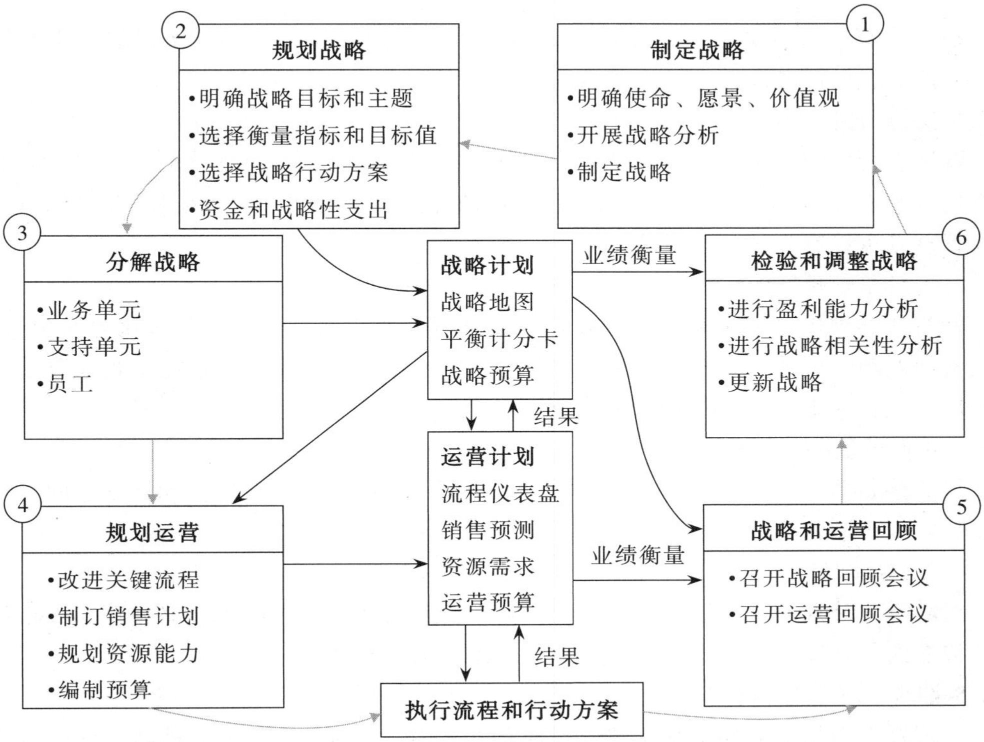

图2-12 战略运营一体化管理系统

运用该系统，管理者可以将年度管理工作分为六个步骤。

（一）制定战略

制定战略是年度管理流程的起点。在本步骤，管理者要回答三个问题：

1.我们存在的价值是什么？

这要求管理者澄清企业的使命、价值观和愿景。这三个要素是制定和执行战略的指导原则。

2.我们的关键问题是什么？

这要求管理者进行战略分析。管理者可以应用PESTEL（政治、经济、社会文化、技术、环境和法律）模型进行外部环境分析，同时，对内部条件（如运营、创新、技术、人力资源等）和现有战略进行分析。通过分析管理者可以形成企业的SWOT（优势、劣势、机会和威胁）分析表。最后，管理团队可以制定战略变革议程并沟通达成共识。

3.我们如何更好地竞争？

这要求管理者制定战略。管理者可以通过回答下列具体问题制定战略：（1）我们竞争的细分市场是什么？（2）在细分市场上形成差异化的客户价值主张是什么？（3）创造差异化的关键流程是什么？（4）实施关键流程所需要的人力资本能力、技术能力和组织能力分别是什么？

（二）规划战略

在本步骤，管理者通过开发战略目标、指标、目标值、行动方案和预算来规划战略。为此，企业需要回答下面五个典型问题：

1.我们如何描述战略？

管理者可以通过绘制战略地图来描述战略。战略地图通过可视化的方式将所有的战略维度或战略主题清晰地表达出来，每个战略主题下又包含了4~6个相关的战略指标，从而管理者可以有效地管理战略。

2.我们如何衡量计划？

针对战略地图中的战略主题和目标，管理者采用平衡计分卡将其转化为衡量指标、目标值和差距。整体价值差距由战略制定步骤中雄心勃勃的愿景所决定，进而分解为每个战略主题在未来3~5年应该弥补的差距。

3.我们的战略需要什么行动计划？

行动计划是完成战略目标和指标的目标值所采取的行动。各项行动计划之间是相辅相成的。

4.我们如何资助行动计划？

战略行动计划通常是跨职能和跨部门的，为其安排的支出称为战略预算。战略预算需从传统的年度经营预算中分离出来，由管理团队单独管理。

5.谁来领导战略执行？

管理者需为每个战略主题找到一个拥有者，为其安排战略预算。战略主题拥有者对战略主题的执行负责并提供信息反馈。

（三）分解战略

本步骤需将整体战略分解至各个业务单元和职能部门，并最终分解至每位员工。所有的员工必须理解其所负责指标和战略之间的联系。企业根据员工负责指标的完成情况进行激励奖惩。为此，企业需要回答三个问题：

1.我们如何确保所有业务单元协调一致？

在多部门多业务的公司中，公司战略确定了各个业务单元战略是如何通过集成创造协同效应的，公司级战略地图中清晰地描述了协同效应的源泉。公司管理层将公司级战略地图纵向分解至各业务单元。各业务单元的战略反映了：（1）与局部战略相关的目标；（2）与公司战略和其他业务单元战略集成的目标。在此基础上，各业务单元开发各自的战略地图和平衡计分卡。

2.我们如何确保支持部门与业务单元和公司战略协调一致？

传统上，支持部门或职能部门被视为费用中心，其目标是最小化各自的管理费用。这将导致支持部门的战略和运营无法有效与其所支持的公司和业务单元保持协调一致。为发挥价值创造功能，支持部门需要与各业务单元共同开发服务水平协议，以确定支持部门需要提供的服务数量和质量。在此基础上，支持部门开发出各自的战略地图和平衡计分卡。

3.我们如何激励员工从而有效执行战略?

归根到底，员工是改善流程、实施项目和行动方案的主体。他们必须理解他们是否成功地将其日常行动与公司战略联系在一起。员工无法执行他们不理解的战略，所以公司需采用各种形式的沟通项目帮助员工理解战略并激励他们去实现战略。管理者可以通过将员工的目标和激励与业务单元和公司战略目标协调一致来强化沟通项目的效果。同时，通过培训和职业发展规划帮助员工获得成功执行战略的各项能力。

(四)规划运营

本书所用的六步管理法特别强调长期战略与日常运营之间的清晰联系。公司需要将各项流程改善活动与战略优先行动进行协同。同时，对业务运营所需的资源配置必须与战略规划保持一致。在本步骤，管理层必须回答下列两个关键问题：

1.在战略执行中哪项业务流程改善是最为关键的?

是否为关键业务流程主要看该流程能否战略性地对客户和财务目标有重大改善。关键内部流程有新产品开发、客户关系管理、全面质量管理、六西格玛和流程再造等。确定了关键流程后，管理者需要为流程拥有者制定反映流程改善的业绩指标体系或仪表盘。

2.我们如何将运营计划和预算与战略联系起来?

流程改善计划和高层级的平衡计分卡指标和目标值必须转化为年度经营计划。年度经营计划包含三个要素：一份详细的销售预测、一个资源能力计划、运营费用和资本支出预算。在销售预测中，管理者可以运用滚动预测方法，同时体现预期销量、销售组合、订单特征、生产运行要求、交易特点等多个维度。在资源能力计划中，管理者可以运用作业成本法来编制预算，明晰不同作业对人员、设备和设施等多项资源的需求。在运营和资本预算中，用货币方式对资源需求进行量化表达。

(五)战略和运营回顾

一旦公司制定和规划了战略，并将其与运营计划进行了结合，那么公司就可以开始执行战略和运营计划，监督业绩结果，并基于新的信息采取行动以改善运营和战略。通常，公司要召开诸如经济活动分析会这样的运营回顾会议来检查部门和职能业绩并确定相应的问题。公司也通过半年工作会或年度工作会等战略回顾会议来讨论和评价平衡计分卡中的指标和行动方案执行情况以及相应的障碍。两种不同形式的会议需解决两种不同的问题：

1.我们的运营处于控制之中吗?

通过运营回顾会议，公司发挥员工的特长和经验解决销售、采购、物流、财务和运营等部门的日常问题。这种会议通常时间短、问题高度集中、受数据驱动并且以行动为导向。

2.我们的战略执行得有效吗?

通过战略回顾会议，公司的领导团队讨论战略执行是否处于轨道之中，检查发生在执行中的问题将会发生在哪里，力图确定问题的成因，提出消除问题成因的行动，并为实现目标业绩配置权责利。

（六）检验和调整战略

除了管理会议外，公司需要单独召开一个会议以检验其基本战略假设是否有效。从运营和战略回顾会议中，公司已获得了大量数据、环境变化信息、员工贡献的新思想和机会，从而可以检验战略有效性，进而决定是否需要调整战略。在本步骤，公司需要回答一个关键问题：我们的战略发挥作用了吗？公司的管理团队需定期质疑和挑战现有战略，如有必要就调整现有战略。在检验战略时，企业可以运用作业成本法提供作业基础的盈利报告汇总不同产品线、客户、细分市场、渠道和区域的损益数据，以明确现有战略在哪些地方是成功的，在哪些地方是失败的。此外，企业也可以通过相关性分析等统计学分析方法来发现不同指标之间的相关性，当管理层看到与战略预期不符的负相关或不相关情形时，他们可能会调整战略。在一个持续经营的公司中，本步骤和年度管理循环中的第一步是结合在一起的。

思考题

1.什么是企业的使命、愿景和价值观？
2.简述平衡计分卡的四个层面及其含义。
3.学习与成长层面的构成要素是什么？各有什么含义？
4.简述战略运营一体化闭环管理系统的六个步骤。

二维码2-1　即学即测

案例分析

公立医院作为我国医疗服务体系的主体，是全面推进健康中国建设的重要力量。2021年，习近平在福建考察时强调，要把保障人民健康放在优先发展的战略位置，织牢公共卫生防护网，推动公立医院高质量发展。随着医改政策逐步地推广和深入实施，以及内外部环境不确定性的增加，河南省肿瘤医院希望能够引入企业战略管理的经验，以期探索适合自身发展的道路，实现医院高质量且可持续发展。

因此，河南省肿瘤医院开始探索战略地图和平衡计分卡工具在医院战略管理中的应用，旨在构建一套目标清晰、运营规范、全面协同的科学管理体系，为实现医改目标、建立现代医院管理新范式作出贡献。那么，医院是如何引入平衡计分卡体系的呢？该项目计划主要分为以下几个步骤：

1.构建院级平衡计分卡

（1）确定战略主题并归类

在新医改的影响下，河南省肿瘤医院应如何提升经营业绩，实现其成为国家肿瘤区域医疗中心和患者首选医院这一战略目标和愿景呢？针对这一问题，院方管理者最终确定了两个关注点：成本效率以及品牌影响力。前者影响单位就诊人次的经济效益，后者决定了服务对象总量。行动学习以该问题为导向，制定了一体化实现成本控制、效率强化、品牌影响力提高的战略总目标，并展开了关于医院层面战略主题的讨论。

按照平衡计分卡的四个维度，六个行动学习小组经过充分的讨论后共提出59项战略主题，删除重复并合并相关条目后共计28项。经院长及总会计师讨论后决定选取其中提出次数较多且具有战略导向意义的11条作为院级平衡计分卡的战略主题（见表2-5），该结果取得参会人员一致同意。考虑到公立医院提供服务的特殊性以及河南省肿瘤医院的特点，院方将卡普兰原平衡计分卡模型中四个维度的名称及位置进行了相应调整，考虑将患者及协作方（客户层面）放在首位，强调公立医院以患者为核心的理念，凸显其为社会提供医疗服务的职能。与一般企业追求利益最大化不同，公立医院并不过分追逐盈利，财务方面考虑更多的是如何达到收支平衡略有盈余。因此，在设计平衡计分卡时将财务作为基石置于底层，体现出公立医院的公益性。

表2-5　河南省肿瘤医院院级战略主题

愿景：患者首选，美好家园	
目标：建设国家肿瘤区域医疗中心	
患者及协作方	C1　患者首选
	C2　构建共赢协作关系
内部流程	I1　提升运营质量和效率
	I2　构建全面质量安全管理体系
	I3　提升科研和诊疗技术水平
	I4　提升服务标准化水平
	I5　提升教学水平
学习与成长	L1　提升组织能力
	L2　提升员工胜任能力
	L3　完善信息化建设
财务	F1　调整收入成本规模和结构

（2）确定战略目标

基于这11项战略主题，医院开始了关于战略目标的行动学习讨论。首先，由各讨论组针对每项主题，提出战略目标，6个小组共形成了251项战略目标。之后，所有行动学习参与者对这251条战略目标进行筛选提炼，去除表述不明确、重要度低或无法量化的目标，将其中多次出现、表意相近、重要度较高的战略目标提炼出来，共形成32项战略目标。专家组又对这32条目标进行了逐一点评。最后，小组成员根据专家的建议，对目标进行再次讨论，对其内涵、数量、名称等进行了优化，最终在11个战略主题下形成了16项战略目标，每个战略主题均由1~2项战略目标进行阐释。表2-6展示了院级平衡计分卡的16项战略目标。

表2-6　**平衡计分卡战略目标**

层面	战略主题（11个）	战略目标（16项）
患者及协作方	C1 患者首选	C11 提升患者就医体验
	C2 构建共赢协作关系	C21 加强渠道建设
内部流程	I1 提升运营质量和效率	I11 优化资源配置和运行效率
	I2 构建全面质量安全管理体系	I21 建立全面质量管理体系
		I22 保障生产安全
	I3 提升科研和诊疗技术水平	I31 加强科研和技术创新
		I32 加强学科建设
	I4 提升服务标准化水平	I41 建立SOP服务体系
	I5 提升教学水平	I51 建成临床医学院
		I52 成为国家规培基地
学习成长	L1 提升组织能力	L11 提高组织执行力
	L2 提升员工胜任能力	L21 建立职业化培训体系
		L22 优化人力资源配置
	L3 完善信息化建设	L31 为医院发展提供信息支撑
财务	F1 调整收入成本规模和结构	F11 调整医院收入结构
		F12 做好成本管控

（3）确定相关指标

根据河南省肿瘤医院平衡计分卡战略主题、战略目标的设计，各小组集思广益并将提出的60项战略指标进行集中分类，本着“考核指标可量化、可操作、易取得”的原则，提炼至44项。最终经院领导讨论确定了覆盖到医院科学管理各个方面的共计32项战略指标，见表2-7。

表2-7　**院级平衡计分卡指标体系**

层面	战略主题（11个）	战略目标（16项）	战略指标（32项）
患者及协作方	C1 患者首选	C11 提升患者就医体验	患者满意度
			平均住院日
			手术率
			首次住院人数
	C2 构建共赢协作关系	C21 加强渠道建设	双向转诊率
内部流程	I1 提升运营质量和效率	I11 优化资源配置和运行效率	百元医疗设备收入
			大型设备功能利用率
			医技、放疗漏费率
			医保回款率
	I2 构建全面质量安全管理体系	I21 建立全面质量管理体系	门诊医生准时开诊率
			医技检查预约按时完成率
			责任制整体护理合格率
			医院感染患病率
		I22 保障生产安全	安全生产
	I3 提升科研和诊疗技术水平	I31 加强科研和技术创新	国家级课题成果数量
			5分以上SCI论文数量
			新药物临床试验数量
		I32 加强学科建设	省级及以上重点学科（平台）数量
			学科带头人（厅级以上）数量
	I4 提升服务标准化水平	I41 建立SOP服务体系	SOP达标率
	I5 提升教学水平	I51 建成临床医学院	导师数量
		I52 成为国家规培基地	外院规培生数量
学习成长	L1 提升组织能力	L11 提高组织执行力	制度、流程修订及时率
			职工代表大会提案办理满意率
	L2 提升员工胜任能力	L21 建立职业化培训体系	管理岗位人员职业化培训率
		L22 优化人力资源配置	核心岗位胜任度
	L3 完善信息化建设	L31 为医院发展提供信息支撑	内部员工信息系统满意度
			管理指标信息化率
财务	F1 调整收入成本规模和结构	F11 调整医院收入结构	业务收入增长率
			药占比
			耗材占比
		F12 做好成本管控	百元医疗收入成本

（4）平衡计分卡指标认领。

在完成平衡计分卡战略指标的设计后，还需要分配到各个职能部室后才能建立起目标责任机制。各职能部室负责人与相应主管院级领导进行讨论后对各项考核指标进行认领，认领采取举牌打分的形式。5分表示将由该科室对此项考核指标全权负责，即成为该项指标的第一责任人；3分表示该科室将密切配合全权负责科室并在之后建立部门级平衡计分卡时进行相应设计以支持指标目标值的实现；1分表示该科室将配合相关工作的开展和实施。每个指标都由举“5”的部门认领，如果有两个以上的部门都举“5”，则经过协商或院长指定确定牵头部门，其他部门为5.2，5.3。

各职能部室完成指标认领后，举牌5分和3分的科室需要建立所认领指标的指标字典并制定对应指标的行动方案和资源配置计划。指标字典需阐明该指标的定义、所属的战略主题和相应的层面、所属的目标、所属类别（滞后指标或领先指标）、数据来源、计算公式、标杆值（如历史最优、同行业最优等）、数据质量、指标现状、五年以后希望达到的目标值，并将其细化分解到每一年的目标之中，相应地对指标值变化趋势进行解释。为便于将目标落地，各个部门还需确定详细的行动方案。对每一个指标，都有若干套不同优先等级的行动方案与之匹配，优先等级从高到低分为A、B、C、D、E五个等级，分别对应优先级非常高、高、中、低和非常低。每一套行动方案设置了相应的里程碑来确定方案实施的起止点，并有专门的责任人来保障方案的完成，还应明确实现各行动方案所需的资源配置，以量化的形式进行反映，并确定回报层级关系。

2.构建科室级平衡计分卡

院级平衡计分卡为医院整体的管理改革指引了明确的方向，但用于各科室日常管理过于宽泛，且大部分指标并不涵盖在所有科室工作范围内，因此，在院级平衡计分卡的基础上还应根据各科室主要工作职责相应制定科室级平衡计分卡。其中，各战略目标下设指标的牵头部门和主要协作部门，即5分和3分部门应在科室平衡计分卡中设计相应的战略目标或考核指标与院级平衡计分卡相统一。这一步骤的作用主要有两个：一是明确各科室管理的改革方向，使得科室人员绩效考核更加有迹可循；二是将院级平衡计分卡各指标下放到各科室，通过各科室级平衡计分卡的执行保证院级平衡计分卡的落实。

3.与全面预算管理挂钩

在院级平衡计分卡和科室级平衡计分卡构建完成后，河南省肿瘤医院将其和全面预算挂钩。在此之前，医院进行预算编制的考虑要素只有三点：任务、金额、金额标准。而引入平衡计分卡体系之后，医院按照平衡计分卡的思路重新加入了若干关键要素，从目标开始，进行职能定位，编写行动方案，继而确定金额标准，编制部门预算。为了确保预算落地，医院继而进行了信息化支撑，并建立指标字典、目标字典、行动方案字典、预算的字典、会计的字典等，将年度任务、目标、指标、预算、会计核算进行了系统整合，以实现每笔钱都有原因，每笔钱都有任务。

4.OMC管理理念形成

基于平衡计分卡体系，医院逐步建立起一个从分析制定到监控反馈，并与预算管理、综合目标管理等管理手段挂钩的战略管理流程，并在此基础上，凝练出了与医院发展相适应的“OMC”管理思维。其中，“O”为Objective（目标），即在医院各项工作要以明确的、达成共识的目标为导向；“M”为Measure（量化），即医院所形成的目标、行动方案都是可以用数字来衡量的。“C”为Cooperation（协同），协同应达到纵向协同、横向协同和因果协同三个层级的要求。在“OMC”管理思维的指引下，医院管理不再仅仅是以问题为导向，而是逐渐建立起以目标和需求为导向的医院管理机制，变被动为主动。“OMC”管理思维作为一套围绕目标、科学量化、协同执行的管理新范式，已逐步渗透到医院的学科建设、医疗管理、护理管理、资产管理等医院运行的方方面面。

要求：

（1）如何绘制医院级战略地图？

（2）案例医院为什么需要平衡计分卡？

（3）案例医院如何借助平衡计分卡执行战略？

（4）平衡计分卡四个层面的关系是什么？结合案例医院进行分析。

（5）案例医院如何进行指标认领？

（6）案例医院如何构建科室级的平衡计分卡？请结合案例信息谈一谈。

（7）平衡计分卡如何在案例医院内部形成固化的制度？

二维码2-2　管理会计案例——战略管理：
美的集团的全价值链效率管理实践

第三章　成本分类与成本性态分析

学习目标

通过本章的学习，了解传统成本的定义与分类；了解管理会计中成本的分类和成本性态的概念、分类及区别；掌握将混合成本分解的各种技术方法。

引例：小米集团基于价值网的战略成本管理①

全面建设社会主义现代化国家，是一项伟大而艰巨的事业，前途光明，任重道远。当前，世界百年未有之大变局加速演进，新一轮科技革命和产业变革深入发展，国际力量对比深度调整，我国发展面临新的战略机遇。作为我国知名的创新型科技企业，小米集团成立于2010年，初期以智能手机作为主打产品，凭借着高性价比的优势迅速占领市场，并于2014年成功登顶，成为国内第一大智能手机品牌。之后，小米持续推广、保持、强化品牌认知，快速扩展其品牌产品线，于2014年正式开启生态链的进程，最终成功打造小米生态系统。截至2020年年底，小米集团投资超过310家生态合作伙伴，累计31家生态链公司上市。该集团能够如此迅速地成长与其“高性价比”的产品逻辑可谓是密切相关，然而高性价比是如何做到的呢？原因就在于它所使用的基于价值网的战略成本管理方法。

首先，小米通过价值网来构建成本。在价值网成员的选择上，会优先考虑熟悉的企业，彼此相互了解、信任，在行动上更能保持思路统一，有效降低沟通成本与交易成本，减少冲突带来的损失，从而达成成本最小化的目标。

其次，小米通过价值网优化成本。在企业内部成本优化方面，小米将主要资源集中于软件开发与宣传营销方面，将手机的硬件研发和生产制造通过外包方式交给其他方企业负责。通过将非核心业务转移给承包商，自身的资源投入企业核心业务的方式，避免了大量生产成本和制造费用的产生。同时，小米通过论坛、微博和微信等渠道的宣传，线下通过“米粉节”实现用户与企业的零距离面对面沟通，有效提高用户对企业的品牌认知度与忠诚度，降低营销成本。在企业间进行成本优化时，小米对获准生产使用“米家”和“小米”品牌产品的企业开放了四大渠道，包括PC端、小米商城和米家商城APP以及正快速扩张的线下小米之家。一方面，获取授权的企业直接获取小米产品销售

① 改编自“刘一寒. 价值网下的战略成本管理——基于小米集团的案例分析［J］. 商业会计，2020（5）：94-96.”

渠道的支持，减少了开拓渠道的时间和人力等成本；另一方面，若该企业产品得到最终消费者的喜爱，能够巩固小米的人气，帮助小米节省营销费用。不仅如此，小米积极实施企业间资源共享。比如2018年小米于“小米AIoT开发者大会”召开首日宣布与宜家达成全球战略合作，两家将开展智能家居业务。对于宜家而言，小米能帮其迅速解决智能化进程过慢的问题；反过来，宜家也能极大加快小米进入家具产品领域的脚步，大幅降低进入家具行业的成本。

最后，小米通过价值网维系成本。价值网维系成本是指管理网络成员所产生的成本，包括沟通成本、监督成本和激励成本等。通过冲突管理机制与劣质成员淘汰机制管理维持价值网中成员的关系，降低企业间交易不确定性所带来的风险成本以及网络成员的交易成本，实现以更经济的方式在成员之间分配资源，从而提高资源利用效率，降低运营成本。

正因为小米对于不同成本的认知和定位非常准确，才能有效降低成本，迅速成长。那么，成本一般是如何分类的？为什么要对不同类别的成本采取不同的措施进行管理？其依据和措施具体又有哪些？

第一节　对外报告中的成本分类

一、成本的概念

你知道“成本”是什么吗？在日常核算中，“成本”（cost）是一个使用频率很高的词汇，并且在不同的领域（例如，会计学、管理学和经济学）中，甚至同一领域的不同人群对成本的理解也是有差异的。

在财务会计中，我们把成本定义为取得资产或劳务的支出，这种支出通常表现为货币形式。例如，企业向供应商支付现金来购买机器设备；企业向员工支付薪酬来获取员工的劳动。与此类似，现代西方财务会计学认为，成本是企业为了获取某项资产或达到一定目的而遭到的以货币测定的价值牺牲，因为企业只有付出现金或存款才能实现相应的需求。

然而，管理者希望从会计师那儿了解除了耗用的成本之外的更多信息，因此，管理会计更加重视成本形成的原因（目的性）和成本发生的必要性，强调“目的不同，成本不同”。大多数情况下，管理者都希望了解特定产品或服务的全生命周期的成本，因此，在管理会计中，成本的度量与管理当局决策也是相关的。

成本信息在管理会计中具有重要作用，是企业开展经营决策、制定竞争性策略、改善经营行为、评价经营业绩的基本前提之一。若信息不够及时准确，制定出来的决策可能会对企业造成直接危害，例如，一个大型连锁餐饮店曾经遇到过经营困难，由于管理层缺乏对各个餐饮店经营的成本信息的掌握，因此，关闭餐饮店成为了一种随机行为，造成了很大损失。因此，每个企业在制定一项经济决策之前都必须进行成本-效益分析。

为了适应管理上的不同需要，成本可以按照多种不同的标准进行分类，例如，按照财务会计的成本报告目的所进行的成本分类和按照管理会计的成本决策目的所进行的成本分类。本节我们基于财务会计的对外报告目的介绍成本分类。

二、基于财务会计系统的成本分类

在归集和报告库存成本上，制造业企业通常将产品作为成本对象，因此，公认会计原则（GAAP）按照成本功能，将分配到产品中的各种成本分为两类，即制造成本和非制造成本。

制造成本（manufacturing cost），也称生产成本，通常被认为是企业内发生的所有与产品生产相关的成本，这些成本包括与原材料、人工以及与生产能力有关的成本。而这些成本有的与产品本身直接相关，被称为直接制造成本；而有的与产品生产过程有关，被称为间接制造成本。

直接制造成本（direct manufacturing cost）是指可以将成本形成的原因直接追溯至形成这些产品的成本，例如，生产产品耗费的原材料、按照工作量支付报酬的工人工资等。而生产产品耗费的较小的材料，如胶水，由于追溯成本过高，因此，通常被认为是间接制造成本。

间接制造成本（indirect manufacturing cost）是指与产品生产过程有关，但很难将成本形成的原因追溯到某一具体的产品中去的那部分成本，例如，固定资产的折旧费用、机器保修和保养费用、生产制造车间的管理费用等。

直接材料和直接人工两者合计被称为主要成本，直接人工和制造费用两者合计被称为加工成本。这两个概念常用于描述制造业成本会计系统中的成本分类。

非制造成本（non-manufacturing cost），是指企业内发生的与产品的制造没有直接关系的费用支出，包括营销成本、管理成本。非制造成本与非生产的价值链职能有关（例如，配送、销售、营销、售后服务、研究和开发以及管理等）。

企业推销产品往往会发生一些费用，这些费用被称为营销成本（marketing cost），也称销售费用，一般包括广告费、展览费、推销费、运输费、销售人员的差旅费和工资等。

任何一个企业的运行都需要企业管理当局或各职能科室进行企业管理，在这个过程中所发生的一切费用，包括行政管理部门和职能科室的办公费、邮电费、水电费、管理人员薪金等，被称为管理成本（administrative cost）。

通常，营销成本和管理成本会一起核算，被称为期间成本或期间费用。

上述成本按经济用途和功能的分类及其相互关系如图3-1所示。

成本按其经济用途分类通常被认为是财务会计中对成本的基本分类方法，也获得了管理者的青睐。许多公司的经理都希望通过有效的管理实现成本节约，由于这种分类能清楚地反映产品成本结构，便于与本企业历史资料或同行业数据比较，因此，管理者常用这种分类方法进行成本核算并用来评价和考核目标成本的执行情况，分析各类成本升降原因，明确经济责任并划归到相应部门，有针对性地提出改进的措施和建议。但是，这种分类方式对于间接成本来说，需要经过多次按用途的归集和分配，因此，不利于准确分析业务量变动对成本的影响。

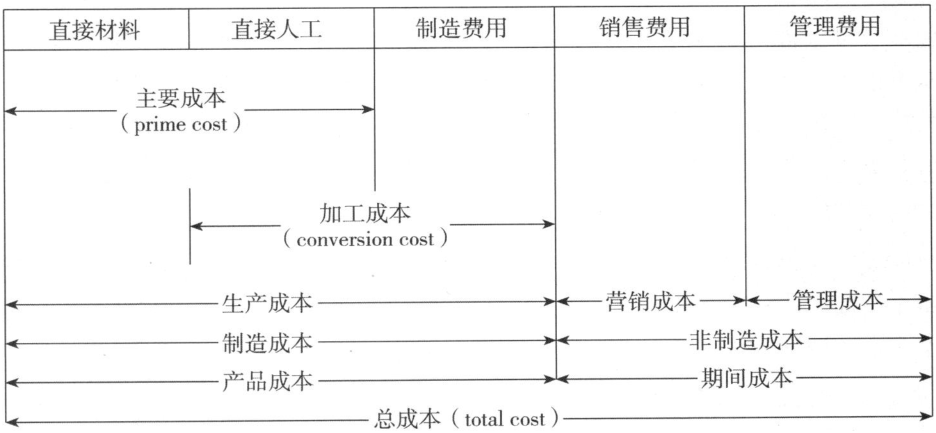

图3-1　成本按经济用途和功能分类示意图

三、基于成本核算系统的成本分类

管理者希望从会计师那儿了解除了耗用的资源成本之外更多的信息，因此，他们希望了解某些特定产品或服务的成本，这些特定的产品或服务就是成本对象（cost object），如产品、生产线、网上零售商的货运部门等。成本对象可以独立进行成本计量。

根据与成本对象的关系，一项成本可被分为直接成本和间接成本。会计师们能用经济可行的办法，将直接成本（direct cost）明确且全部归集到单个成本对象的资源或者活动。最普遍的例子是直接材料和直接人工（如图3-1所示）。与之相反，会计师们无法用经济可行的办法将间接成本（indirect cost）直接归集到某一成本计算对象，只能由多个成本计算对象进行分担。一般来说，生产经营过程中耗用的制造费用、管理费用和营销费用等属于间接成本。

第二节　管理会计中的成本分类

一、不同分类标准下的成本分类

（一）固定成本、变动成本和混合成本

不同类型的成本通过不同的形式表现，以客机生产过程中的成本为例，原材料（如电线、座椅、铝材等）和人工的成本会随着客机生产数量的增长而增长。生产越多的客机，所耗用的原材料和人工成本就越多。相反，其他资源，例如，主要管理人员的工资，无论生产多少客机都保持不变。而在客机制造过程中，成本发生的原因是不同的，这被称为成本动因（cost driver）。例如，座椅的成本动因是安装椅子的数量。

管理会计师按照成本是否随成本动因变化，将成本区分为变动成本、固定成本和混

合成本。这三类成本我们将在第三节进行详细讲解。

（二）历史成本和未来成本

成本也可以按其实际发生的时态，分为历史成本（也称沉没成本）和未来成本。历史成本考虑以前时期已经发生或本期刚刚发生的实际成本；而未来成本会经过会计师的预先测算，实际上是一种成本目标。区分历史成本和未来成本有助于合理组织事前成本的决策、事中成本的控制和事后成本的计算、分析和考核。

（三）相关成本和无关成本

会计人员在进行成本分类的过程中往往也会考虑与决策的相关性并将成本分为相关成本和无关成本。相关成本与某一决策有关；反之，无关成本与该决策无关。这种分类有助于成本预测和成本决策，有利于正确开展对未来成本的规划。

（四）可控成本和不可控成本

对成本进行控制并尽可能地降低成本是会计师进行成本管理的重要目的。基于这一目的，成本可以按可控性进行分类。会计师通常会关注可控成本，因为该类成本能够合理地为负责该成本的管理人员所控制。与此同时，管理人员会尽可能采取措施降低不可控成本。这种分类有助于分清各部门责任，确定其相应的责任成本，并考核其工作业绩。

二、“目的不同，成本不同”的管理会计学含义

管理者需要成本信息来帮助决策。每年，管理者和公司都需要做一系列决策，而这些决策很大程度上都需要依赖成本信息。但是，管理者需要作出的决策又会限制所采用的成本的性质，也就限定了计算成本的方法以及成本的价值度量。因此，一种成本信息可能对一种决策目的有作用，而对另一种决策目的没有丝毫作用，这也就是“成本不同，目的不同”。例如，当客机制造公司的高管思考如何降低客机所采用的座椅的成本这一决策时，他所考虑的成本只包括座椅的皮革成本以及安装座椅的人工成本；而对他来说，飞机外壳的铝料成本就是无用的信息。“目的不同，成本不同”不会导致管理会计上的成本混乱，相反却揭示了管理会计中成本管理的真谛，因此，有助于在生产经营决策中加强成本管理。

拓展课堂　　革故鼎新，追求卓越——“极致”思维在成本管理实践中的运用[①]

近几年来，汽车新技术快速发展，汽车行业竞争日益激烈，尤其是自主品牌市场更是竞争白热化。目前，中国乘用车市场已从高速增长期切换为稳定增长期，低增长甚至是零增长、负增长已逐渐常态化，这无疑对汽车企业的成本管理能力提出了更严苛的要求。

① 改编自“陈宏良，李德仁，孙锟，等.案例二 大型车企转型升级下“极致”思维在成本管理活动中的运用与实践［M］//杨晓娟. 工业和信息通信业管理会计案例集（2020）. 北京：人民邮电出版社，2021：18-34.”

面对如此困境，北京汽车开始积极探索和应对当前的复杂形势和挑战，提出了“极致”成本管理理念。极致思维是把产品、服务和用户体验做到极致，超出预期，而“极致”成本就是运用极致思维开展成本管理活动。在“极致”成本管理方面，北京汽车从目标设定和监控、项目管理体系、能力建设、流程制度、成本文化五个方面，全面梳理了成本管控过程中存在的问题，提出“精准目标、精准设计、精心管理”的“极致”成本管控思路。以“打造成本产品、一次设计成功、全员全程全力”为目标，从产出线、技术线、资源线角度，提出13项极致成本管理子任务。在研发阶段，以市场为导向，围绕产品的整个研发流程，开展目标成本管理活动，确保产品的盈利能力；在量产阶段，围绕“供产销”的作业链，根据不同成本特点分别进行有针对性的成本管控。其中，生产环节实施精益化作业成本管理，采购环节借助PCM（product cost management）成本分析模型，实施探底式商务谈判、技术降本及管理成本优化。

最终，北京汽车通过创新成本管理体系，充分利用管理会计工具与信息化系统，构建了全员成本文化，快速提升企业成本管理水平，助力公司转型升级，逐步形成成本领先优势。

第三节 成本性态与混合成本分解

一、成本性态

所谓成本性态（cost behavior），是指成本总额的变动与业务量之间的依存关系。这里的业务量可以是生产或销售的产品数量，也可以是反映生产工作量的直接人工小时或机器工作小时等。会计师通常假定，在一定的相关范围内，成本性态是线性的。按照这种依存关系，我们可以把成本分为固定成本和变动成本两大类。在本章以及后面几章要讲的本量利分析、短期经营决策、标准成本法和全面预算编制等内容中，都以这种分类方法作为基础。

（一）固定成本

对于一个制造业企业来说，进行生产能力决策时通常会考虑一些固定的生产能力成本。这些成本在工作完成前就需要获得并预先付款，而付出的款项在一段时间内一般是固定不变的，例如，按直线法计提的固定资产折旧、管理人员的工资、厂房设备的租金等。固定成本在一定业务范围内通常不受业务量增减变动影响。从单位固定成本看，它与业务量的增减成反比例变动，固定成本性态的模型如图3-2和图3-3所示。

但是，我们提到的固定成本不随成本动因的变化而改变的规律只在一定范围内适用。例如，租金费用一般来说是固定的，但是，如果我们的工厂由于产能扩张需要更换一个更大的厂房，那么这时固定的租金费用就会增加。

固定成本又可分为酌量性固定成本与约束性固定成本两类。职工培训费、广告宣传费和研究开发费这类成本与生产能力或者产量没有明显关系，只是作为阶段性过程计划

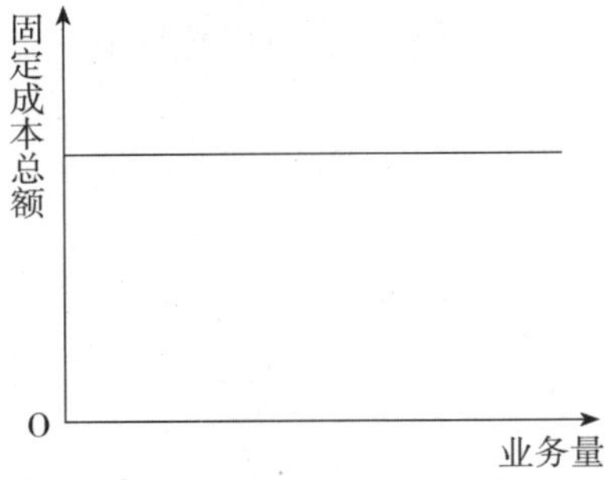

图 3-2　业务量与固定成本总额的关系

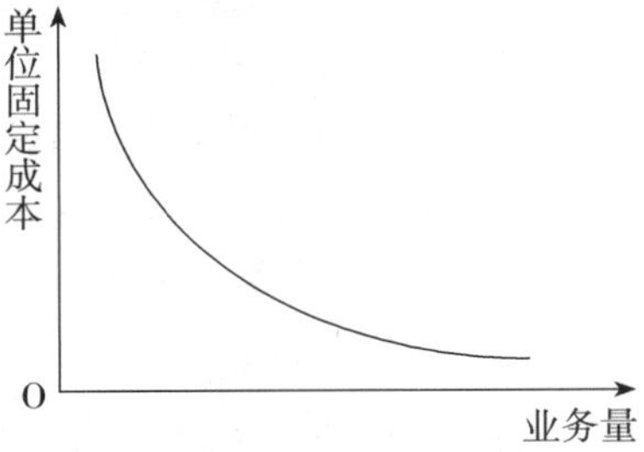

图 3-3　业务量与单位固定成本的关系

的一部分被确定，这些成本被称为酌量性固定成本（discretionary fixed cost）。当管理层决定改变生产经营决策时，酌量性固定成本会服从企业生产经营的实际需要而随之变动。

约束性固定成本（committed fixed cost）常常是指由于拥有设备、装置和基础设施而产生的成本，与企业的生产经营能力的形成及其正常维护相联系，如厂房和机器的保险费、折旧费、企业管理人员的基本工资等。这类成本受到企业生产经营能力的约束，在一定时期内很难改变。

（二）变动成本

变动成本（variable cost）则可以按照产品或服务所耗费资源量的比例予以分配，例如，工厂生产家具所耗费的木料、机器运转所耗费的电能以及运输家具所耗费的燃料等，其总额随着业务量的变动而成比例变动。但是，单位业务量的变动成本又是固定的。变动成本性态的模型如图 3-4、图 3-5 所示。

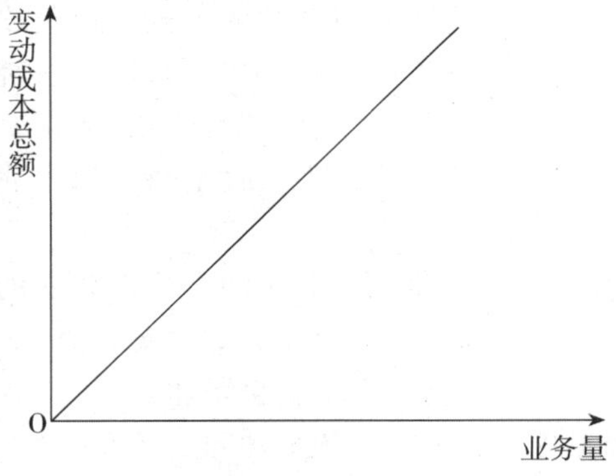

图 3-4　业务量与变动成本总额的关系

图 3-5　业务量与单位变动成本的关系

同样，相关范围的概念对于变动成本来说同样重要。例如，我们的工厂由于大批量生产产品而大量采购原料铁，这时候供应商会给予我们一定的折扣，这种情况下，铁的单位成本就会下降。

（三）混合成本

许多成本属于混合成本。这类成本虽然会随着成本动因的变动而变动，但不保持正比例关系。混合成本综合了固定成本和变动成本的特点，一般来说，可以进一步地分解为固定成本和变动成本。它的表现形式通常有两种：

1.半变动成本

它有一个初始量，在此基础上，业务量增加，成本也会增加。例如，机器设备的维护保养费，既包括与业务量无关的计划之内的运行维护成本，也包括同业务量直接相关的变动性因素。其成本性态的模型如图 3-6 所示。

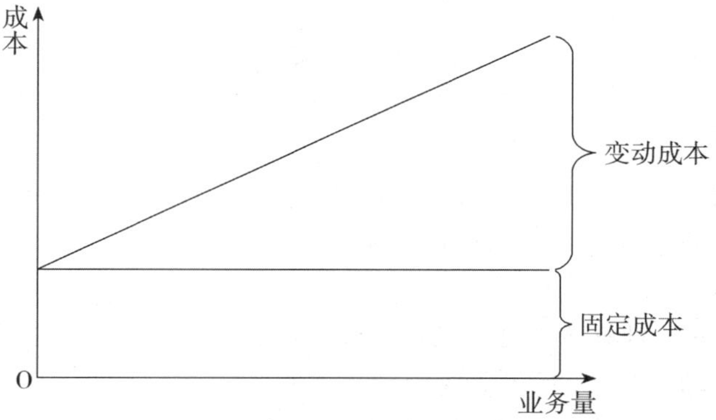

图3-6　业务量与半变动成本的关系

2.阶梯式成本

阶梯式成本，也叫半固定成本。这类成本在一定业务范围内不随业务量的变动而变动，可以看成固定成本；但是当业务量突破这一范围，其发生额就会跳跃到一个新的水平，然后在业务量增长的一定限额内保持不变。如化验员和检验员的工资等就属于阶梯式成本，这类成本随产量的变化而呈阶梯式增长。这种成本性态的模型如图 3-7 所示。

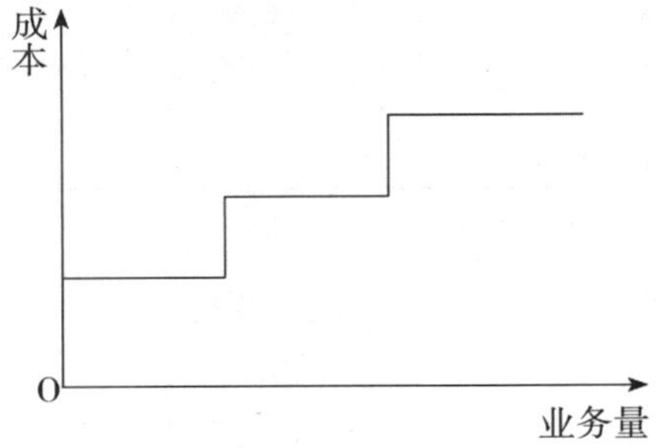

图3-7 业务量与半固定成本的关系

二、混合成本分解

在分析成本与产量之间的依存关系时，管理者往往首先要确认正确的成本动因，在此基础上选择可靠、合适的成本函数，这样便于企业的经营管理和核算。如前文所述，混合成本综合了固定成本和变动成本的特点，为此，需要对混合成本进行分解，把它具体分解为变动成本和固定成本两个部分。

我们以DW公司维修生产珠宝的机器产生的成本为例，来介绍几种混合成本的分解方法。

假设DW公司2022年7—12月的维修成本数据见表3-1。

表3-1 维修成本的历史资料

月 份	7月	8月	9月	10月	11月	12月
业务量x（千机器小时）	6	8	4	7	9	5
维修成本y（元）	110	115	85	105	120	100

（一）高低点法

高低点法利用历史数据中业务量最高和最低期间的成本数据，采用数学方法计量线性成本函数，是最简单的方法。高低点法的数学模型可表示为：

$y=a+bx$

其中：y代表一定期间某项混合成本总额；a代表混合成本中的固定部分；b代表混合成本中的单位变动部分；x代表业务量。

高低点法的基本步骤是，首先通过计算出高低点的成本之差与高低点的产量之差之比，求得单位变动成本；然后再将单位变动成本代入总成本的方程式中推算出固定成本的数值。值得一提的是，在计算之前，可以先把数据画成散点图，观察是否存在明显的错误。如果历史数据中存在异常数据，那么分析者可以采用次高点或次低点。

【例3-1】根据表3-1的有关数据，采用高低点法计算成本函数。

根据表3-1的有关数据，其最高业务量与最低业务量实际发生的维修成本数据列表见表3-2。

表3-2 高低点的维修成本资料

摘 要	高点（11月）	低点（9月）	差 额
业务量x（千机器小时）	9	4	5
维修成本y（元）	120	85	35

$b=\frac{\Delta y}{\Delta x}=\frac{120-85}{9-4}=7$（元/千机器小时）

将b值代入高点或低点混合成本公式计算截距a，此处以高点为例，移项得：

$a=y_{高}-bx_{高}=120-7\times9=57$（元）

通过以上计算，可以得到DW公司的混合成本（维修成本）。采用高低点法进行分解，其固定成本总额（a）为57元，其余部分就是变动成本总额（7x）。

最后，我们把维修成本的上述关系归纳为下列混合成本公式：

$y=57+7x$

通过以上计算，可以得到DW公司的固定成本总额（a）为57元，单位变动成本（b）为7元。

值得注意的是，通过高低点法分解而求得的混合成本公式（y=57+7x），只适用于相关范围内的情况。在本例中只适用于4 000~9 000机器小时的相关范围，超出相关范围就不再适用了。

高低点法容易使用，且能直观地通过数学公式反映总成本的变化。但是，高低点法仅仅以高、低两点决定成本性态，因而带有一定偶然性，因此，这种方法通常只适用于各期成本变动趋势较稳定的情况。

（二）基于Excel环境的应用：散点图法和回归直线法

大多数读者都已经比较熟悉Excel办公软件了，利用Excel办公软件可以方便地采用散点图法和回归直线法来实现混合成本的分解。

散点图法（scatter diagram method）是根据历史成本数据在坐标图上绘出各期成本点散布图，并根据目测绘出一条反映成本变动趋势的直线，使其较合理地接近大多数点，从而获得数据的一般变化趋势。其与纵轴的交点即为固定成本，斜率即为单位变动成本。

在Excel中，我们首先以行和列的形式建立历史成本数据表（如图3-8所示）。

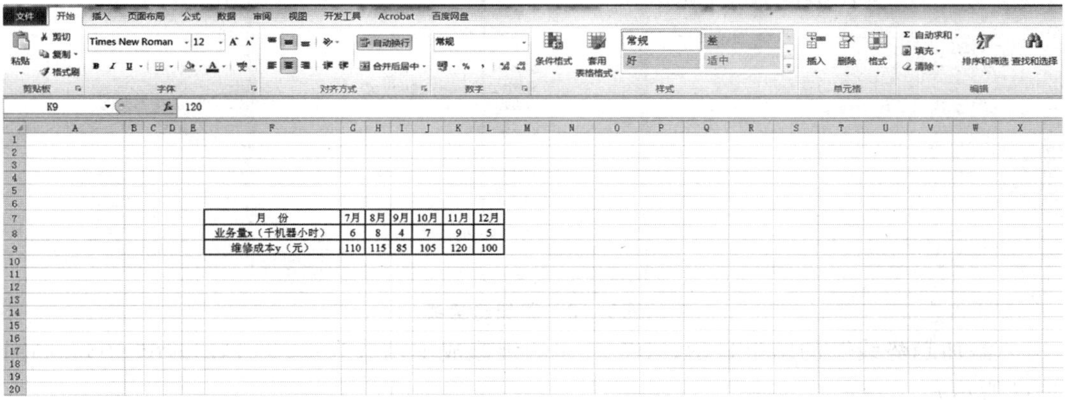

图3-8 建立历史成本数据表

接下来，选中数据区域后利用“插入-图表-散点图”命令即可绘出散点图（如图3-9所示）。

图3-9　绘制散点图

最后，右键点击散点图，并选择“添加趋势线”，设置格式为“显示公式”，即可绘出一条反映成本变动趋势的直线以及直线方程（如图3-10所示）。该直线方程即为成本函数。

图3-10　添加趋势线

“添加趋势线”的结果显示，DW公司的维修成本函数为：$y=6.1429x+65.905$（如图3-11所示）。

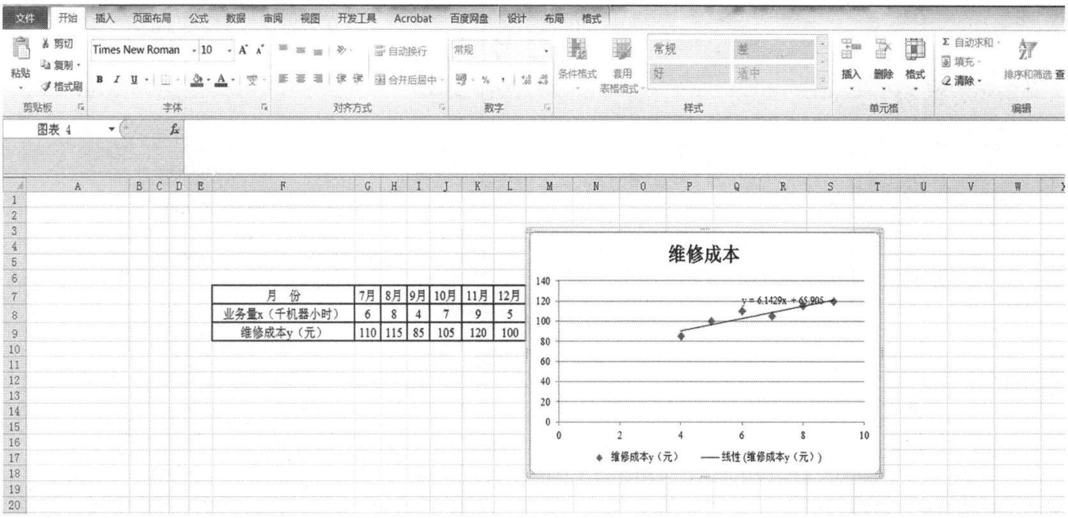

图3-11　最终结果

与高低点法相比，散点图法全面考虑了已知的所有历史成本数据，排除只由高低两点确定成本带来的偶然性，因而计算结果比高低点法要精确一些。

回归直线法是一种比散点图法更客观的计量成本函数的方法，是根据过去一定期间的业务量（x）和混合成本（y）的历史资料，应用最小平方法原理，算出最能代表x与y关系的回归直线，借以确定混合成本中固定成本和变动成本的一种成本分解方法。

我们仍然采用之前已经在Excel中编辑好的历史成本数据表。

接下来，我们利用Excel中的数据分析工具，采用“数据-数据分析-回归”命令即可进行回归分析。在进行回归分析时，我们需要指定Y值和X值的输入区域并指定输出区域（如图3-12至图3-14所示）。

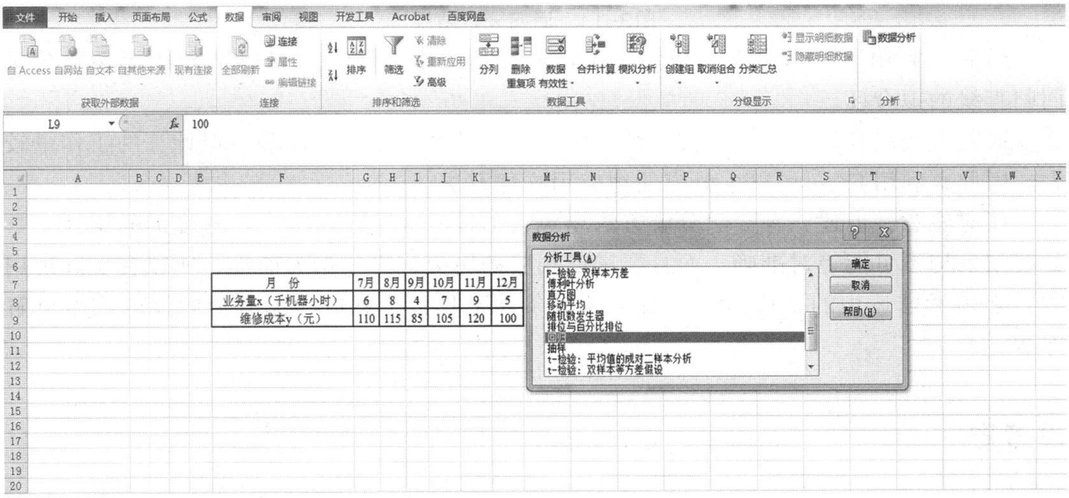

图3-12　回归分析命令

图3-13 指定输入区域

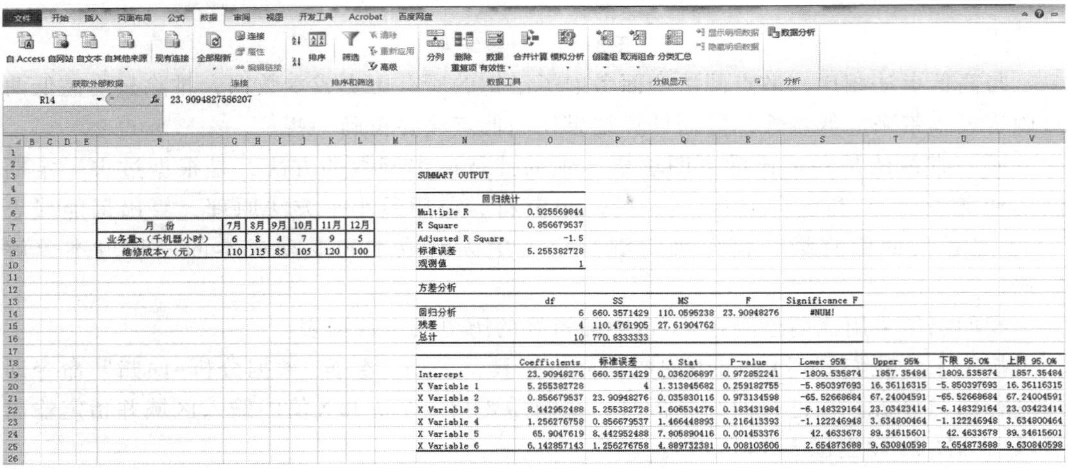

图3-14 回归分析结果

最后，利用回归结果表，我们不仅可以得出成本函数，也可以结合 R^2 等系数分析回归直线的拟合度。

回归直线法利用了离差平方和最小的原理，计算结果比较准确，但计算的工作量较大。因此，利用Excel可以十分方便地应用这种方法。

还应注意，上述三种数学分解方法均包含估计的成分，带有一定程度的假定性，其分解结果均不可能绝对准确，而且要求以相应的历史成本数据为前提，所以在实际运用时，必须考虑运用的条件是否具备。如果条件不具备，就应考虑其他的混合成本分解方法。

思考题

1.简述产品成本的作用。

2.什么是成本性态？成本按成本性态分类有何意义？按成本性态可将成本分为几类？

3.什么是混合成本？为什么要进行成本分解？混合成本分解的方法有几种？

二维码3-1 即学即测

练习题

中华工厂2022年12个月的动力费用数据见表3-4。

表3-4 动力费用的历史资料

月份	业务量x（千机器小时）	动力费y（元）
1月	9	300
2月	8	250
3月	9	290
4月	10	310
5月	12	340
6月	14	400
7月	11	320
8月	11	330
9月	13	350
10月	8	260
11月	6	200
12月	7	220

要求：

（1）采用高低点法，将动力费分解为变动成本和固定成本。

（2）采用回归直线法，将动力费分解为变动成本和固定成本。

（3）若下一年1月份的业务量为10千机器小时，其动力费为多少？

案例分析

光明诊所是一家社区服务机构。章博士是该诊所的主管，正处于明年预算缩减而服务需求增加的两难境地。为了计划减少预算，她决定首先确认哪些是能够削减但不会影响机构正常运作的成本项目。表3-5是去年的固定成本数据。

表3-5 **去年的固定成本数据** 单位：元

项目	金额
人员工资	
管理者	60 000
助手	35 000
两名秘书	42 000
物料成本	35 000
广告与促销	9 000
专业会议与著作	14 000
外购服务成本	
会计服务	15 000
保管与维护	13 000
安全	12 000
咨询	10 000
社区治疗服务	
工资（两名护工）	46 000
交通	10 000
门诊治疗	
工资	
专家	86 000
两名护工	70 000

要求：

（1）确认哪些可能是约束性固定成本，哪些可能是酌量性固定成本。

（2）有一种可能性是通过取消所有的酌量性固定成本来减少预算。这样可以节约多少成本？你对此建议的看法是什么？

（3）你将给章博士怎样的削减预算的建议？

二维码3-2　管理会计案例——成本管理：价值链收缩视域下的成本结构

第四章　本量利分析

学习目标

通过本章学习，掌握本量利分析的基本方法，能够在已知数据的基础上，进行贡献毛益计算、保本分析、保利分析；了解经营杠杆的概念及产生的原因，掌握经营杠杆的计算方法，了解影响利润的相关因素。

引例：本量利分析法在中铁福船海洋工程公司的应用①

"碳达峰、碳中和"作为国家战略目标，已列为"十四五"规划的重要工作任务。我国海上风能资源丰富，合理开发建设海上风电对于解决我国沿海发达地区能源匮乏问题、贯彻可持续发展理念有重要的战略意义。《中国风电发展路线图2050》报告显示，中国水深5~50米海域，100米高度的海上风能资源开放量为5亿千瓦，拥有极大的资源发展空间。

2017年，三峡集团与福船集团、中铁大桥局共同组建中铁福船海洋工程有限责任公司（以下简称"中铁福船"）。该公司拥有"福船三峡号"与"大桥福船号"两条海上风电安装船，具有海上1 000吨和110米高度的吊装作业能力。为了拓展海上风电安装市场，提高企业经济效益，创造更多的社会价值，中铁福船运用本量利分析工具来支持企业经营决策，积极探索出了一条高效发展之路。

鉴于海上风电安装业务基本符合本量利分析的假设，具备应用本量利分析的条件，中铁福船利用本量利分析进行盈亏平衡的测算，为企业实现目标利润提供保证，帮助企业寻求增加收入、降低成本的有效方法。首先，中铁福船对风电安装施工业务环节、工作流程以及涉及的成本项目进行了梳理和分析。其次，根据分析结果，结合多年海上风电安装施工管理经验，公司将海上风电安装业务成本按照成本性态分为固定成本和变动成本。固定成本是与安装船工作量无关的成本，包括设备折旧、融资费用、职工薪酬及船舶管理劳务费用、燃料动力费用（船舶在未作业状态下维持船舶状态消耗的燃油、淡水等费用）、往返岸船交通费用等；变动成本是与安装船工作量直接相关的成本，包括风机安装劳务费用、船舶修理费用、燃料动力费用（船舶正常作业时消耗的燃油、淡水等费用）、工装及专用工具、调遣费等。

---

① 改编自"吴领军，任松涛．本量利分析在海上风电安装企业的应用——以中铁福船海洋工程公司为例[J]．会计师，2022（19）：79-81."

最后，在生产经营过程中，中铁福船将“福船三峡号”与“大桥福船号”分开核算，并将分析结果应用于当期市场开发策略的制定，在海上风电安装投标中掌握自身的“量价”底线，投标决策做到了有的放矢。项目投标时，在船舶安装施工能力既定的情况下，对拟投标项目的边际贡献进行估测，尽可能优先考虑边际贡献高的项目。

经过一年多的实践，中铁福船的经济效益明显提升，取得了较好的成效。2021年，公司的营业收入同比增长超过390%，融资费用同比下降9%，销售费用同比下降34%。在营业收入大幅增长的同时，营业成本的增长幅度得到了有效控制，主要费用持续下降，为股东创造了更多的效益。

那么，你认为本量利分析法为何对中铁福船的帮助如此之大？它有哪些特点和优势？企业使用本量利分析法应当注意哪些问题？本量利分析法还能够与时俱进继续发展吗？

第一节　贡献毛益和盈亏临界点

通过对成本性态的分析，企业的全部成本最终被分为变动成本和固定成本两大类，这也是决策的起点。接下来，管理者进行决策时可能会对销售量、销售额、费用和净利润之间的关系更加感兴趣，此时便会用到本量利分析法。本量利分析法以成本性态分析为基础来确定企业的盈亏临界点，进而分析有关因素变动对企业盈亏的影响。

我们以项链生产过程为例来讲解本量利分析法。DW公司是一家著名的珠宝生产商，李明是DW公司的一名会计师，他正针对本月的项链的生产成本进行分析。通过成本分析，李明预计收入和成本的关系见表4-1。

表4-1　**预计单位收入和成本**　单位：元

预计收入和成本	金额
销售价格（每单位）	50
变动成本（每单位）	30
其中：金属材料成本	25
生产工人工资	5
固定成本	50 000
其中：工厂租金	30 000
管理人员工资	10 000
其他固定费用	10 000

一、盈亏临界图

我们从盈亏临界图入手来理解本量利分析法。盈亏临界图可以形象而具体地表现出本量利分析中所需的各种数据，更加直观地显示出盈亏临界点以及净利润或净亏损的区域。

在图4-1中，横轴表示销售量，纵轴表示销售收入和成本。

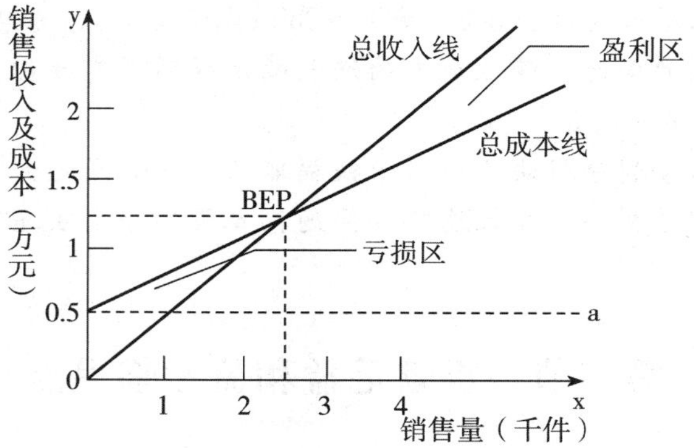

图4-1 基本式盈亏临界图

固定成本不随销售量的变动而变动，因此，固定成本线是一条以固定成本额为起点的水平线。销售收入随着销售量的增加而增加，因此，销售收入线是以原点为起点，单位售价为斜率的一条直线。变动成本线则是以原点为起点、单位变动成本为斜率的一条直线。将变动成本线向上平移至固定成本线的起点，我们就可以得到总成本线。销售收入线和总成本线的交点就是盈亏临界点。超过盈亏临界点的销售量将给企业带来利润，构成盈利区；相反，未超过盈亏临界点的销售量尚不能弥补企业的固定成本，不能给企业创造利润，构成亏损区。

二、贡献毛益

我们知道，每销售一单位产品就会获得一单位的边际贡献，也称为贡献毛益，它是产品的销售收入扣除变动成本后的余额。它首先应该用于补偿固定成本，补偿固定成本之后如果还有余额，才能为企业创造利润。如果贡献毛益还不足以补偿企业的固定成本，则企业将发生亏损。

因此，贡献毛益有两种表现形式，即单位贡献毛益和贡献毛益总额。

单位贡献毛益=单位销售价格-单位变动成本

贡献毛益总额=销售收入总额-变动成本总额

=单位贡献毛益×销售量

回到DW公司的例子，该公司本月销售项链的损益情况如下：

项链的单位边际贡献为销售价格减去单位变动成本后的余额，即：

单位贡献毛益=50-30=20（元）

假设本月企业共销售2 500条项链，那么贡献毛益总额为：

贡献毛益总额=20×2 500=50 000（元）

不过，我们有时候不使用单位边际贡献或贡献毛益总额，而使用百分比——贡献毛益率和变动成本率。贡献毛益率（contribution margin ratio）是以单位贡献毛益除以单位售价，或以贡献毛益总额除以销售收入总额。用公式表示如下：

$$贡献毛益率=\frac{单位贡献毛益}{单位售价}\times 100\%=\frac{贡献毛益总额}{销售收入总额}\times 100\%$$

变动成本率是以单位变动成本除以单位售价，或以变动成本总额除以销售收入总额。用公式表示如下：

$$变动成本率=\frac{单位变动成本}{单位售价}\times 100\%=\frac{变动成本总额}{销售收入总额}\times 100\%$$

贡献毛益率和变动成本率两者之和是100%，它们的关系可以用公式表示如下：

贡献毛益率=1-变动成本率

因此，可以计算DW公司本月销售项链的贡献毛益率：

$$贡献毛益率=\frac{50-30}{50}\times 100\%=40\%$$

三、盈亏临界点

我们已经利用盈亏临界图讨论了盈亏临界点，接下来，我们讨论如何利用等式来计算盈亏临界点。所谓盈亏临界点（break-even point，BEP），也叫保本点，是指在一定销售量下，企业的销售收入和销售成本相等，净收益为零。销售量低于盈亏临界点时会发生亏损；反之，企业能够获得利润。

任何一张利润表中的项目都能以等式的形式表示：

销售额-变动费用-固定费用=净收益

即（单位产品售价×产品数量）-（单位变动成本×产品数量）-固定成本=净收益

盈亏临界点的净收益为零，因此，盈亏临界点销售量的计算公式如下：

$$盈亏临界点的销售量=\frac{固定成本总额}{单位售价-单位变动成本}=\frac{固定成本总额}{单位贡献毛益}$$

可以通过两个不同的计算公式来计算盈亏临界点的销售额，即：

盈亏临界点的销售额=单位售价×盈亏临界点的销售量

或 $盈亏临界点的销售额=\frac{固定成本总额}{贡献毛益率}$

回到DW公司的例子。为了不盈不亏，公司必须销售多少条项链呢？

$$盈亏临界点的销售量=\frac{50\ 000}{50-30}=2\ 500（条）$$

因此，当项链的销售量为2 500条时，公司正好不盈也不亏。相应地，盈亏临界点的销售额为：

盈亏临界点的销售额=50×2 500=125 000（元）

或 $贡献毛益率=\frac{单位贡献毛益}{单位售价}\times 100\%=\frac{50-30}{50}\times 100\%=40\%$

$$盈亏临界点的销售额=\frac{50\ 000}{40\%}=125\ 000（元）$$

四、与盈亏临界点有关的指标

分析盈亏临界点的过程中，可以提供一系列指标，帮助管理人员评估经营情况或相关风险。这一系列指标包括：达到盈亏临界点的作业率、安全边际、安全边际率和销售利润率等。

（一）达到盈亏临界点的作业率

达到盈亏临界点的作业率就是盈亏临界点的销售量除以企业正常开工能达到的销售量。这个指标越低，表明企业的盈利潜力越大；反之，则表明该企业的盈利潜力越小。

$$达到盈亏临界点的作业率=\frac{盈亏临界点的销售量}{正常开工的销售量}\times 100\%$$

假设DW公司正常销售能达到的销售量为4 000条，则公司达到盈亏临界点的作业率为：

$$达到盈亏临界点的作业率=\frac{2\,500}{4\,000}\times 100\%=62.5\%$$

这说明，DW公司要获得利润，其作业率必须达到62.5%以上，不然，就会产生亏损。

（二）安全边际

安全边际（margin of safety）表示现有的实际销售量再降低多少，企业就会发生亏损。它是实际销售量与盈亏临界点销售量的差额。安全边际越大，则说明企业发生亏损的可能性就越小，企业经营的安全程度就越高。安全边际既可以用销售量表示也可以用百分比表示。其计算公式为：

$$安全边际=实际销售量-盈亏临界点的销售量$$

或 $$安全边际率=\frac{安全边际}{实际销售量}\times 100\%$$

如果在DW公司的例子中，公司实际完成的项链销售量是5 000条，其盈亏临界点的销售量是2 500条，则DW公司的安全边际和安全边际率分别为：

安全边际=5 000-2 500=2 500（条）

$$安全边际率=\frac{5\,000-2\,500}{5\,000}\times 100\%=50\%$$

对于DW公司来说，现有的实际销售量再减少2 500件或下降50%，公司就将处于不盈不亏的状态。

（三）销售利润率

销售利润率是利润和销售收入的比率。用公式表示如下：

$$销售利润率=\frac{销售收入-变动成本-固定成本}{销售收入}\times 100\%$$

因此，DW公司的销售利润率为：

$$销售利润率=\frac{50\times 5\,000-30\times 5\,000-50\,000}{50\times 5\,000}\times 100\%=20\%$$

上面的数字说明，DW公司每实现1元的销售收入，可以获得利润0.2元。

在盈亏临界点上，DW公司的利润为0，销售利润率也为0。因此，只有安全边际销售量才能为公司提供利润，所以销售利润可以表示为：

销售利润=安全边际销售量×单位贡献毛益

于是，销售利润率可以表示为：

销售利润率=安全边际率×贡献毛益率

因此，DW公司的销售利润率也可以这样计算：

销售利润率=50%×40%=20%

拓展课堂　守正创新，使命担当——临床科室运用本量利分析法提质增效①

在市场经济体制不断完善的条件下，我国医疗卫生体制改革不断深入。医院为了担当使命，实现高质量发展，不仅要突出社会效益，也要突出经济效益与资源增值的效果。本量利分析法能够为医院科室经营决策提供依据以实现目标管理。

在医院的运营分析中，“本”指在为患者治疗中消耗的人力成本，卫生材料，设备和房屋折旧等费用；“量”指就诊人次或者住院人数等业务量；“利”指事业结余。海口市某医院2020年1—6月骨科门诊诊次为17 480人次时保本，2021年1—6月骨科门诊诊次为6 530人次时保本。因为2021年骨科门诊进行绩效考核，2021年1—6月骨科门诊人次比2020年1—6月增加了3 767人次，增幅80.95%。

2020年1—6月至2021年1—6月骨科住院部收入大幅度增长，但成本的增长幅度超过了收入的增长幅度，导致结余的增长没有达到预期的目标。2021年1—6月骨科住院部的保本工作量为1 050人次，比实际多298人次，意味着在现有的固定成本和变动成本不变的基础上，出院人次要增加39.63%才能达到盈亏平衡。保本额为3 612万元，比实际半年收入多1 028.53万元。在现有的成本条件下，住院收入要增加39.81%才能达到盈亏平衡。骨科住院部要想达到盈亏平衡必须提高医疗技术，提高服务质量，增加患者就诊量，同时，加强成本管理，控制支出，提高科室收入的含金量。

本量利分析方法客观地反映了临床科室经营的保本点，反映了单位固定资产和变动成本在总成本中的比重，并在符合经营要求的前提下有针对性地降低成本。本量利分析为医院管理层制定工作规划以及决策的成功执行提供了重要依据，从而促使医院提高综合服务能力，走出一条健康高效的发展之道。

第二节　经营杠杆

一、经营杠杆的含义与意义

除了考虑固定成本和变动成本的影响外，管理者还需要考虑公司的成本结构——固定成本与变动成本的组合。在选择一种成本结构时，存在固定成本和变动成本的权衡。

① 王钰.基于本量利分析在医院科室营运管理中的运用［J］.财经界，2022（29）：23-26.

小的变动成本通常伴随着大的固定成本。例如，当DW公司购买先进的剪切机来加工项链，几乎实现全自动化生产后，设备的固定成本大大增加，而生产一条项链所耗费的人工成本则会显著降低。在这种情况下，DW公司就会有较高的经营杠杆（operating leverage）。经营杠杆能够衡量公司的净利润对销售量变化的敏感度，反映企业经营的风险。较高的固定成本的存在使得DW公司在销售上的较小幅度变动就会引起利润上的较大幅度变动，也使得DW公司的经营风险进一步加大。

二、经营杠杆率的计算

经营杠杆率（degree of operating leverage，DOL）是利润变动率相当于业务量变动率的倍数，反映了经营杠杆对净利润变化的影响。其计算公式如下：

$$经营杠杆率（DOL）=\frac{利润变动率}{业务量变动率}=\frac{\Delta P/P}{\Delta S/S}$$

式中：ΔP表示计划期利润与基期利润的差额；P表示基期利润；ΔS表示计划期业务量与基期业务量的差额；S表示基期业务量。

为了便于实际工作中的计算和预测分析，通常将上述公式进一步推导转化为下列公式：

$$经营杠杆率（DOL）=\frac{基期贡献毛益总额}{基期利润}=\frac{Tcm}{P}$$

回到DW公司的例子。DW公司的项链产销平衡，其基期销量为3 000条，计划期销量为5 000条。DW公司基期及计划期销售项链的相关数据见表4-2。

表4-2 **准备数据** 金额单位：元

项　目	基　期	计划期	变动额	变动率
销售额	150 000	250 000	+100 000	+66.67%
变动成本	90 000	150 000	+60 000	+66.67%
贡献毛益	60 000	100 000	+40 000	+66.67%
固定成本	50 000	50 000	0	0
利　润	10 000	50 000	+40 000	+400%

$$DOL=\frac{Tcm}{P}=\frac{60\,000}{10\,000}=6$$

$$DOL=\frac{\Delta P/P}{\Delta S/S}=\frac{40\,000\div 10\,000}{2\,000\div 3\,000}=6$$

三、经营杠杆率的用途

在企业管理中，经营杠杆率主要有以下三个方面的用途：

（一）反映企业经营风险

由于“利润变动率=产销量变动率×经营杠杆率”，因此，经营杠杆率扩大了市场和生产等不确定因素对利润变动的影响，经营杠杆率越大，利润变动越大，既可能产生更高的净利润，也可能产生更大的净亏损，企业的经营风险就越大。固定成本总额和销售量都可以影响企业的经营杠杆率。

1.固定成本总额对经营杠杆率的影响

从公式“$DOL=\frac{Tcm}{P}=\frac{P+a}{P}=1+\frac{a}{P}$”中可以看出，当利润水平给定时，固定成本越大，经营杠杆率就越大，反之亦然。就DW公司来说，如果公司的固定成本总额由基期的50 000元降为20 000元或升为55 000元，则经营杠杆率也会由6随之降为1.5或上升为12，即：

当a=20 000时，

$$DOL=\frac{60\ 000}{60\ 000-20\ 000}=1.5$$

当a=55 000时，

$$DOL=\frac{60\ 000}{60\ 000-55\ 000}=12$$

可见，在可实现的销售量的相关范围内，降低固定成本总额，不仅可以提高利润，而且能够降低企业的经营风险。

2.销售量对经营杠杆率的影响

$$DOL=\frac{Tcm}{P}=\frac{cm\cdot x}{cm\cdot x-a}=\frac{1}{1-\frac{a}{cm\cdot x}}$$

式中：cm表示单位贡献毛益；x表示销售量；a表示固定成本。

从公式可以看出，当一定相关范围内的固定成本相对稳定时，销售量的增加会使经营杠杆率下降，从而使经营风险降低；反之亦然。就DW公司来说，当公司的项链销售量由基期的3 000件上升为计划期的5 000件时，经营杠杆率就由基期的6下降为计划期的2，即：

$$计划期DOL=\frac{计划期Tcm}{计划期P}=\frac{5\ 000\times(50-30)}{5\ 000\times(50-30)-50\ 000}=2$$

相反，如果公司计划期的项链销售量由基期的3 000件下降为计划期的2 800件，经营杠杆率就由基期的6上升为计划期的9.33，此时有：

$$计划期DOL=\frac{计划期Tcm}{计划期P}=\frac{2\ 800\times(50-30)}{2\ 800\times(50-30)-50\ 000}=9.33$$

由此可见，充分利用现有生产能力增加销量，不仅可以增加利润，还可以降低企业的经营风险。

（二）帮助管理者进行预测分析

利用经营杠杆的基本原理，可根据产销量的计划增减率预测计划期的利润，也可以根据计划期的目标利润测算计划期应达到的销量增减率。

按经营杠杆率预测计划期利润，其计算公式如下：

计划期利润=基期利润×（1+销售量变动率×经营杠杆率）

即 $P_0=P（1+R\cdot DOL）$

仍就DW公司的例子来说，当公司的计划期项链销售量预计增加30%（即R=30%）时，则计划期利润将是：

$$P_0=P\times(1+R\times DOL)$$
$$=50\ 000\times(1+30\%\times2)$$
$$=80\ 000\text{（元）}$$

相反，如果利用经营杠杆率预测实现目标利润应该达到的销售量变动率，其计算公式可由上个公式推导得：

$$R=\frac{P_0-P}{P\cdot DOL}$$

即 $$\text{销售量变动率}=\frac{\text{计划期利润}-\text{基期利润}}{\text{基期利润}\times\text{经营杠杆率}}=\frac{\text{利润变动率}}{\text{经营杠杆率}}$$

以DW公司的例子来看，当公司要求计划期目标利润达到15 000元（或计划期利润增长50%）时，则销售量变动率应为：

$$R=\frac{P_0-P}{P\cdot DOL}=\frac{15\ 000-10\ 000}{10\ 000\times6}\times100\%=8.33\%$$

或 $$R=\frac{50\%}{6}=8.33\%$$

（三）有助于管理者作出正确的经营决策

应用经营杠杆的基本原理，还能帮助企业管理当局作出正确的经营决策，如企业引进新设备，虽然能够提高产品的产量和质量，降低单位变动成本，提高贡献毛益率，但也会使固定成本总额增加，使经营杠杆率提高。因此，只有在该产品处于成长或成熟的发展阶段时才宜作出相关决策。又如，通过降价扩大销售来增加利润，对于固定成本总额高、单位变动成本低的技术密集型企业更加有效，可以充分发挥经营杠杆的作用，使企业的营业利润大幅度提高。

第三节　多品种的本量利分析

以DW公司为例，第一节介绍的本量利分析的有关内容是建立在单一产品——项链的基础上的，但DW公司还会同时生产耳环、戒指等其他珠宝。此时，对于DW公司来说，盈亏平衡销售量的决定因素还包括销售组合。此时，本量利分析的核心是计算多种产品的综合贡献毛益率。因此，在进行多品种本量利分析时，必须考虑两个问题：①当DW公司生产的各种产品的贡献毛益率不同时，如何确定公司的综合贡献毛益率？②DW公司产品构成的变动将对公司的盈亏临界点产生怎样的影响？

一、多品种本量利分析的基本程序

假设DW公司的产品构成保持不变，即只有项链和耳环。由于两种产品的贡献毛益率不同，因此，DW公司的盈亏临界点就只能用盈亏临界点销售额来表示。一般来说，加权平均法是最常见的计算方法。这种方法在各种产品的贡献毛益率的基础上，以各种产品销售额占企业全部产品销售额的比重为权数进行加权平均，将计算出的企业加权贡献毛益率作为企业的综合贡献毛益率，利用综合贡献毛益率和权数计算出综合盈亏临界点销售额以及各产品的盈亏临界点销售额。

我们仍然引用DW公司的例子来进行讲解。DW公司不仅生产项链，也生产耳环。两种产品的成本数据详见表4-3。

表4-3 项链和耳环的有关资料

项目＼产品	项链	耳环
销售量（件）	3 000	5 000
单位售价（元）	50	20
单位变动成本（元）	30	10

根据上面提供的资料，进行如下计算：

第一步，计算全部产品的销售总额以及各种产品的贡献毛益率。

全部产品的销售总额=3 000×50+5 000×20=250 000（元）

项链贡献毛益率=$\frac{50-30}{50}$×100%=40%

耳环贡献毛益率=$\frac{20-10}{20}$×100%=50%

第二步，计算各种产品销售额占全部产品销售总额的比重。

项链销售额占比=$\frac{3\ 000\times 50}{250\ 000}$×100%=60%

耳环销售额占比=$\frac{5\ 000\times 20}{25\ 000}$×100%=40%

第三步，计算DW公司的综合贡献毛益率。

综合贡献毛益率=40%×60%+50%×40%=44%

第四步，计算DW公司的盈亏临界点销售额。

综合盈亏临界点销售额=$\frac{50\ 000}{44\%}$=113 636.36（元）

第五步，计算各种产品盈亏临界点的销售额。

项链盈亏临界点的销售额=113 636.36×60%=68 181.82（元）

耳环盈亏临界点的销售额=113 636.36×40%=45 454.54（元）

上述数据表明，DW公司销售收入总额要达到113 636.36元，其中项链的销售收入要达到68 181.82元，耳环的销售收入要达到45 454.54元，才可以保本。

二、产品构成变动对盈亏临界点的影响

现实中，消费者需求、市场占有率及其他因素的变动往往会导致企业产品构成的变动。销售组合发生变化时，不同销售水平下的盈亏平衡点和净利润都会改变。因此，在进行多品种本量利分析时，必须考虑企业产品构成的变动将对其盈亏临界点产生的影响。

沿用前面的，DW公司的管理层经过分析后发现，由于项链的贡献毛益率较低，因此，公司准备减少对项链的生产投入，而扩大对贡献毛益率较高的耳环的生产。项链的销售额占公司销售总额的比重由原来的60%降低到30%，而耳环销售额的比重由原来的40%提高到70%。

综合贡献毛益率=40%×30%+60%×70%=54%

$$综合盈亏临界点销售额=\frac{50\ 000}{54\%}=92\ 592.59（元）$$

显然，DW公司的综合贡献毛益率提高了，盈亏临界点则降低了，这意味着DW公司新的产品组合具有更高的盈利能力。

第四节　利润敏感性分析及实现目标利润的措施

一、实现目标利润的销售量

我们知道，企业经营的目的是盈利而不仅仅是保本。因此，管理者有必要了解，企业预计需要完成多少销售量才能实现目标利润。我们可以依据盈亏临界点销售量的计算方法进行推导，得到实现目标利润的销售量的模型。这种模型可以分成两种情况。

（一）实现税前目标利润的销售量

目标利润需要贡献毛益额来弥补，因此，实现税前目标利润的销售量的计算公式为：

$$实现税前目标利润的销售量=\frac{固定成本总额+目标利润}{单位产品的贡献毛益}=\frac{固定成本总额+目标利润}{单位售价-单位变动成本}$$

实现税前目标利润的销售额的计算公式为：

$$实现税前目标利润的销售额=\frac{固定成本总额+目标利润}{贡献毛益率}$$

如果DW公司在计划期的目标利润为50 000元，则其实现税前目标利润的销售量和销售额分别为：

$$实现税前目标利润的销售量=\frac{50\ 000+50\ 000}{50-30}=5\ 000（件）$$

实现税前目标利润的销售额=5 000×50=250 000（元）

或 $$实现税前目标利润的销售额=\frac{50\ 000+50\ 000}{40\%}=250\ 000（元）$$

（二）实现税后目标利润的销售量

其实，在现实中，从税后利润着眼进行目标利润的规划和分析更符合企业生产经营的实际。为此，需要进一步计算实现税后目标利润的销售量。税后利润的计算公式可以表示为：

税后利润=税前利润×（1-所得税税率）

则：

$$税前利润=\frac{税后利润}{1-所得税税率}$$

将上面的公式代入实现税前目标利润销售量的计算公式，即可得到实现税后目标利润销售量的计算公式。其计算公式如下：

$$实现税后目标利润的销售量=\frac{固定成本总额+\frac{税后目标利润}{1-所得税税率}}{单位售价-单位变动成本}$$

我们仍以DW公司为例，DW公司的税后目标利润是40 000元，所得税税率为25%，则该企业实现税后目标利润的销售量及销售额分别为：

$$实现税后目标利润的销售量=\frac{50\,000+\frac{40\,000}{1-25\%}}{50-30}=5\,166.67（件）$$

实现税后目标利润的销售额=5 166.67×50=258 333.33（元）

二、利润敏感性分析

在本量利关系中，进行敏感性分析的主要目的是：研究由盈利变为亏损时各因素变化的界限；各个因素的变化对利润变化的敏感程度；当其他因素变动时如何调整销量和单价，以保证原定的目标利润得以实现。

（一）影响利润的有关变量的临界值

影响利润的主要因素有：单位售价、单位变动成本、销售量和固定成本总额。当企业处于盈亏临界点时，其单位售价和销售量实际上就达到了最小允许值，而其单位成本和固定成本总额也就达到了最大允许值。那么，如何来求这些因素的临界值呢？我们知道，利润的基本模型为：

利润=（单位售价-单位变动成本）×销售量-固定成本总额

我们只要令利润等于0，并对这一基本模型略加变形，就可得到上述因素的临界值。

固定成本总额=（单位售价-单位变动成本）×销售量

$$销售量=\frac{固定成本总额}{单位售价-单位变动成本}$$

$$单位售价=\frac{固定成本总额}{销售量}+单位变动成本$$

$$单位变动成本=单位售价-\frac{固定成本总额}{销售量}$$

在DW公司中，如果公司在基期只生产并销售项链，那么固定成本的最大允许值为：

固定成本的最大允许值=（50-30）×3 000=60 000（元）

销售量的最小允许值为：

$$销售量的最小允许值=\frac{50\,000}{50-30}=2\,500（条）$$

单位售价的最小允许值为：

$$单位售价的最小允许值=\frac{50\,000}{3\,000}+30=46.67（元）$$

单位变动成本的最大允许值为：

$$单位变动成本的最大允许值=50-\frac{50\,000}{3\,000}=33.33（元）$$

（二）敏感系数和敏感分析表

固定成本、销售量、单位售价和单位变动成本的变动都会引起利润的变化，但各个因素对利润的敏感程度是不同的，有强敏感因素和弱敏感因素之分。我们通常用敏感系数来表示各个因素的敏感程度。

$$敏感系数=\frac{目标值变动百分比}{因素值变动百分比}$$

管理者通过了解各个因素的敏感系数可以判断哪些因素对利润的影响比较大，哪些比较小，从而可以分清主次，以采取合理的措施实现目标利润。

在前文基础上，假设其他条件不变的情况下，DW公司生产项链的固定成本总额、销售量、单位售价和单位变动成本都分别提高10%，由此我们来测算各个因素的敏感系数。

固定成本总额的敏感系数计算过程如下：

变动后的固定成本总额=50 000×（1+10%）=55 000（元）

在其他条件不变的情况下，DW公司的利润将变为：

利润=（50-30）×3 000-55 000=5 000（元）

$$利润变动百分比=\frac{5\,000-10\,000}{10\,000}\times100\%=-50\%$$

则：

$$固定成本总额的敏感系数=\frac{-50\%}{10\%}=-5$$

销售量的敏感系数计算过程如下：

变动后的销售量=3 000×（1+10%）=3 300（条）

在其他条件不变的情况下，DW公司的利润将变为：

利润=（50-30）×3 300-50 000=16 000（元）

$$利润变动百分比=\frac{16\,000-10\,000}{10\,000}\times100\%=60\%$$

则：

$$销售量的敏感系数=\frac{60\%}{10\%}=6$$

单位售价的敏感系数计算过程如下：

变动后的单位售价=50×（1+10%）=55（元）

在其他条件不变的情况下，DW公司的利润将变为：

利润=（55-30）×3 000-50 000=25 000（元）

$$利润变动百分比=\frac{25\,000-10\,000}{10\,000}\times100\%=150\%$$

则：

$$单位售价的敏感系数=\frac{150\%}{10\%}=15$$

单位变动成本的敏感系数计算过程如下：

变动后的单位变动成本=30×（1+10%）=33（元）

在其他条件不变的情况下，DW公司的利润将变为：

利润=（50−33）×3 000−50 000=1 000（元）

$$利润变动百分比=\frac{1\,000-10\,000}{10\,000}\times 100\%=-90\%$$

则：

$$单位变动成本的敏感系数=\frac{-90\%}{10\%}=-9$$

根据上述计算结果，单位售价对DW公司利润的影响最大，而固定成本总额对利润的影响最小。

将各个因素都降低10%，得出来的结果与上面是一致的。

为了能更直观地观察各个因素的敏感程度，可以编制一个敏感分析表，见表4−4。

表4−4　　敏感分析表　　单位：元

项目 \ 利润 \ 变动百分比	+10%	0	−10%
固定成本总额	5 000	10 000	15 000
销售量	16 000	10 000	4 000
单位售价	25 000	10 000	−5 000
单位变动成本	1 000	10 000	19 000

从表4−4我们可以看到，单位售价和销售量是较敏感因素，其变动引起的利润的变动幅度较大，管理者要对这两个指标给予足够的重视。

三、实现目标利润的措施

进行敏感分析的根本目的是为管理者提供决策依据，使其了解可以采取哪些措施来实现企业的目标利润。我们仍然可以通过利润的基本模型来推导目标利润确定时各个因素的计算公式。

目标利润=（单位售价−单位变动成本）×销售量−固定成本总额

则：

目标固定成本总额=（单位售价−单位变动成本）×销售量−目标利润

$$目标销售量=\frac{目标利润+固定成本总额}{单位售价-单位变动成本}$$

$$目标单位售价=\frac{目标利润+固定成本总额}{销售量}+单位变动成本$$

$$目标单位变动成本=单位售价-\frac{目标利润+固定成本总额}{销售量}$$

下面我们仍以DW公司为例来说明，要实现目标利润，各因素应该如何变动。

根据DW公司的生产能力和市场预测，要求在现有基础上利润增加20%，即达到12 000元。为保证目标利润的实现，各个因素应如何变动？

当其他条件不变时，固定成本总额的变动情况为：

目标固定成本总额=（50−30）×3 000−12 000=48 000（元）

固定成本总额变动额=48 000−50 000=−2 000（元）

$$固定成本总额变动率=\frac{-2\ 000}{50\ 000}\times 100\%=-4\%$$

当其他条件不变时，销售量的变动情况为：

$$目标销售量=\frac{12\ 000+50\ 000}{50-30}=3\ 100（件）$$

销售量变动数=3 100−3 000=100（件）

$$销售量变动率=\frac{100}{3\ 000}\times 100\%=3.33\%$$

当其他条件不变时，单位售价的变动情况为：

$$目标单位售价=\frac{12\ 000+50\ 000}{3\ 000}+30=50.67（元）$$

单位售价变动额=50.67−50=0.67（元）

$$单位售价变动率=\frac{0.67}{50}\times 100\%=1.34\%$$

当其他条件不变时，单位变动成本的变动情况为：

$$目标单位变动成本=50-\frac{12\ 000+50\ 000}{3\ 000}=29.33（元）$$

单位变动成本变动额=29.33−30=−0.67（元）

$$单位变动成本变动率=\frac{-0.67}{30}\times 100\%=-2.23\%$$

以上计算仅仅考虑了单项因素的变动。但在现实生活中，各有关因素往往相互制约、相互影响，企业采取的策略也往往涉及多个因素。因此，我们还有必要综合计算各有关因素同时变动对利润的影响。

1.提高单位售价，同时增加固定成本总额（广告费）

假设DW公司的项链的单位售价由原来的50元提高到60元；同时，由于增加广告投入，固定成本总额由原来的50 000元增加到60 000元；单位变动成本不变。那么，实现目标利润12 000元的销售量变为：

$$实现目标利润的销售量=\frac{12\ 000+60\ 000}{60-30}=2\ 400（条）$$

比原来的3 000条减少了600条。

而如果完成销售3 000条，DW公司能实现的利润为：

利润=（60−30）×3 000−60 000=30 000（元）

可比原定目标多实现利润18 000元。

2.扩大生产规模，降低单位产品所负担的固定成本，同时降低单位售价

假设DW公司达到满负荷生产（8 000件），并全部实现销售。产品单位变动成本不变，单位售价降为40元。那么DW公司实现目标利润的销售量变为：

$$实现目标利润的销售量=\frac{12\ 000+50\ 000}{40-30}=6\ 200（件）$$

企业的实际销售量远远大于目标销售量，因此，企业实际实现的利润将超过目标利润。

如果DW公司完成销售8 000件，企业能实现的利润为：

利润=（40−30）×8 000−50 000=30 000（元）

由于DW公司的生产能力已得到充分挖掘，规模效应使得产品所负担的单位固定成本大大降低，从而使企业在成本上处于相对优势，降价也同样带来了利润的增加。

3.技术创新，降低产品单位变动成本，降价销售

假设DW公司生产的单位变动成本由原来的30元降为20元，单位售价由原来的50元降到45元。根据调查研究，售价降低5元，销售量预计会增加4 000件，即由原来的3 000件增加到7 000件。因此，实现目标利润的销售量变为：

$$\text{实现目标利润的销售量}=\frac{12\ 000+50\ 000}{40-30}=6\ 200\text{（件）}$$

如果DW公司完成销售7 000件，DW公司能实现的利润为：

利润=（40−30）×7 000−50 000=20 000（元）

降低售价和单位变动成本所带来的销售量的增加将使企业获得超过目标8 000元的利润。

大家要注意的是，影响目标利润的实现情况的，除了这四个基本因素及其组合以外，还有产品品种结构、税率等，这些因素在实际中也需要考虑。

思考题

1.什么是贡献毛益？它具有什么特殊性质？

2.什么是盈亏临界点？它有哪几种表现形式？

3.什么是安全边际？其表现形式有哪几种？

4.什么是本量利关系的敏感性分析？影响利润变动的因素有哪些？

二维码4-1　即学即测

练习题

1.某企业只生产一种产品，销售单价5元，单位产品成本为3元，固定成本总额为10 000元，预计计划可销售8 000件。

要求：

（1）计算单位贡献毛益；

（2）计算贡献毛益率；

（3）计算盈亏临界点的销售量；

（4）计算安全边际率；

（5）计算达到盈亏临界点的作业率；

（6）计算销售利润率。

2.某公司生产A、B、C三种产品，当期固定成本总额为18 000元，三种产品的有

关资料见表4-5。

表4-5　　A、B、C三种产品相关资料

品种	销售单价（元）	销售量（件）	单位变动成本（元/件）
A	900	40	720
B	2 000	80	1 800
C	1 000	20	600

要求：

（1）计算该公司的综合贡献毛益率；

（2）计算该公司综合盈亏临界点的销售额以及各产品的盈亏临界点的销售额。

3.某企业设计试制新产品，其单位变动成本为30元，要新增加固定成本为5 000元，现在可试销1 000只。

要求：

（1）如果市场预测，该新产品单位销售单价最高只能是40元，在不扩大销售的条件下，该企业应采取什么措施，才能保证实现利润10 000元？

（2）该新产品单位售价40元，在固定成本和单位变动成本不变的情况下，销售量应达到多少，才能实现利润10 000元？

4.通达公司只产销甲产品，2021年生产和销售甲产品20 000件，销售单价为40元，其变动成本率为65%，固定成本总额为60 000元。若该公司2022年甲产品的售价和成本水平均无变动，但根据市场调查，预计甲产品的销售量将增长20%。

要求：利用经营杠杆，预测通达公司2022年将实现的利润是多少。

案例分析

光明渔业公司是带鱼的批发商，它向山东省各个地区的超市批发带鱼。

在过去的几年里，带鱼的价格不断提高，同时，光明渔业公司的销售额稳步上升；如今它在规划下一个财务年度的计划，表4-6列示的是本年度税后净利润128 250元的数据。

表4-6　　光明渔业单位收入和成本　　单位：元

每500克的平均价格	5.00
每500克的平均变动成本	
带鱼的成本	2.50
运费	0.50
合计	3.00
年固定成本	

续表

销售费用	210 000
管理费用	356 250
合计	566 250
预期年销售额（390 000千克）	1 950 000
所得税税率	40%

由于人工费用上涨15%，光明渔业公司声明要在下一年提高其产品价格，同时，光明渔业公司希望其他所有成本都维持在今年同一比率或水平上。

要求：

（1）光明渔业公司今年的带鱼的盈亏平衡点销售量是多少？

（2）光明渔业公司的销售单价至少应定为多少，才能弥补带鱼成本15%的上升，并能保持今年的边际贡献率？

（3）如果单价保持每500克5元，带鱼成本上升15%，光明渔业公司在明年必须实现多少销售额才能保持与今年相同的预期税后净利润？

（4）为保持税后净利润不变，光明渔业公司需要运用什么战略？

第五章　变动成本法

学习目标

通过本章的学习，了解变动成本法和完全成本法的基本概念和特点；了解变动成本法和完全成本法的区别与联系；掌握贡献式利润表和职能式利润表的编制；了解变动成本法和完全成本法各自的优缺点；了解变动成本法在企业规划和决策中应用的重要性。

引例：疫情背景下西贝餐饮集团对于变动成本法的应用①

2020年初暴发的新冠肺炎疫情，犹如一颗重磅炸弹，对整个餐饮业而言造成了沉重的打击。而西贝作为一家门店大多开在大型商场等商业综合体中的餐饮集团，遭受到的打击程度可想而知。2020年1月31日，西贝餐饮董事长贾国龙在接受采访中表示："疫情致2万多名员工待业，贷款发工资也只能撑3个月。"可以说，彼时的西贝已经到了生死存亡的关头。面对这样的困难，西贝立刻采取了必要的措施。2月3日，西贝接到了浦发银行的支持意愿，解决了员工工资问题。与此同时，西贝也开始积极自救。其中的一项重要举措便是使用了变动成本法的理念重新划分成本。

西贝首先对餐饮成本结构进行简要分析。在西贝的成本结构中，原材料占30%，作为企业存货的原材料只要不变质就不是损失。人工综合成本占30%，占成本的比重较高。房租占10%，西贝的门店大多开在大型商场等商业综合体中，受到疫情影响，大多数商业综合体无法营业，而不营业就不需要交房租。税收成本大概占6%～8%，原则上不营业就不需要纳税。其余为管理费用和广告费用。按照国家政策规定，即使员工在休假，企业也需要支付薪水。按照西贝当时的情况，一个月全体员工的工资是1.56亿元，占企业成本的30%，即使贷款发工资，公司也难以撑过3个月，这是疫情期间企业面临的最大问题。按照以上数据推算，西贝在春节期间1个月的总成本在5.2亿元左右。在中国饭店协会发布的《2019中国餐饮业年度报告》中，西贝餐饮排名中国餐饮正餐企业第6位，年营业额超过50亿元，平均每月的营业额近4.2亿元。根据董事长贾国龙的推测，西贝在春节期间的营收目标为月营业额7亿元，2019年餐饮行业的平均净

① 改编自"陈伟昌. 疫情背景下餐饮企业变动成本法的应用——以西贝餐饮集团为例［J］. 山西农经，2020（14）：127+129."

利润率为11.76%，推测西贝的净利润率为18%，因此，西贝春节期间的月净利润预计为1.26亿元。

接下来，西贝利用变动成本法，对于疫情期间餐饮的成本性态进行分析。在西贝的成本结构中，人工综合成本和原本为春节营业而采购的大量原材料属于固定成本，在疫情期间的房租、税收成本和其他成本属于变动成本。固定成本占西贝总成本的60%，而变动成本占总成本的40%。根据变动成本法的公式"边际贡献总额=营业收入总额-变动成本总额"，可以进一步计算西贝原本预估春节期间1个月的边际贡献总额为4.92亿元（7-5.2×40%）。由此可以发现，受疫情影响暂停营业导致西贝的边际贡献总额几乎为0，而员工和原材料的固定成本已经发生，对西贝的打击重大。

基于对固定成本和变动成本的划分，西贝积极开展外卖业务，目的在于消化原材料，在降低一部分固定成本的同时提高边际贡献总额。同时，与盒马鲜生开展共享员工业务，将人工综合成本这一巨大支出转移出去，大幅降低了企业的固定成本。在降低固定成本的同时提升边际贡献，逐渐扭转了形势，再通过银行的金融支持，使西贝成功渡过难关。

变动成本法究竟有何神奇之处？企业无论在什么时候都适合使用变动成本法吗？它与完全成本法有何区别和联系？

第一节　变动成本法概述

一、变动成本法的特点

变动成本法是以成本性态分析为前提的一种成本计算方法。在使用变动成本法计算产品成本时，我们只将变动生产成本作为产品成本的构成内容，而将固定性制造费用及非生产成本作为期间成本。

使用变动成本法的一大前提是进行成本性态分析，即把全部成本划分为变动成本和固定成本两大部分，尤其要把混合成本性质的制造费用划分为变动性制造费用和固定性制造费用。

变动成本法强调了变动成本和固定成本之间的差异，因此，产品成本应该只包括与产品产量密切相关的变动成本，而固定性制造费用由于与产品产量没有直接关系，因此，不应作为产品成本，应作为期间成本处理，直接在发生当期扣除。在变动成本法下，存货成本只包括变动生产成本，即直接材料、直接人工和变动性制造费用，而不包括固定性制造费用。值得一提的是，变动成本法下，贡献毛益是衡量产品盈利能力的重要指标。

【例5-1】假设DW公司生产耳环，当月生产1 000件，每件直接材料20元，直接人工15元，变动性制造费用10元，全月发生的固定性制造费用100 000元。本月销售800件。用变动成本法计算耳环的单位成本、本月销售成本和期末存货（假设期初没有存货）。

直接材料	20元
直接人工	15元
变动性制造费用	10元
产品单位成本	45元
本月销售成本（45×800）	36 000元
期末存货（45×200）	9 000元

二、变动成本法的损益确定程序

变动成本法的损益计算过程如下：

销售收入

减：变动成本

变动生产成本

变动销售成本

变动管理成本

变动成本合计

贡献毛益

减：期间成本

固定性制造费用

固定销售成本

固定管理成本

期间成本合计

税前利润

【例5-2】假设DW公司生产首饰套装，共200件，销售单价为180元。首饰套装的实际成本资料如下：

直接材料	7 000元
直接人工	4 000元
变动性制造费用	1 000元
固定性制造费用	3 000元
变动销售和管理成本	1 000元
固定销售和管理成本	2 000元

用变动成本法计算DW公司的损益。

首饰套装的损益情况如下：

销售收入（180×200）	36 000元
减：变动成本	
变动生产成本（7 000+4 000+1 000）	12 000元
变动销售和管理成本	1 000元

变动成本合计	13 000元
贡献毛益	23 000元
减：期间成本	
固定性制造费用	3 000元
固定销售和管理成本	2 000元
期间成本合计	5 000元
税前利润	18 000元

第二节 变动成本法和完全成本法的比较

与变动成本法不同，完全成本法将全部生产成本作为产品成本的构成内容，而将非生产成本作为期间成本。概括起来，两者的区别主要有以下几个方面：

一、成本计算的前提不同

变动成本法以成本性态分析为基础，认为变动成本构成了产品的成本，而全部固定成本应作为期间成本在当期扣除。完全成本法则将成本按其经济用途分类，全部的生产成本构成产品成本，非生产成本作为期间成本在当期扣除。

二、理论根据不同

变动成本法认为产品成本只包括随产量的变动而变动的成本，固定性制造费用不与产品直接联系，应在费用发生的当期从本期的销售收入中直接扣减。完全成本法则认为凡是与产品生产有关的消耗都应计入产品成本。这种差异导致两种计算方法对固定性制造费用的处理方法的不同。

三、利润计算公式不同

完全成本法下：

利润=销售收入-销售成本-期间成本

=销售收入-（直接材料+直接人工+制造费用）-（财务费用+管理费用+销售费用）

变动成本法下：

利润=销售收入-销售成本-期间成本

=销售收入-（直接材料+直接人工+变动性制造费用）-（财务费用+管理费用+销售费用+固定性制造费用）

四、存货成本的水平不同

采用完全成本法，会计期末的产成品和在产品都是按照全部成本计价的，既包括变动成本，也包括一部分固定性制造费用。采用变动成本法，产品成本只包括变动生产成本，不包括固定性制造费用。由此可见，完全成本法的存货计价必然高于变动成本法的存货计价。

五、计算出来的净利润有可能不同

当本期的产量和销售量不同时，两种成本计算方法计算出来的利润是不同的。下面，我们将分两种情况进行具体分析。

（一）产量相同而销量不同

产量相同而销量不同的情况下，又可以分为两种情况：

（1）当产量等于销售量时，按完全成本法计算的利润等于按变动成本法计算的利润。

（2）当产量不等于销售量时，完全成本法和变动成本法计算的利润就会不同。

①当产量大于销售量时，按完全成本法计算的利润大于按变动成本法计算的利润。

这是因为在销售收入一样的情况下，采用变动成本法扣除了全部的固定性制造费用，而采用完全成本法，仅扣除了部分的固定性制造费用，由此计算出来的利润，前者会小于后者。

②当产量小于销售量时，按完全成本法计算的利润小于按变动成本法计算的利润。

这是因为按变动成本法计算，本期发生的固定性制造费用要全额从本期销售收入中扣除，而按完全成本法计算，本期产品销售成本中，不仅包括本期发生的全部固定性制造费用，同时，还包括了上期产品所结转下来的部分固定性制造费用。所以，在销售收入一样的情况下，前者扣除的成本少，而后者扣除的成本多，当然由此计算出来的利润，前者会大于后者。

下面，我们举例来说明。为了简化，假设各月份均无期初、期末在产品，因此，不涉及各项费用在完工产品和在产品之间分配的问题，并假设各月的生产水平一致，单位产品成本一致，因此，销售成本和期末存货不受存货成本流动假设（先进先出、加权平均等）的影响。此外，假设所有产量都是在相关范围内，固定性制造费用不受产量的影响。

【例5-3】DW公司三个会计年度的有关资料见表5-1。

表5-1 三个会计年度的有关资料

项 目	第一年	第二年	第三年
期初存货（件）			1 000
产量（件）	5 000	5 000	5 000
销售量（件）	5 000	4 000	6 000
期末存货（件）		1 000	
单位产品售价（元）	40	40	40
单位产品变动成本（元）	22	22	22
固定性制造费用（元）	30 000	30 000	30 000
销售和管理费用（元）	6 000	6 000	6 000

分别采用变动成本法和完全成本法计算各年的利润。计算过程详见表5-2和表5-3。

表5-2　**按变动成本法计算**　单位：元

项　目	第一年	第二年	第三年
产品销售收入	200 000	160 000	240 000
减：产品变动成本	110 000	88 000	132 000
贡献毛益	90 000	72 000	108 000
减：期间成本			
固定性制造费用	30 000	30 000	30 000
销售和管理费用	6 000	6 000	6 000
期间成本合计	36 000	36 000	36 000
利　润	54 000	36 000	72 000

表5-3　**按完全成本法计算**　单位：元

项　目	第一年	第二年	第三年
销售收入	200 000	160 000	240 000
减：销售成本			
期初存货成本			28 000
本期变动成本	110 000	110 000	110 000
固定性制造费用	30 000	30 000	30 000
可供销售的产品成本	140 000	140 000	168 000
减：期末存货成本*		28 000	
销售成本合计	140 000	112 000	168 000
销售毛利	60 000	48 000	72 000
减：销售和管理费用	6 000	6 000	6 000
利　润	54 000	42 000	66 000

$$*期末存货成本=\left(单位变动成本+\frac{固定性制造费用}{本期产量}\right)\times 期末存货数量$$

$$=\left(22+\frac{30\ 000}{5\ 000}\right)\times 1\ 000$$

$$=28\ 000（元）$$

以上计算结果表明：

（1）第一年，本期的产量和销售量相等，也就是本期生产的产品在本期全部销售出去了，变动成本法和完全成本法计算出来的利润是相等的，都是54 000元。

（2）第二年，本期的产量大于销售量，用完全成本法计算出来的利润（42 000元）大于用变动成本法计算出来的利润（36 000元）。

（3）第三年，本期的产量小于销售量，完全成本法计算出来的利润（66 000元）小于变动成本法计算出来的利润（72 000元）。

（二）销量相同而产量不同

【例5-4】假设某企业只生产一种产品，有关的资料见表5-4。

表5-4 三个会计年度有关资料

项　目	第一年	第二年	第三年
期初存货（件）			4 000
产量（件）	12 000	16 000	8 000
销售量（件）	12 000	12 000	12 000
期末存货（件）		4 000	
单位产品售价（元）	40	40	40
单位产品变动成本（元）	22	22	22
固定性制造费用（元）	48 000	48 000	48 000
销售和管理费用（元）	10 000	10 000	10 000

现分别采用变动成本法和完全成本法计算利润。计算过程详见表5-5和表5-6。

表5-5 按变动成本法计算 单位：元

项　目	第一年	第二年	第三年
产品销售收入	480 000	480 000	480 000
减：产品变动成本	264 000	264 000	264 000
贡献毛益	216 000	216 000	216 000
减：期间成本			
固定性制造费用	48 000	48 000	48 000
销售和管理费用	10 000	10 000	10 000
期间成本合计	58 000	58 000	58 000
利　润	158 000	158 000	158 000

表5-6　　　　按完全成本法计算　　　　单位：元

项　目	第一年	第二年	第三年
销售收入	480 000	480 000	480 000
减：销售成本			
期初存货成本			100 000
本期变动成本	264 000	352 000	176 000
固定性制造费用	48 000	48 000	48 000
可供销售的产品成本	312 000	400 000	324 000
减：期末存货成本*		100 000	
销售成本合计	312 000	300 000	324 000
销售毛利	168 000	180 000	156 000
减：销售和管理费用	10 000	10 000	10 000
利　润	158 000	170 000	146 000

*期末存货成本= $(22+\frac{48\ 000}{16\ 000})\times 4\ 000=100\ 000$（元）

从上面的计算中，我们可以看到：

（1）当销量相同而产量不同时，按变动成本法计算出来的利润是相同的，都是158 000元，这意味着变动成本法下，影响利润计算结果的是销售量，而产量对利润没有影响。

（2）当产量等于销售量时，按变动成本法计算出来的利润（158 000元）和按完全成本法计算出来的利润（158 000元）是相等的。

（3）当产量大于销售量时，按完全成本法计算出来的利润（170 000元）大于按变动成本法计算出来的利润（158 000元）。

（4）当产量小于销售量时，按变动成本法计算出来的利润（158 000元）大于按完全成本法计算出来的利润（146 000元）。

导致上述结论的原因，大家可以参考前面产量相同而销量不同的有关分析。

变动成本法和完全成本法的根本区别在于两者对固定性制造费用的处理不同。前者把其归入期间成本，直接从本期的销售收入中扣除，而后者把其作为产品成本，只有在产品实现销售时，它所负担的固定性制造费用才从当期的销售收入中扣除。

第三节　对两种方法的评价

一、对变动成本法的评价

（一）变动成本法的优点

1.能够提供各种产品盈利能力的资料，有利于管理人员的决策分析

变动成本法提供了贡献毛益的相关资料，以贡献毛益反映盈利能力，进行盈亏临界

点和本量利分析，有助于揭示产量和成本变动的内在规律。

2.便于分清各部门的经济责任，有利于成本控制

一般来说，变动成本是生产车间和供应部门的可控成本，固定成本则往往是管理部门的可控成本。各部门只对自己的可控成本负责，从而有利于分清各部门的经济责任。

3.便于正确进行不同期间的业绩评价

采用变动成本法时，在相关范围内，其利润只受销量的影响，而不受产量的影响。因此，即使本期的生产能力没有得到充分利用，也不会影响当期的盈亏，可以正确反映工作业绩。

4.可以使管理当局更加重视销售，防止盲目生产

变动成本法可以排除生产量对利润的影响，使利润的增长只与销售量的增长呈同向变动。这会促使管理当局更加重视销售，而不是片面重视生产。

5.可以简化成本计算，避免固定成本分摊中的主观随意性

由于变动成本法下的固定性制造费用列作期间成本，从当期销售收入中全部扣除，因此，省掉了许多间接费用的分配过程，大大简化了产品成本的计算过程，同时，也可以避免间接费用分配中的主观随意性。

（二）变动成本法的缺点

1.所提供的成本数据不符合对外会计报表编制的要求

企业（财务）会计准则规定，产品成本包括为生产产品而发生的全部变动生产成本和固定生产成本。因此，按变动成本法确定的产品成本不符合准则规定。

2.所提供的成本资料较难适应长期决策的需要

变动成本法建立在成本性态分析的基础之上，以相关范围假定为存在前提。但是，长期决策涉及的时间较长，必然超出相关范围，因此，变动成本法提供的资料不能适应长期决策的需要，只能对短期经营决策提供最优方案。

二、对完全成本法的评价

（一）完全成本法的优点

1.有助于提高企业发展生产的积极性

按照完全成本法，产量越大，则单位固定成本就越低，从而整个单位产品成本也随之降低，超额利润也就越大，客观上有助于刺激生产的发展。

2.便于企业编制对外报表

目前，对外会计报表要求企业按照完全成本法提供有关成本资料。

（二）完全成本法的缺点

完全成本法下，当期的生产状况将影响下期的利润，所计算出来的利润不能真实地反映销售量、成本和利润之间的正常关系，不便于为决策、控制和分析提供直接有关的资料。

总之，完全成本法和变动成本法各有优缺点。完全成本法主要适用于财务会计系

统，用来编制对外财务报表，而变动成本法主要适用于管理会计系统，用来编制对内管理报表，满足企业内部经营管理的需要。这两种方法并不能相互替代，而是同时使用，互相补充。

思考题

1.变动成本法与完全成本法的区别主要有哪些？

2.变动成本法与完全成本法在计算税前利润时产生差额的关键是什么？试分析总结用两种成本计算法计算的分期税前利润的差额及其变化规律。

3.变动成本法有哪些优点？其局限性主要表现在哪些方面？

二维码5-1　即学即测

练习题

1.飞达公司本期有关成本资料如下：单位直接材料成本为40元，单位直接人工成本为20元，单位变动性制造费用为28元，固定性制造费用总额为16 000元，单位变动销售和管理费用为16元，固定销售和管理费用为4 000元。该公司期初存货量为0，本期产量为4 000件，销售量为2 400件，单位售价为160元。

分别按变动成本法和完全成本法计算下列指标：

（1）单位产品生产成本；

（2）期间成本；

（3）销售成本；

（4）税前利润。

2.保佳公司2023年度只产销一种A产品，年初无期初存货，本年度有关该产品生产、销售和成本的资料如下：

生产量	5 000件
销售量	4 000件
直接材料	20 000元
直接人工	15 000元
变动性制造费用	20 000元
固定性制造费用	10 000元
固定销售和管理费用	10 000元
变动成本率	55%

要求：

（1）分别按完全成本法和变动成本法计算出单位产品生产成本。

（2）分别按完全成本法和变动成本法编制职能式利润表和贡献式利润表。

（3）比较上述两张利润表的税前利润相差多少，并验算。

3.安康公司专门生产甲产品，2022年和2023年的有关数据见表5-7。

表5-7　　**甲产品2022年和2023年资料**

基本资料	2022年	2023年
生产量（件）	3 000	2 000
期初存货量（件）		1 000
期末存货量（件）	1 000	
销售单价（元）	50	50
单位产品变动成本（元）	18	18
固定性制造费用（元）	60 000	60 000
固定销售和管理费用（元）	15 000	15 000

要求：

（1）分别按完全成本法和变动成本法计算2022年和2023年的甲产品单位产品成本。

（2）分别按完全成本法和变动成本法编制2022年和2023年的比较利润表。

案例分析

我们由采用变动成本法编制利润表开始讨论。表5-8给出了变动成本法报表形式，并给出了销售成本的详细计算过程，而销售成本是受期初和期末存货变动影响的。相反，在前面的章节里都假设利润表中没有期初和期末存货。

表5-8　　**PC部门：变动成本法下的比较利润表**

2022年和2023年　　单位：元

项　目	2022年		2023年	
销售收入（销量分别为14 000台和16 000台）		7 000 000		8 000 000
变动费用：				
已销产品变动生产成本				
期初存货（以300元的标准变动成本计算）	—		900 000	
加：标准变动生产成本（产量分别为17 000台和16 000台）	5 100 000		4 200 000	
可供销售产品成本（每年17 000台）	5 100 000		5 100 000	
减：期末存货（以300元的标准变动成本计算）	900 000*		300 000**	
已销产品变动生产成本	4 200 000		4 800 000	

续表

项　目	2022年		2023年	
变动销售费用（销售额的5%）	350 000		400 000	
总变动费用		4 550 000		5 200 000
边际贡献		2 450 000		2 800 000
固定费用：				
固定间接制造费用	1 500 000		1 500 000	
固定销售和管理费用	650 000		650 000	
总的固定费用		2 150 000		2 150 000
营业利润（变动成本法）		300 000		650 000

* 3 000 × 300=900 000（元）

** 1 000× 300=300 000（元）

表5-9列示了完全成本法的计算框架。

表5-9　**PC部门：完全成本法下的比较利润表**

2022年和2023年　单位：元

项　目	2022年		2023年	
销售收入		7 000 000		8 000 000
销售成本				
期初存货（以400元*的标准变动成本计算）	—		1 200 000	
产品制造成本（以400元的标准成本计算）	6 800 000		5 600 000	
可供销售的产品成本	6 800 000		6 800 000	
减：期末存货成本（以400元的标准变动成本计算）	1 200 000		400 000	
已售产品成本（标准成本）		5 600 000		6 400 000
毛利（标准值）		1 400 000		1 600 000
产量差异**		200 000 F		100 000 U
毛利（实际值）		1 600 000		1 500 000
销售和管理费用		1 000 000		1 050 000
营业利润		600 000		450 000

*变动成本　300

固定成本（1 500 000÷15 000）　100

标准完全成本　400

** 以15 000台计算机的预期产量为基础计算产量差异，见表5-10。

表5-10　**产量差异**　单位：元

2022年	200 000 F	（17 000−15 000）×100
2023年	100 000 U	（14 000−15 000）×100
两年总计	100 000 F	（31 000−30 000）×100

U 代表不利差异，F 代表有利差异。

要求：

请比较两种成本计算方法，并从以下三个方面说明完全成本法与变动成本法有何不同：

（1）固定制造费用分配率的差异。

（2）固定制造费用在利润表中的列示方法不同。

（3）在不同成本分配方法下成本的分类不同。

二维码5-2　管理会计案例——成本管理：
京东集团基于价值链的全方位成本管理

第六章　作业成本法

学习目标

通过本章的学习，了解作业成本法的概念；了解传统成本法和作业成本法的不同；掌握作业成本计算的一般程序；了解作业成本管理的基本内容。

引例：作业成本法在中国空空导弹研究院运输费用中的实践①

中国航空航天集团中国空空导弹研究院（以下简称“导弹院”）创建于1961年，主要从事地面测试设备、机载光设备及其派生设备型产品的开发及批量生产。由于导弹院产品交付及试验任务较多，运输部门作为辅助生产部门，支出的运营费用增长较快，但相关的运营效率却没有提高，所以运输费用成为了导弹院降低成本和全面预算管理工作最为关注的焦点之一。

在大数据时代，采用传统成本归集分配的会计处理方法所得到的数据，已经很难准确反映真实的产品耗用情况，难以为企业的经营决策提供有利于分析的财务数据。导弹院基于作业成本法理念的标准成本控制思路，正是基于加强成本管控，改进企业管理的。

由于导弹院运输费用在可控辅助费用中占比高，分配难度大，运输部门运行效率一直低于市场平均水平，急需控制。由于运输部门主要承担车辆运输任务，而这些成本主要是司机工资、车辆折旧、油耗等。为了了解这些成本是如何分配到各型号产品，以及分配了多少，导弹院设立了二级科目，先将这些资源成本进行归集，以此形成成本库数据。

那么，怎么将这些资源成本分配到产品上去呢？接下来，管理者认定了车辆类型作为作业单元，将每类车辆完成一次运输作为一次作业。而运输作业的资源消耗主要与车辆行驶里程数直接联系，因此，将车辆行驶里程数作为作业动因。这样，导弹院就可以通过将车辆类型分类，先将资源成本归集到各作业中，再以行驶里程数作为分配基础，最后将运输费用分配到科研和生产的各类型号的产品中去。有了各个产品的详细成本数据后，每年年初，导弹院将根据各车型实际发生的运营成本，测算车公里

① 刘明涛，李文辉，杨金荣，等．运输费用管控中作业成本法与标准成本法的融合应用［M］//工业和信息通信业管理会计案例集（2019）．北京：人民邮电出版社，2019.

成本，再结合市场同类车型的车公里成本，制定本年度的作业标准成本，以此来进行成本管理。

第一节　传统成本法

一、广泛平均的缺陷

过去的公司只生产几种产品，间接成本在总成本中占的比重相对较低。因此，用传统成本系统分配成本是简单和相对准确的。然而，随着产品的多样化和间接成本的增加，广泛的平均法导致产品成本变得不太准确。例如，使用单一的、全厂范围的间接成本分配率分配产品成本常常不能提供可靠的成本数据。接下来举例进行说明。

【例6-1】巨龙公司营销处4个同事决定外出进行团队建设活动，此次活动包括电影、午餐和下午茶。这次活动的账单见表6-1。

表6-1　巨龙公司营销处活动账单　单位：元

项目	李威	郑强	高爽	赵萌	总计	平均
电影	50	50	50	50	200	50
午餐	70	70	60	40	240	60
下午茶	30	30	40	20	120	30
总计	150	150	150	110	560	140

如果将560元的账单平均分摊，则此次活动每人的平均成本是140元。这种成本平均分摊的方法对每个人同等处理，看似公平，但实际每人花费的午餐和下午茶金额是不同的，所以当成本在4人之间平均分摊时，李威、郑强和高爽都被少计了，而赵萌则被多计了，这对赵萌而言并不公平。

这说明广泛平均的方法并不能保障成本分配的准确性，少计和多计都有可能。少计产品成本是指产品消耗了较高的资源水平，被归集的单位成本却较低；而多计产品成本是指产品消耗了较低的资源水平，被归集的单位成本较高。

而这会导致什么后果呢？我们来考虑一家公司，它使用成本加成法来决定如何进行定价。而由于产品的成本被低估了，所以定价也会偏低。这对顾客而言当然是好事，他们会增加对这种产品的需求，但公司却会承担大量的成本，甚至入不敷出，虽然公司本身可能意识不到这一点，甚至自以为是盈利的。与之相反的是，产品的成本被高估会导致定价过高，顾客会转而选择价格较低的替代品，公司会因为错误地认为没有降价的空间，而将市场份额拱手让人。

更糟糕的是，产品成本的少计和多计把经理人员的注意力转移到了错误的产品上。经理将尽力降低多计成本的产品的成本，因为这些产品的报告成本高，然而实际上，经理需要关注的是少计成本的产品的计划和管理作业，因为这些产品消耗了很多资源，利润并不高，即使它们的报告成本低。

二、传统成本系统

巨龙公司主要生产音箱，目前，公司有两款产品：普通音箱和豪华音箱。相比普通音箱，生产豪华音箱需要更复杂的步骤。

（一）设计、生产、销售流程

不管是普通音箱还是豪华音箱，巨龙公司都遵循着设计、生产、销售的步骤。

首先是设计。由于客户需求发生变化，为了保持市场份额，巨龙公司每年都会收集客户意见，对音箱的设计进行一些改进，并将其反映到生产流程中去。

其次是生产。生产喇叭、箱体和分频器，进行组装，并装运。

最后是销售。巨龙公司并不是市场上唯一一个生产音箱的公司。通常它会和其他几家公司一起为凤凰公司供货。

但是，最近巨龙公司音箱销售部的管理者遇到了一个难题。凤凰公司的采购部人员告诉他，在最近一次，燕都公司——另一家提供音箱的公司，打算以175元的单价向凤凰公司提供普通音箱，这个价格比巨龙公司预计的200元低很多。如果巨龙公司不降价的话，它将失去凤凰这个客户。对于豪华音箱，就没有这个烦恼了。

为了解决这个难题。巨龙公司的管理者提出了两个方案。

第一，放弃向凤凰公司提供普通音箱，因为公司本身的利润率已经很低，如果降到和燕都公司一个水平，公司将面临亏损。

第二，通过改变成本归集方法或者改进设计生产流程等方法，尽量降低普通音箱的成本，为作出定价决策时留下降价空间。

当然，放弃市场份额对于一家公司来说不是一个好的选择，巨龙公司的管理者更偏向于第二个方案，打算在如何分配成本上入手。而改变成本分配方法，首先要先深入了解公司的成本归集流程和分配过程。对于直接成本而言，可以直接归集给产品，而间接成本则需要进一步讨论。

（二）巨龙公司的成本系统

巨龙公司目前拥有一个传统成本系统，使用单一间接成本分配率分配间接成本。巨龙公司将在2022年生产50 000个普通音箱和25 000个豪华音箱。两款音箱的直接成本数据列示在表6-2中。

巨龙公司的传统成本系统把直接材料和直接人工以外的所有成本归为间接成本。巨龙公司把直接人工小时数作为唯一的分配基础，把间接成本分配到两款音箱上。

【例6-2】2022年，巨龙公司的直接人工预算数是30 000个直接人工小时。巨龙公司计划使用20 000个直接人工小时来生产50 000个普通音箱，用1 000个直接人工小时来生产25 000个豪华音箱。由于巨龙公司仅使用单一的成本动因，将所有的预算间接成本共7 500 000元归集到直接人工小时后，每一成本动因的单位分配率为250元/直接人工小时。最后，通过加总分配给产品的直接成本和间接成本来计算产品总成本。

表6-2 **巨龙公司用传统成本系统计算的产品成本** 单位：元

项　目	普通音箱		豪华音箱	
	总计	单位数	总计	单位数
直接材料	2 750 000	55	1 875 000	75
直接人工	1 250 000	25	625 000	25
总直接成本	4 000 000	80	2 500 000	100
分配的间接成本	5 000 000	100	2 500 000	100
总成本	9 000 000	180	5 000 000	200

巨龙公司以每个200元的价格出售普通音箱，以每个250元的价格出售豪华音箱。然而，让公司的管理者困惑的是，以目前的预算价格销售，预计在豪华音箱上有很大的毛利百分比，但是普通音箱的毛利较小。巨龙公司传统成本系统下计算的产品毛利率见表6-3。

表6-3 **巨龙公司传统成本系统下计算的产品毛利率** 金额单位：元

项　目	普通音箱		豪华音箱	
	总计	单位数	总计	单位数
收入	10 000 000	200	6 250 000	250
总成本	9 000 000	180	5 000 000	200
营业利润	1 000 000	20	1 250 000	50
毛利百分比		10%		20%

从巨龙公司的成本和收入来看，普通音箱单价200元的价格并不算高，但是这个价格在市场上却没有竞争力。其实管理者并不是有意为其制定一个高的价格，只是成本就有180元，即使降价，也不能和燕都公司175的价格进行竞争，除非公司亏本经营。

因此，管理者开始评估成本系统。公司的传统成本系统可能多计了普通音箱的成本，即对它分派了太多成本，而对豪华音箱分派了太少的成本。

为了解决这一问题，我们将在下面引入另一种产品成本核算方法——作业成本法。

第二节　作业成本法

一、作业成本法和传统成本法的区别

关于产品成本中的直接费用（直接人工、直接材料、直接制造费用），作业成本法与传统成本法计算方法是一致的，都是直接归属到受益的产品中。但怎么分配间接成本（间接制造费用），是两种方法最根本的区别所在，如图6-1所示。

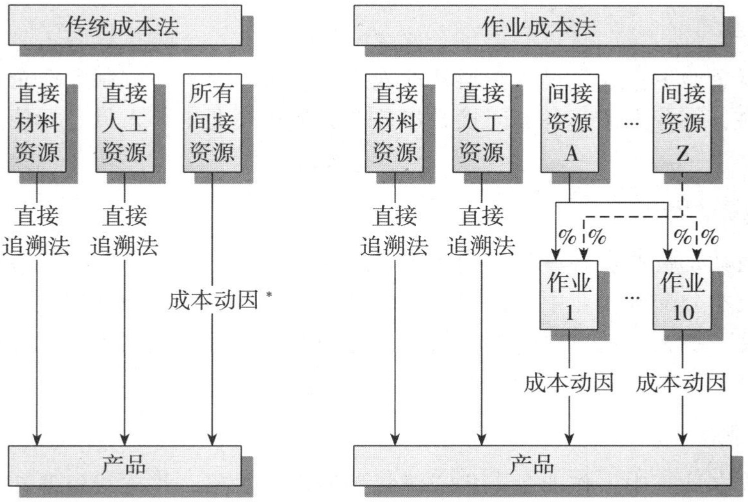

*直接人工工时、机器工时或产品数量等产量基础的成本动因。

图6-1　作业成本法与传统成本法的区别

传统的制造费用分配方法最显著的特点就是：假设制造费用的发生完全与生产数量相联系，并且变动也和这些数量标准是一一对应的。可以说，传统成本法满足的只是与生产数量有关的制造费用的分配，适合直接费用多，而间接成本少的情况。

随着间接成本在生产成本中所占的比重越来越大，组成结构越来越复杂，以何种方式将间接成本分配到哪些产品中去，成了当今管理者需要关注的重点，作业成本法开始被运用。

二、作业成本法的步骤

作业成本法下分配间接成本遵循的原则是“作业消耗资源，产品消耗作业”，其分配的程序如图6-2所示。

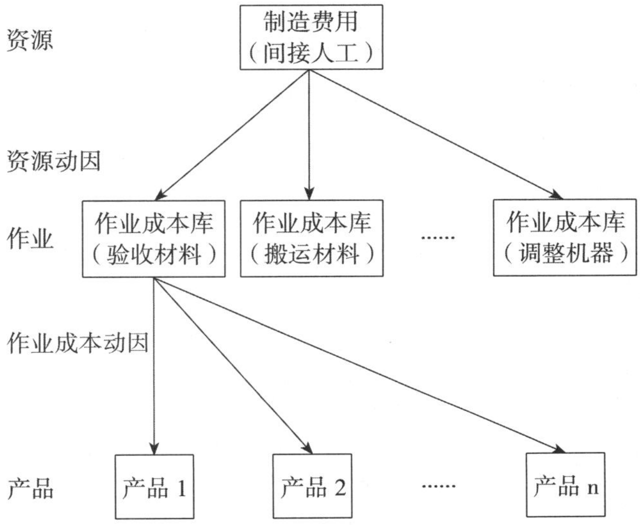

图6-2　作业成本法分配制造费用的程序

（一）资源

资源是指企业生产经营过程中消耗的人力、物力、财力。就制造业企业而言，资源包括直接材料、直接人工、各种间接成本；在服务业企业中，人员、场地、设备等费用占较大比重。

（二）资源动因

资源动因就是资源被各种作业消耗的方式和原因，它反映作业中心对资源的消耗情况，是资源成本分配到作业中心的标准。例如，如果人工方面的费用主要与从事各项作业的人数相关，那么，就可以按照人数来向各作业中心（作业成本库）分配人工方面的费用。在这里，从事各项作业的人数，就是一个资源动因。

（三）作业

在作业成本计算中，作业是汇集资源耗费的第一对象，是连接资源耗费和产品成本的中介。成本层级（cost hierarchy）是指将成本划分为不同的成本库，主要是基于不同的成本动因。作业成本系统主要用四个成本层次来确定作为作业成本库的成本动因的分配基础。

将生产作业分为四种类型，即单位水平作业、批量水平作业、产品水平作业、能力水平作业，见表6-4。

表6-4　作业种类和作业成本动因

种　类	代表性作业	作业成本动因
单位水平作业	产品检查 直接人工监督 直接动力、燃料费用	产品数量 直接人工小时 机器小时
批量水平作业	机器准备 首件产品检查 处理顾客订单 材料搬运 生产计划	准备小时 检查小时 订单数量 材料移动次数 产品生产
产品水平作业	产品设计 零部件管理 工艺设计 修改产品特性	产品种类 零部件数量 工艺改变单
能力水平作业	机器设备的管理 会计和人力资源管理 房屋维修、照明 租金、折旧	场地面积 工人数量

1.单位水平作业

单位水平作业（unit-related activities）反映对每单位产品或服务所进行的工作。单位水平作业所使用的资源量可以同产品产量和销量成比例，也可以同直接人工小时、机器小时成比例。比如，巨龙公司对每一个音箱所进行的质量检查，消耗的间接人工成本明显与生产数量有关。

2.批量水平作业

批量水平作业（batch-related activities）由生产批别次数直接引起，与生产数量无关。例如，巨龙公司为生产新的一批音箱调试准备机器，每批不论是生产100单位还是1 000单位，机器的调试准备成本都不变。又比如，生产音箱后将其分装送给客户，送货成本与送货次数有关，与每次送货的数量无关。批量水平作业和单位水平作业的主要区别在于完成批量水平作业所需要的资源不取决于每批次所包含的单位数，而由批次决定。

3.产品水平作业

产品水平作业（product-sustaining activities）是指每一类产品的生产和销售所需要的工作。产品和产品线的类型越多，产品水平作业成本也就越高。有关产品水平作业的例子有制图、工艺设计、流程设计、产品改良、技术支持等。在前面所举的例子里，巨龙公司的产品水平作业包括设计不同型号的音箱、技术的改进、每种音箱的包装和宣传材料设计。由于燕都公司只生产普通音箱，尽管两个公司的产量相同，但是巨龙公司的产品水平作业成本要高于燕都公司的产品水平作业成本。

4.能力水平作业

能力水平作业（facility-sustaining activities）是指使企业生产经营正常运转的工作。这些作业与产品的种类、生产的批次、每种产品的生产数量无关。能力水平作业包括机器设备的租金、折旧、保养费等。此外，能力水平作业还包括企业管理、会计、人力资源管理等费用。

（四）作业成本动因

作业成本动因（activities cost drivers）是指一项作业产出的计量单位，如直接人工小时、产品种类、机器准备次数等。对于每一个作业成本库，巨龙公司使用成本动因作为成本分配的基础，可以说，作业成本动因充当着连接作业和产品的纽带。

以作业为基础的成本制度除了保留了传统成本制度中的人工小时、机器小时动因之外，还需要使用能把批量水平、产品水平、能力水平作业的成本分配到产品中的作业成本动因。对每一项作业，都有与其相对应的作业成本动因。表6-4列示了四种作业类型及相关作业成本动因。

除此之外，需要知道每一产品的作业成本动因数量，这样才能按照动因数量进行成本分配。也就是说，除了要知道每一产品成本中心所需的材料、直接人工和机器小时外，作业成本制度需知道每一产品的各个成本动因数量。例如，生产产品的数量、购买材料的数量、材料搬运的数量和设计变更通知的数量。根据作业成本和作业成本动因数量可以计算作业成本动因分配率（activities cost driver rate）。作业成本动因分配率是作业成本与作业成本动因数量的比率，其计算公式为：

$$作业成本动因分配率=\frac{作业成本}{作业成本动因数量}$$

拓展课堂　　攻坚克难、不畏挑战——上海农商行应用管理会计抗击疫情影响①

2020年春节期间，突如其来的新冠肺炎疫情给正常的生产与生活按下了“暂停键”，金融企业展业受阻，短期生产经营受到负面影响。在复杂环境下，金融企业沉着应对，积极采取管理会计措施抗击疫情影响，为国民经济复苏以及行业未来长远发展保驾护航。

疫情给银行的发展带来了显著的冲击，信贷业务增速有所放缓，零售业务影响较大，不良贷款率出现小幅上升。在全国攻坚克难之际，上海农商行管理会计优化项目启动。在执行当前管理会计工作计划的基础上，上海农商行运用作业成本法进行成本精细化管理，加强经济核算并提升经济效益。

面对疫情之下骤增的成本因素，上海农商行通过成本分摊优化和多维成本分析提高费用管理精细化程度及专项费用管控能力。着重针对现有成本核算、成本分配、成本还原、成本分摊路径及成本分摊因子进行可行性评估并提出优化方向。从核算要素出发，增加直接核算成本占比，减少用于分摊的成本量，以减少分摊争议。从实际业务出发选取合理的、可获取的成本分摊因子，以提升成本分摊结果的合理性，强化成本分摊结果精准度。借助全成本细化至账户的设计思路，将各项管理成本分摊到账户粒度，从而实现费用与收入的全匹配，支持多视角全成本分析，增强各层级数据的穿透钻取能力。

作业成本法使得成本计算更加准确精细，显著赋能降本增效，提供多视角的投入产出经营分析，压缩非必要开支，是疫情期间上海农商行维持并增强经济效益创造能力的重要手段。

第三节　作业成本法的运用

一、巨龙公司的作业成本系统

在了解了作业成本法的原理之后，我们来看看巨龙公司是如何运用这一方法来解决普通音箱成本过高的问题的。

（一）确定作业

在发现传统成本系统已经不再适用后，巨龙公司打算在公司内部实施作业成本法，

① 改编自“财政部管理会计咨询专家组．疫情背景下金融及金融科技行业管理会计应用分析报告［EB/OL］．［2020-07-24］．http：//kjs.mof.gov.cn/diaochayanjiu/202007/t20200724_3556103.htm．”

重点考察间接成本是如何分配到部门、产品及其他对象的。巨龙公司首先进行作业的识别，将现在单一的间接成本库分解开，找到与不同类的间接成本对应的作业，归集进入更好的成本库。

那么，如何找到与间接成本对应的作业呢？巨龙公司成立了一个分析小组。小组需要决定将哪些任务整合成一个作业，哪些任务可以独自成为一个作业。这需要进行成本效益原则的匹配，过多的作业不一定是好事，因为这会导致前期设置、后续实施等过程中产生大量的成本支出，违背了企业盈利的初衷。作业太少则不足以找到成本动因和间接成本之间的关系，不能达到实施作业成本法的效果。

巨龙小组决定专注于企业中间接成本占比高的作业，如果作业有相同的成本动因，还可以将他们整合成一个作业。

接着讨论巨龙公司音箱的问题，这个小组深入了解了音箱的生产流程，并将这个过程简化识别出5个作业：

（1）设计产品和流程。

（2）调试准备生产机器。

（3）运转机器生产组件并进行安装。

（4）编制完工音箱的运送批次。

（5）分销到客户。

（二）确认成本和动因

首先回顾一下，在原先的成本系统中，巨龙公司使用直接生产人工小时，将所有的预算间接成本共7 500 000元，归集到单一的成本库，单位分配率为250元/直接人工小时。

现在运用之前介绍的作业成本法分配成本的步骤，先识别出一共5个作业，我们来确定每一个作业的成本和相关成本动因。

1. 区分直接成本和间接成本

巨龙公司的作业成本系统中，有关产品的直接成本是直接材料成本和直接人工工资成本。从之前章节介绍的作业类别中，我们可以了解到，5个作业和生产的产品数量没有直接联系，是间接成本。

2. 间接成本库

与原来的单一间接成本库不同，现在的5个作业均为独立的成本库。每一个成本库中只包含有相同动因的有限和集中的成本集合。例如，作业（2）成本库中的成本只包括调试准备机器的人工成本，这个成本只取决于调试准备机器的次数，每批是生产100单位还是1 000单位，调试准备成本都不变。而在单一的成本库中，调试准备成本按照直接生产人工小时来计算，这不符合经济实质。

那么，如何确定成本库的成本呢？巨龙公司的管理者首先将资源按照资源成本动因分配给作业，就是将多种分类账户（如折旧、工资、维修、电力）中累积的成本分配到每一个对应的成本库。

【例6-3】1 600 000元折旧费用，1 400 000元维修费用，加上600 000元电费，共同组成了总间接成本7 500 000元中3 600 000元的机器运作成本，见表6-5。

表6-5 成本库组成 单位：元

项目	工程师工资	支持人员工资	电费	维修	折旧	合计
设计	1 600 000					1 600 000
调试准备机器	50 000		50 000		400000	500 000
机器运作			600 000	1 400 000	1 600 000	3 600 000
装运		600 000				600 000
分销		1 200 000				1 200 000

3.成本分配动因

接下来，巨龙公司将作业成本库中的成本，按照作业成本动因分配给产品。那么，如何确认成本动因呢？现在巨龙公司正处于实验阶段，例如，巨龙的管理者选择调试准备次数而不是生产数量作为调试准备成本的成本动因，因为考虑到生产的数量并不影响调试准备机器的成本。

在作业成本法中，有两个逻辑。第一，企业带有成本动因的作业成本库建立得越详细精确，成本分配后的计算结果也越准确。第二，根据成本动因，将建立好的作业成本库中归集的成本通过成本动因分配给对应的产品，就能得到更精准的产品成本。

二、音箱成本的重新分配

采用了作业成本系统后，巨龙公司的管理者使用了七个步骤进行计算，间接成本有了更为精准的分配方式。接下来我们对其进行说明。

（一）确定成本对象

在此案例中，成本的对象是巨龙公司生产的50 000个普通音箱和25 000个豪华音箱。

（二）区分直接成本和间接成本

产品的直接成本由于可以直接经济准确地追溯到产品中去，所以不用进行分配，不是此次作业成本法的重点关注对象。

（三）选择用于分配间接成本的作业和成本动因

【例6-4】接例6-3，巨龙公司有5个作业是间接成本，分别是设计、调试准备机器、机器运作、装运和分销。在表6-6中列示了各个作业成本库的总成本、作业层级、成本动因数据以及间接成本分配率。

表6-6　　间接成本分配标准

作业	作业层级	步骤4	步骤3		步骤5	
		间接成本（元）	成本动因数据		间接成本分配率	
（1）	（2）	（3）	（4）		（5）=（3）÷（4）	
设计	产品维持	1 600 000	1 000	零件平方厘米	1 600	零件平方厘米
调试准备机器	批数	500 000	400	调试准备次数	1 250	调试准备次数
机器运作	单位产出	3 600 000	9 000	机器小时	400	每机器小时
装运	批数	600 000	600	装运次数	1 000	每次装运
分销	单位产出	1 200 000	60 000	立方米	20	每装运立方米

在选择成本动因的时候，除了考虑与相关作业成本库的联系，还需要考虑的是数据的可靠性和计量的可获得性。例如，巨龙公司确定设计成本库的成本动因时，选择了零件平方厘米，这是因为设计部门的间接成本随着设计的复杂模型的数量增加而增加，而更多的部件意味着更大的表面积，这是可以测量的。再比如，选择立方英尺作为分销成本库的分配基础，因为分销的成本会随着产品的体积增大而增加。

（四）归集与每个成本动因相关的间接成本

表6-6中，巨龙公司根据每个作业成本库的成本动因和成本之间的因果关系，把2022年的全部间接成本分配给了作业。例如，把所有与装运次数相关的成本分配到转运成本库里。

（五）计算每个成本动因单位分配率

表6-6中计算了如何将步骤4中的每个作业成本库中的全部间接成本，按照步骤3的成本动因数量分别进行分配，计算间接成本率。

（六）计算分配给产品的间接成本

【例6-5】接例6-4，为了将间接成本分配给产品，对于每一个作业，我们首先需要确定每种音箱分配的成本动因数量，见表6-7。例如，准备机器总次数为400次，其中生产普通音箱需要240次，豪华音响需要160次。

表6-7　　分配成本动因数量　　金额单位：元

作业	成本动因	普通音箱	豪华音箱	合计
		成本动因基数（6）		（4）
设计	零件平方厘米（平方厘米）	350	650	1 000
准备	准备次数（次）	240	160	400
机器运作	机器小时（小时）	5 500	3 500	9 000
装运	装运次数（次）	300	300	600
分销	立方米（立方米）	38 000	22 000	60 000

根据表6-7中的每类产品的成本动因数量，将作业成本库中的总间接成本进行分配。如准备机器的总间接成本是500 000元，分配给普通音箱的是300 000元（240×1 250），分配给豪华音箱的是200 000元（160×1 250）。其余的分配情况见表格6-8。

表6-8 **产品成本计算** 单位：元

项目	普通音箱	豪华音箱	合计
产量	50 000	25 000	75 000
直接成本			
直接材料	2 750 000	1 875 000	4 625 000
直接人工	1 250 000	625 000	1 875 000
直接成本合计（7）	4 000 000	2 500 000	6 500 000
间接成本（6）×（5）			
设计	560 000	1 040 000	1 600 000
调试准备	300 000	200 000	500 000
机器运作	2 200 000	1 400 000	3 600 000
装运	300 000	300 000	600 000
分销	760 000	440 000	1 200 000
间接成本合计（8）	4 120 000	3 380 000	7 500 000
总成本（7）+（8）	8 120 000	5 880 000	14 000 000
单位产品成本	162.4	235.2	—

（七）汇总直接成本和间接成本计算单位产品成本

【例6-6】接例6-5，由表6-8可以看出，直接成本有2项，间接成本有5项。直接成本包括直接材料成本和直接人工成本，最初在表6-2中给出，间接成本就是巨龙公司小组识别的5项作业。通过这种方法，最后算出普通音箱的单位产品成本为162.4元，豪华音箱的单位成本为235.2元。与之前巨龙公司在传统成本法下计算出来的180元和200元并不一致。

表6-9 **传统成本法和作业成本法比较** 单位：元

项目	普通音箱		豪华音箱	
	传统成本法	作业成本法	传统成本法	作业成本法
单位直接成本	80	80	100	100
单位间接成本	100	82.4	100	135.2
单位总成本	180	162.4	200	235.2
总直接成本	4 000 000	4 000 000	2 500 000	2 500 000
总间接成本	5 000 000	4 120 000	2 500 000	3 380 000
总产品成本	9 000 000	8 120 000	5 000 000	5 880 000

从表6-9可以看出，传统成本法和作业成本法两种方法的总成本合计相等（14 000 000元），但是普通音箱的成本和豪华音响的成本分配不同。

作业成本法的计算显示，在传统成本法下，普通音箱分担了豪华音箱880 000元（5 000 000-4 120 000）的总间接成本。从单位成本看，普通音箱的单位成本差异为-17.6元（162.4-180），豪华音响的单位成本差异为35.2元（235.2-200）。

从上述分析可以看出，传统成本法认为制造费用与数量（本例为直接人工工时）之间成比例变化，但是在作业成本法下，制造费用各组成项目并不受数量指标影响。因此，两种方法出现成本差异就是不可避免的了。当今社会，生产呈现出多品种、小批量、小型化的发展趋势，上述两种成本方法的差异需要企业管理者关注，以便作出正确决策，比如定价和促销决策。

通过巨龙公司此次对普通音箱和豪华音箱的定价可以看出，以200元价格出售真实成本为162.4元的普通音箱，单位利润为37.6元，巨龙公司可以降价以对抗燕都公司175元价格的普通音箱，公司也不会发生亏损。以250元的价格出售真实成本为235.2元的豪华音箱，单位利润为14.8元，公司其实利润很低，可以在不影响市场份额的前提下适当提价，谋求更多利润。

当然，企业也需要注意，作业成本法也是有缺陷的。作业成本法本身需要科技的维持，需大量的开发和维护时间。企业有时也很难将间接成本和特定成本动因联系，即使找到了合适的途径，追踪的成本也很有可能大于获得的收益。而且作业成本法作为企业内部管理成本的一种方式，本身并不遵循会计准则，企业还需要再收集信息制作一次会计报表。作业成本制度的建立应满足以下两个条件：一是企业有大量的间接成本和辅助资源耗费；二是产品、顾客和生产过程多样化。因此，是否适用作业成本法，还需要管理者好好考虑。

三、作业管理

作业管理是把管理重心深入到作业层次的一种新的管理观念。作业管理法是运用作业成本核算信息进行分析，进而改善产品盈利性和客户盈利性的管理决策方法。这些决策包括定价和产品组合决策、成本降低和流程改进决策、设计决策、计划和管理决策。要作出这些决策，首先需要对作业进行分析。

（一）划分增值作业和非增值作业

增值作业是指企业生产经营所必需的，且能为顾客带来价值的作业。对于增值作业，企业要做的是努力提高其执行效率。

非增值作业是指对增加顾客价值没有贡献，或者即使消除也不会降低产品价值的作业，企业应该尽力减少非增值作业，如储存、移动、等待、检测等。

（二）分析重要性作业

企业不可能对作业一一进行分析，因为这不符合成本效益原则。根据重要性原则，只能对那些相对于顾客价值和企业价值比较重要的作业进行分析。

(三) 把企业的作业同其他类似企业的作业进行对比

通过与其他企业先进水平的作业进行比较，可以判断某项作业或企业整个价值链是否有效，从而寻求改进的机会。

(四) 分析作业之间的联系

作业成本法下的各种作业相互联系，形成作业链。理想的作业链应该能使作业完成的时间最短和重复次数最少。因此，作业管理不仅仅是一项管理工作，还是一个不断改进企业作业活动的动态过程。

第四节 作业成本法的拓展应用

作业成本法最先由制造业公司采用。现在，服务业公司也开始采用作业成本法，如医院、银行以及保险公司。这些公司不仅利用作业成本法来计算成本，同时，也将作业成本法用于战略决策，如流程分析、管理绩效评估和获利能力评估。

一、作业成本法在非制造成本中的应用

物美超市正在考虑是否增加位于北京市昌平区店面的营业面积。它想知道单个产品线的盈利信息：软饮料、新鲜农产品和包装食品。

【例6-7】2022年度物美超市各个产品线的数据见表6-10。

表6-10 物美超市的产品线数据

项　目	软饮料	新鲜农产品	包装食品
收入（元）	317 400	840 240	483 960
产品销售成本（元）	240 000	600 000	360 000
退瓶成本（元）	4 800	0	0
采购订单数（次）	144	336	144
运送次数（次）	120	876	264
货架存放时间（小时）	216	2 160	1 080
销售数量（件）	50 400	441 600	122 400

2022年度还有其他一些作业及成本信息，见表6-11。

要求：

(1) 物美超市在每个产品线中产品销售成本的基础之上，把商店维持成本（除产品销售成本以外的所有成本）分配到产品线。计算营业利润和每个产品线利润率（该系列利润占该系列收入的百分比）。

表 6-11　　其他作业及成本信息　　单位：元

作业	作业内容	总成本	成本动因
退瓶	将瓶退回商店	4 800	直接追溯到软饮料生产线
订单	处理采购订单	62 400	624张采购订单
运送	实际的交货和收到商品	100 800	1 260次运送
货架存放	在商品货架上的商品存放和续存	69 120	3 456个货架存放小时
顾客支持	提供给顾客的帮助，包括结账和装袋	122 880	614 400个售出商品
合计		360 000	

（2）如果物美超市使用ABC方法把商店维持成本分配到各个产品线，计算营业利润和每个产品线的利润率。

（3）评价（1）和（2）的答案。

解答：

（1）表6-12列示了营业利润和每个产品的营业利润占收入的百分比。所有商店维持成本以每个产品线的产品销售成本为成本动因分配到产品线。总的商店维持成本为360 000元（退瓶成本4 800元+采购订单成本62 400元+运送成本100 800元+货架存放成本69 120元+顾客支持成本122 880元）。

$$商店维持成本的分配率=\frac{360\ 000}{1\ 200\ 000}=0.3$$

于是，物美超市用0.3乘以每条产品线的产品销售成本，给每条产品线分配商店维持成本。

表6-12　　商店维持成本的分配　　金额单位：元

项　目	软饮料	新鲜农产品	包装食品	合计
收入	317 400	840 240	483 960	1 641 600
产品销售成本	240 000	600 000	360 000	1 200 000
商店维持成本	72 000	180 000	108 000	360 000
总成本	312 000	780 000	468 000	1 560 000
营业利润	5 400	60 240	15 960	81 600
营业利润/收入	1.70%	7.17%	3.30%	4.97%

商店维持成本=产品销售成本×0.3

（2）在作业成本系统下，物美超市把退瓶成本作为直接成本，因为这些成本能被追溯到软饮料产品线。物美超市随后计算每个作业的成本分配率（如本章所描述的步骤5），见表6-13。

表6-13 作业成本分配率的计算 金额单位：元

作业 (1)	成本层级 (2)	总成本 (3)	成本动因的数量 (4)	间接分配比率 (5)
订单	批数	62 400	624张采购订单	100元/采购订单
运送	批数	100 800	1 260次运送	80元/运送次数
货架存放	单位产出	69 120	3 456个货架存放小时	20元/存放小时
顾客支持	单位产出	122 880	614 400个售出商品	0.20元/售出商品

用作业成本分配率乘以每条产品线的成本动因总数量，就得到了按作业分配的各生产线的商店维持成本。营业利润和每条产品线的营业利润占其收入的百分比见表6-14。

表6-14 营业利润及利润率的计算 金额单位：元

项　目	软饮料	新鲜农产品	包装食品	合计
收入	317 400	840 240	483 960	1 641 600
产品销售成本	240 000	600 000	360 000	1 200 000
退瓶成本	4 800	0	0	4 800
订单成本	14 400	33 600	14 400	62 400
运送成本	9 600	70 080	21 120	100 800
货架存放成本	4 320	43 200	21 600	69 120
顾客支持成本	10 080	88 320	24 480	122 880
总成本	283 200	835 200	441 600	1 560 000
营业利润	34 200	5 040	42 360	81 600
营业利润/收入	10.78%	0.60%	8.75%	4.97%

订单成本=采购订单（144；336；144）×100

运送成本=运送次数（120；876；264）×80

货架存放成本=有效小时（216；2 160；1 080）×20

顾客支持成本=销售数量（50 400；441 600；122 400）×0.2

（3）管理人员认为作业成本系统比过去用的成本系统更可靠，事实证明的确如此。对于物美超市来说，作业成本系统更准确地区分了不同类型的作业，也更准确地描绘出了各条产品线是如何使用资源的。相对盈利性（营业利润占收入的百分比）在以前的成本系统和作业成本系统中的排名见表6-15。

表 6-15 **相对盈利性的排名**

以前的成本系统		作业成本系统	
新鲜农产品	7.17%	软饮料	10.87%
包装食品	3.30%	包装食品	8.75%
软饮料	1.70%	新鲜农产品	0.60%

各产品线收入，各自的产品销售成本和作业成本占总数的百分比见表6-16。

表6-16 **各产品线相关数据汇总**

项　目	软饮料	新鲜农产品	包装食品
收入	19.33%	51.18%	29.48%
产品销售成本	20.00%	50.00%	30.00%
退瓶成本	100.00%	0	0
作业成本			
订单	23.08%	53.84%	23.08%
运送	9.53%	69.52%	20.95%
货架存放	6.25%	62.50%	31.25%
顾客支持	8.20%	71.88%	19.92%

与新鲜农产品、包装食品相比，软饮料消耗的资源，运送和存放时间都更少。大多数软饮料供应商自己把货运送到货架上。相比之下，新鲜农产品发生的运输成本最高，货架存放时间比例也很大，但是它也有最大数量的销售额。以前的成本系统假定每条产品线在每个作业上以相同的比率使用资源，比率由每条生产线的产品销售成本占已销售总成本的百分比决定。很明显，这个假定是不正确的。

物美超市管理人员可以使用作业成本信息指导他们的决策，例如，如何分配计划增加的商场面积。提高分配给软饮料的面积比是合理的。但请注意，作业成本信息是货架空间分配决策的一个参考因素，但不是唯一的参考因素，比如顾客。如果消费者认为超市应该有新鲜农产品这一产品线，那么物美超市可能必须分配给新鲜农产品一定的空间。在许多情况下，公司不能孤立地制定产品决策，而必须考虑减少一种产品对顾客购买其他产品的影响。

利用作业成本信息，定价决策也能更加完善。例如，假定一个竞争者宣布将软饮料的售价降低5%。从作业成本法可以看出，物美超市当前在软饮料产品线上的利润率为10.78%，因此，即使需要跟着降价，仍然能在这条产品线上盈利，而且还剩余了部分的降价空间。而以前的成本系统错误地显示软饮料仅有1.70%的盈利率，物美超市没有相应的降价空间，难以迎接降价挑战。

二、作业成本法在服务业中的应用

作业成本系统能帮助在线零售商，如阿里巴巴公司的淘宝业务，进行战略分析、执行和实施。作业成本系统能帮助回答这样一些问题：通过销售标准化产品或者独特的产品可赚得多少利润？对产品和服务来说，哪种广告最有效？花费多少可以建立良好的客户关系并且获得再次消费？作业成本系统通过确认和计量服务客户的作业的成本来回答这些问题。

网上商店的一些作业及其成本动因同传统的实体店铺很相似，见表6-17。

表6-17 网上商店与传统实体店铺相似的作业及成本动因

作　业	成本动因
顾客日常服务——帮助顾客选择产品；通过电话或者邮件回答产品问题；订购	处理的订单数
商品存货选择和管理——选择存货项目；与供应商谈判；创造和开发新产品	新产品数
购买和收获——与供应商签订单；接受和记录已收商品	订单数
顾客的寻求与保持——寻求顾客并集中交易来赢得顾客	目标顾客数
维持业务——例如，管理操作、雇员、信息系统和存货	产品数

其他一些作业是网上商店特殊和独有的，见表6-18。

表6-18 网上商店独有的作业及成本动因

作　业	成本动因
数据库维持与修护——网络平台维护	维护次数
商品配送——“当日达”“次日达”	配送距离
物流中心的建设——自建或者租赁物流中心	仓储面积

基于不同产品所需的作业，作业成本法被用来确定不同产品和产品组合的成本（已建立但当前并不需要的生产能力的成本不分配到产品）。例如，亚马逊公司可以使用作业成本信息来评价：①书籍、玩具、CD等各自的盈利性；②在不同类型的书籍上所获得的利润；③电视广告或者网络营销在获得新顾客方面的效果。亚马逊公司也能使用作业成本信息来消减不同作业的成本（例如，图像和说明），或评估是否应该减少一些作业（例如，店面优化）。

思考题

1.论述作业成本计算与传统成本计算的区别。

2.简述作业的分类。

3.简述作业成本计算的程序。

4.简述作业管理的方法。

5.简述客户盈利性分析。

二维码6-1 即学即测

练习题

1.某公司建立的作业成本库和作业成本动因见表6-19。

表6-19 作业成本数据准备

作业成本库	作业成本	作业成本动因
机器设备	360 000元	6 000小时
材料搬运	100 000元	50 000千克
直接电力费用	40 000元	80 000 千瓦时

公司生产P1和P2两种产品，有关信息见表6-20。

表6-20 P1和P2资料表

项　目	P1	P2
生产数量（件）	5 000	15 000
直接材料成本（元）	25 000	33 000
直接人工成本（元）	14 000	16 000
机器准备小时（小时）	120	150
材料搬运数量（千克）	5 000	10 000
电力（千瓦时）	2 000	3 000

要求：用作业成本法计算两种产品的单位成本。

2.南方高科技公司生产和销售两种打印机，假设该公司两种产品的财务成本数据见表6-21。

表6-21 财务成本数据

类　型	豪华型	普通型
产量（台）	5 000	15 000
售价（元）	4 000	2 000
单位直接材料和人工成本（元）	2 000	800
直接人工工时（小时）	25 000	75 000

公司管理会计师对作业进行了分析，见表6-22。

表6-22 间接成本及作业动因

作　业	间接成本（万元）	作业动因
调　整	300	调整次数
机器运行	1 625	机器小时
包　装	75	包装单数量
合　计	2 000	

两种产品的作业量见表6-23。

表6-23 两种产品作业量资料比较

作业动因	豪华型作业消耗	普通型作业消耗	合　计
调整次数（次）	200	100	300
机器小时（小时）	55 000	107 500	162 500
包装单数量（个）	5 000	10 000	15 000

要求：

（1）采用传统成本计算制度（产量基础），以直接人工工时为分配标准，确定两种产品单位盈利能力。

（2）采用作业基础成本计算制度，确定两种产品的单位盈利能力。

案例分析

A塑料公司建立了两条生产线，分别用于生产笔用塑料外壳和手机用塑料外壳。公司上季度的经营亏损了64 500元，管理层需要采取果断措施以提高收益。

作为主管经营的副总经理，你必须决定要侧重于哪一条生产线以改善收益。你同样希望能削减成本，特别是在价值链的生产职能方面。A塑料公司目前使用传统的成本会计系统，而你正在考虑开始使用作业成本核算系统来支持公司的战略决策制定和经营控制。公司的传统成本会计系统和最近一季度的两份财务报告如图6-3所示。

根据该报告，手机外壳的毛利率（38.75%）远高于钢笔外壳的毛利率（1.25%）。基于此，市场部经理制订了一个加强手机外壳业务的计划。

现在，管理层运用了图6-4中的作业成本系统。两阶段作业成本系统的第一阶段已经完成。图6-4的作业成本系统显示——加工流程作业成本为143 000元，生产支持作业成本为77 000元。

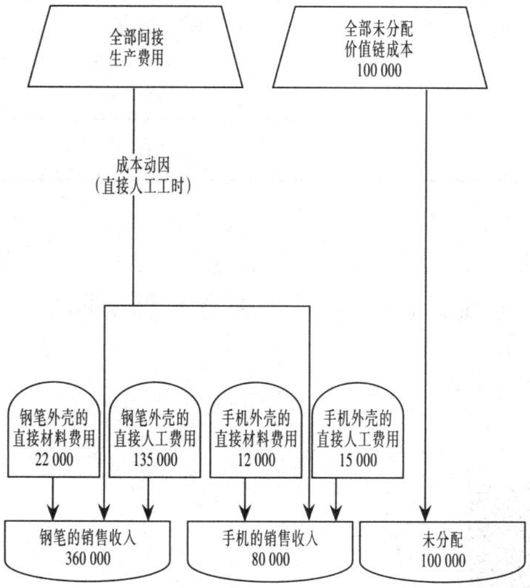

经营利润表 传统成本分配系统			
经营利润表 （外部报告目的）		对公司成本、利润的贡献 （内部战略决策使用）	
项目	金额	钢笔外壳	手机外壳
销售收入	440 000	360 000	80 000
销售成本：			
直接材料	34 500	22 500	12 000
直接人工	150 000	135 000	15 000
间接制造费用	220 000	198 000*	22 000**
销售成本合计	404 500	355 500	49 000
毛利	35 500	4 500	31 000
公司费用（未分配费用）	100 000		
经营损失	64 500		
毛利率	8.07%	1.25%	38.75%

图6-3 公司的传统成本会计系统和最近一季度的两份财务报告

*220 000×4 500÷5 000=198 000（元）

**220 000×500÷5 000=22 000（元）

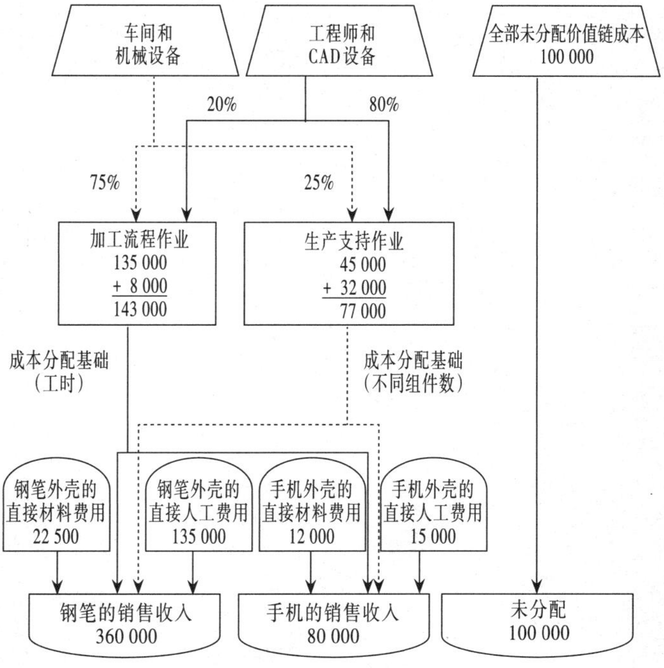

图6-4 作业成本系统

请完成第二阶段的成本分配并确定每条生产线的收益。加工流程作业的成本动因是直接人工工时数，生产支持成本的分配基础则是组件数。成本分配相关数据见表6-24。

表6-24 成本分配相关数据

项　目	钢笔外壳	手机外壳
直接人工工时数	4 500	500
组件数	5	20

要求：

（1）根据作业成本法计算所有产品的毛利和毛利率。

（2）请解释该结果与你根据传统成本会计系统计算的结果是否有显著不同。

（3）评价市场计划。

（4）为该公司设计一个产品组合策略。

二维码6-2　成本管理——DT物流公司对作业成本法的改造应用

第七章　短期经营决策

学习目标

通过本章的学习，了解短期经营决策的相关成本概念；掌握生产决策的基本方法；掌握定价决策的方法和策略；了解决策分析的程序和分类；了解定价和销售决策的范围和相关因素。

引例：美的集团短期经营决策的实践①

美的集团成立于1968年，是全球家电行业中的龙头企业，主营业务是各类家电，此外还涉及房产、物流等领域。迄今为止，美的在全球拥有200家子公司、35个研发中心和35个主要生产基地，业务覆盖200多个国家和地区。一直以来，美的紧跟时代发展机遇和国家战略引领，争当先锋，打造精品，为“加快建设质量强国”付出自己的努力。

在短期经营决策具体制定过程中，美的通过网络渠道和线下的智能家居体验馆，广泛收集关于消费者购买、售后以及体验感的数据，以消费者反馈的信息为数据基础开展新产品开发和生产决策。通过大数据平台了解客户反馈，从而洞察如何更好地提升、改进业务以及合理定价，最终目标是实现依托大数据的分析，按客户要求进行定制、按市场需求进行生产决策。

在生产决策上，根据美的集团披露的2020年年报，美的集团销售成本构成大致不变，但暖通空调成本占比增加较为明显，生产决策上以继续扩大商品产量为主。2020年，美的集团销售成本由2019年的1 979.14亿元降低至1 927.91亿元，略微呈下降趋势，但总体保持稳定。其中，暖通空调与消费电器的成本也基本持平，降低的原因主要包括机器人及工业自动化行业和其他两个方面，说明美的集团在生产决策上主要还是以暖通空调为主。此外，美的集团在疫情期间家电行业“推高卖贵”的情况下大力开拓高端产品市场，使得企业的产品结构不断升级。

在定价决策上，美的集团主要采取两种定价策略，一是产品差别定价法。美的集团主要是把顾客细分后定价，针对不同需求的客户推荐不同的商品，同时，通过各种营销策略使消费者偏好有所改变，使部分客户不再盲目追求低价产品，而是选择高端的一线

① 改编自“闫淑荣，谢玲．大数据时代制造企业短期决策研究——以美的集团为例［J］．中国市场，2022（22）：78-80.”

空调品牌。二是渗透定价法。美的充分考虑消费者心理，将产品做成了行业内低价高配的典范，不仅打造了美的产品物美价廉的形象，也满足了消费者对于产品价格和功能的需求。除此之外，在价格策略上，美的集团还采用了针对性定价决策，即在保证同等配置的情况下，以更为亲民的价格赢得了消费者的青睐。因此，相比同行业其他公司，美的集团能够借此优势在市场上占据较大份额。当企业生产规模达到一定程度时，成本就会有所下降，在保证产品良好的品质和完善的售后服务的前提下，美的逐渐降低产品售价，可以利用价格优势和消费者心理，迅速占领市场，从而谋取稳定利润。

由于各个公司内部情况不同，所面临的市场情况也有所差异，所以如何按照自身情况进行决策是公司避不开的话题。那么，公司的管理者该如何进行决策呢？在做决策的时候应该考虑什么问题？会经历哪些过程？

第一节 决策概述

公司管理者所做的一切工作归根结底是在面对现实与未来、面对环境与员工时不断地作出各种决策，使组织可以不断运行下去，直到获取满意的结果，实现令人满意的目标要求。在现实中，虽然管理者每天都要作出大量的决策，解决各种问题，但大多数决策都是微小的，而且人们的思维自然而然地会作出决策，以致有许多管理者天天都在做决策，却对什么是决策可能不甚了解。因此，本章主要对如何进行决策进行深入研究。

决策是指为了实现一定目标，在两个或两个以上的备选方案中选择一个方案的分析判断过程。企业经常需要进行决策，具体包括以下七个程序：

（一）根据企业经营情况提出问题

企业经营环境的复杂性，使得企业在其生产经营过程中必然会遇到这样或那样的问题。例如，在特定的市场中产品售价的选择、新产品开发的选择等。

在生产经营的诸多问题中，我们会发现其中有些问题可能会对企业的经济效益产生举足轻重的影响，这些问题就是影响经营成败，需要决策的关键问题。进行决策必须找出需要决策的关键问题，它是以后决策的基础。

（二）确定要解决问题的目标

决策目标是企业今后生产经营活动中要实现的目标，目标具有可计量性和现实性，它是决策的依据。

（三）提出达到目标的备选方案

在这个步骤中有两项工作要做。第一项工作是根据研究问题的性质收集资料和信息。每项决策涉及的内容比较广泛，管理会计进行分析时侧重于经济比较。因此，在一般情况下侧重收集关于成本、收入、利润、价格、产量等方面的资料。在收集资料之前需要对影响所研究问题的各因素进行排序，找出关键因素，有针对性地收集资料。

第二项工作就是对资料进行分析整理，拟订各种可行方案。必须在对企业的内部条件和外部环境分析的基础上，提出技术上先进、经济上合理并具有可行性的备选方案，为以后的决策制定打下良好的基础。

（四）分析、评价、对比各种方案

对各备选方案进行定性和定量的综合分析，计算出各个方案的预期收入和预期成本，作出初步的评价。

（五）考虑各种非计量因素，确定择优标准，选择最优方案

在决策过程中除了考虑可计量的因素之外，还必须考虑那些不可计量的因素。在管理会计中，我们常用的标准有效益最大、成本最低等。在综合考虑了各种因素及择优标准之后，我们便可选择出最优的方案。

（六）组织、实施决策方案

实施就是将决策传递给有关人员并得到他们行动的承诺。在实施的过程中要进行大量的组织、计划、协调和控制工作，只有实施环境良好才能保证方案顺利地实施。

（七）跟踪、检查方案的正确性，及时反馈信息

在实施方案的过程中，诸多因素的不确定性引起的变化可能导致实施结果和计划目标有一定的差异，需要进行信息反馈，找出差异的原因，采取调整措施，根据需要或修订决策目标，或制订补充决策方案。

上述决策程序可用图 7-1 概括。

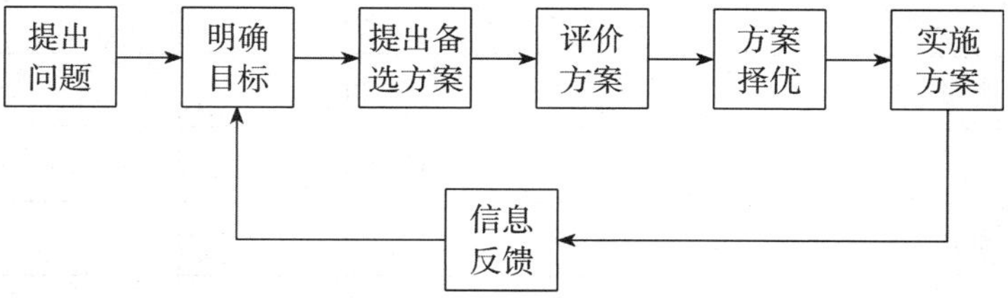

图7-1　决策程序

第二节　产品生产决策

生产决策是经营决策的一项重要内容，它要解决的问题通常有：应该生产哪些产品；每种产品应生产多少；在生产多种产品的情况下，如何实现产品品种的最优组合；零部件应该自制还是外购；如何充分利用现有的剩余生产能力等。值得注意的是，尽管定量分析在生产决策中起着非常重要的作用，但定性因素对企业的生产决策的影响往往是不可忽略的。企业在决策时，应注意把定量分析和定性分析结合起来。

市场上有一家专门生产农用耕地机的企业——稻谷公司，公司自身主要生产松土铲，其余组件均为外部购买，比如机架、调节装置等，最后组装成耕地机进行出售。为了降低成本，提高企业利润，公司有多种选择，现在面临如何抉择的问题。

一、生产品种选择

企业在生产经营中，经常需要根据市场的需要和企业现有的资源条件对生产什么产品作出决策分析。稻谷公司现在生产两种耕地机，一种小型耕地机和一种大型耕地机。稻谷公司利用现有设备，既可生产小型耕地机，也可生产大型耕地机，但由于企业资源的限制，需要在两种产品之间作出选择。稻谷公司要求既能充分利用现有的生产能力，又能获得尽可能多的经济效益。

【例7-1】假定现在市场对于两种耕地机均处于供不应求状态，稻谷公司可以根据现有产能尽情生产，现有组装部门的生产能力为40 000机器工作小时，两种耕地机相关数据见表7-1。

表7-1　　耕地机有关资料　　金额单位：元

项　目	小型耕地机	大型耕地机
单位组装小时（小时）	4	10
可生产量（台）	10 000	4 000
单位售价	300	400
单位变动性制造成本		
直接材料	100	200
直接人工	80	80
变动性制造费用	20	20
固定性制造费用	40 000	40 000
单位变动性销售和管理费用	30	20
固定性销售和管理费用	10 000	10 000
单位边际贡献	70	80

根据这些资料，可以通过两种产品的差别收入和差别成本的对比，考虑两种产品盈利性的大小，从而选择最优方案。在这里，我们需要了解两种成本概念，相关成本和不相关成本。

相关成本是指与某一特定决策有关的未来成本。如边际成本、差量成本、避免成本、可递延成本、机会成本等，都属于相关成本。稻谷公司此次决策中，变动性费用就属于相关成本。

与相关成本相对应，无关成本是指过去已经发生，或虽未发生但对未来决策没有任何影响的成本。如沉没成本、实支成本、固定成本等，均属于无关成本，又称为非相关成本。

了解了相关概念后，稻谷公司决定不考虑固定成本，仅对边际贡献进行计算，过程见表7-2。

表7-2　　两种耕地机盈利状况计算表　　单位：元

项　目	小型耕地机	大型耕地机	差　额
销售收入	3 000 000	1 600 000	1 400 000
减：变动性制造成本	2 000 000	1 200 000	800 000
变动性销售和管理费用	300 000	80 000	220 000
边际贡献	700 000	320 000	380 000

计算结果表明，稻谷公司现有生产设备用于生产小型耕地机要比用于生产大型耕地机较为有利，可以多获得边际贡献380 000元。从稻谷公司可以获得的经济效益来看，应以生产小型耕地机的方案作为最优的决策方案。

在企业中，多种产品之间进行选择的方法类似于生产两种产品，即通过分析各种产品的盈利能力，将各种产品按照其盈利能力的大小排序，选择能使企业生产能力得到充分利用的若干种盈利能力最大的产品。

二、产品结构组合与约束理论

上述产品选择主要发生在仅有一道工序有限制的情况下，但是事实情况是公司生产产品往往不止一道工序，比如稻谷公司除了组装之外，还进行生产。因此，在确定了生产哪些产品的时候，需要进行产品结构组合决策，主要是按照企业所有生产工序中的现有的资源和生产能力，确定各种产品最佳的生产数量，取得最优的经济效益。

【例7-2】沿用例7-1中的数据，现在需要考虑的是稻谷公司有两个车间，生产车间和组装车间，生产车间负责生产小型耕地机和大型耕地机的松土铲，然后送至组装车间进行组装。其中，生产车间和组装车间均有40 000机器小时可供使用，具体数据见表7-3。

表7-3　　两车间有关资料

项　目	小型耕地机	大型耕地机
单位产品贡献毛益（元）	70	80
单位产品所用工时（小时）：		
生产车间（松土铲40 000小时）	8	10
组装车间（耕地机40 000小时）	4	10
单位产品所用工时合计（小时）	12	20
车间可生产数量：		
生产车间（松土铲）（件）	5 000	4 000
组装车间（耕地机）（台）	10 000	4 000

从表7-3可以看出，虽然在例7-1中，应该将全部组装车间产能用来生产10 000件小型松土铲，以使得稻谷公司利润最大化。但是在组装车间外还有生产车间，生产对应耕地机的松土铲。从生产车间的产能和单位产品所需工时来看，仅能生产5 000件小型松土铲，这样即使全部用于小型松土铲的生产，最后组装的小型耕地机也仅有5 000台，组装车间仍有20 000机器小时的产能剩余。

这里需要介绍一下约束理论和瓶颈的概念。约束理论是指当面临某些瓶颈和非瓶颈操作时，最大化营业利润的方式。约束理论考虑几个月的时间跨度，只考虑变动成本，使用贡献毛利来最大化企业利润。

约束理论中，稻谷公司意识到，瓶颈操作决定了整个公司的边际贡献，而此次的瓶颈就是生产车间，因为5 000个小型松土铲的生产能力小于10 000个小型耕地机的组装能力。瓶颈生产操作的进度和数量决定了组装车间的进度和数量。

在实际中，公司消除瓶颈可采取以下几种方式：

（1）消除瓶颈操作的空闲时间。公司可以增加一天中瓶颈生产机器的工作时长，或者减少机器操作的调整时间和处理时间，以此增加工作时长。

（2）增加瓶颈机器的数量或将不必在瓶颈机器上生产的产品转移到非瓶颈机器。比如企业有多种机器，生产不同种产品，如果机器可以共用，就可以实现转移。

（3）将多余的产量进行外包生产或者直接外购。这需要考虑到公司整体的生产和需求情况。

当然，上述方法的实施前提是需要增加的成本低于增加的收益，否则这样的改变就是不合理的。在此例中，稻谷公司决定在生产车间增加一倍的机器数量以支持后续的组装，使得生产车间可用的产能提高为80 000小时，消除了瓶颈。

三、自制或外购

企业生产中需要的零部件，有的可以由本企业自制，有的可以直接从外部购买。到底应该自制还是从外部购买呢？这就要求管理人员根据企业的具体情况作出正确的决策。决策这类问题，一般就需要使用差量成本。

差量成本，或称差别成本，是指两个备选方案之间预期成本的差异数，也就是把自制的成本和外购的成本进行比较，选择成本较低的作为最优方案。值得注意的是，自制的成本在不需要增加专用固定设备的情况下只包括变动成本，即直接材料、直接人工和变动性制造费用，而不必考虑固定成本；外购的成本一般包括买价、运费、订货费等。

下面分几种典型情况，就如何进行零件自制或外购的决策分析进行说明。

（一）企业有剩余的生产能力，且没有其他用途

在这种情况下，稻谷公司的所有机器照常运作，自制松土铲不需要增加现有生产的固定成本，仅有变动成本随之变化。

【例7-3】沿用例7-1和例7-2，根据实际市场的需求，稻谷公司以往小型耕地机的产量为3 000台，大型耕地机的产量为2 000台。但2022年，小型耕地机市场需求突然增加了2 000台，大型耕地机不变。所以，稻谷公司需要再生产2 000件小型松土铲。当

前市场有一家名为天河的公司，向稻谷公司提出可以提供小型松土铲，外购的单位价格为16元。目前，稻谷公司的剩余生产能力能够支持小型松土铲的生产，并无其他用途。稻谷公司自制小型松土铲的单位制造成本如下：

直接材料	9元
直接人工	3元
制造费用	
变动性制造费用	2元
固定性制造费用	4元
合计	18元

根据上述资料分析：稻谷公司是应该自制还是外购该零件？

小型松土铲自制的单位成本为18元，比外购单位价格16元多2元，这是否意味着稻谷公司应该选择向天河公司购买该部件呢？这样决策是有问题的。因为稻谷公司所发生的成本，并非都与这项决策有关，根据之前所介绍的，公司只需要考虑相关成本，这个概念在前面已经有所提及。

小型松土铲自制单位成本中包括了8 000元的固定成本，在当前情况中，小型松土铲产量增加或减少后，稻谷公司整体的固定成本不会变化，这就是说自制小型松土铲不会增加稻谷公司的固定成本，而外购也不会减少稻谷公司的固定成本，固定成本在这里是无关成本，不应包括在零件的自制成本中。

为制造小型松土铲而发生的直接材料、直接人工和变动性制造费用是决策的相关成本。可将小型松土铲自制增量成本与外购的增量成本进行分析比较，增量成本是指某一项活动导致的成本的增加，属于相关成本，见表7-4。

表7-4 **自制和外购的差别成本比较** 单位：元

项　目	金　额
自制增量成本	
直接材料	18 000
直接人工	6 000
变动性制造费用	4 000
合　计	28 000
外购增量成本	
购　价	32 000
自制小型松土铲节约成本	4 000

表7-4的计算分析表明，小型松土铲自制的成本比外购的成本少4 000元，所以应自制。

（二）企业有剩余生产能力，没有其他用途，但固定成本增加

与上一种情况不同，假定稻谷公司将所有产品集中到部分机器生产，另一部分机器被闲置。虽然剩余生产能力不能用作其他用途，但若用于生产更多的小型松土铲，因为

增加了闲置厂房的使用，所以还需要增加专属固定成本，这时变化的增量固定成本成为了相关成本。当然，实际例子中还有其他固定成本变动的情况，比如增加了管理这部分产品生产的人员工资等。

【例7-4】仍沿用例7-3的资料，稻谷公司多生产小型松土铲2 000件，除了随着生产数量增加的变动成本以外，每年还需为此增加专属固定成本18 000元。在这种情况下，小型松土铲应该自制还是外购？

首先，我们要确定追加固定成本后的决策临界点产量，也叫零部件自制或外购无差别点产量。

$$\text{决策临界点产量}=\frac{\text{追加固定成本}}{\text{外购单价}-\text{追加前的自制成本}}=\frac{18\,000}{16-14}=9\,000\text{（件）}$$

以上计算说明，当小型松土铲增加的需求量在9 000件以上时，自制成本低于外购成本，稻谷公司应选择自制；若小型松土铲增加的需要量在9 000件以下，自制成本高于外购成本，稻谷公司应选择外购。根据例7-3的资料，该企业每年需要额外生产小型松土铲2 000个，低于决策临界点产量，所以采用外购方案较优。

（三）存在剩余的生产能力，且有其他用途

稻谷公司有剩余的生产能力，其不仅可以用于自制小型松土铲，也可以另作他用，比如，可用于生产大型松土铲、接受外部一次性特殊订单或将机器出租等。在这种情况下，需要考虑机会成本的存在。

现实中每一种资源都具有稀缺性，很多时候只能被用于一个项目中。在互斥的备选方案中，选取某个方案而放弃另外的方案，这些被放弃方案的最大收益就构成了选定方案的机会成本，这一成本特指被放弃方案可能带来的潜在收益。

【例7-5】沿用例7-3的资料，现假设稻谷公司剩余生产能力不仅可用于自制小型松土铲2 000个，也可以出租给其他公司，出租可获得的收入是8 000元，并且两者是互相排斥的。也就是说，稻谷公司剩余的生产能力用于生产小型松土铲，就不能出租给其他公司。出租可获得的收入8 000元就成为自制小型松土铲的机会成本。在进行决策分析时，稻谷公司必须考虑到这一点。

根据题中提供的资料，小型松土铲自制的增量成本和外购的增量成本计算见表7-5。

表7-5 **自制和外购的差别成本比较** 单位：元

项　目	金　额
自制增量成本	
直接材料	18 000
直接人工	6 000
变动性制造费用	4 000
机会成本	8 000
合　计	36 000
外购增量成本	32 000
自制增量成本超过外购增量成本	4 000

表7-5的计算分析表明，考虑了由于放弃出租带来的8 000元的机会成本，稻谷公司外购2 000件小型松土铲比自制节约4 000元。因此，应选择外购小型松土铲，剩余的生产能力用来出租。

上述稻谷公司对小型松土铲自制或外购的决策分析主要基于定量分析，即以成本因素为基础分析如何有效地应用公司现有的生产设施。此外，现实企业中零部件自制或外购决策还应考虑定性因素，例如，零部件的质量和交货及时性问题。

四、产品是否进一步加工

假定稻谷公司面临的市场中，既可以出售松土铲，又可以出售耕地机。也就是说，稻谷公司所生产的松土铲可以作为半成品出售，也可继续加工成耕地机再出售。继续加工成耕地机后再出售，售价较高，但要追加一定的成本。于是，稻谷公司面临松土铲立即出售还是继续加工的选择。

稻谷公司将要用到的分析方法是差量分析法，即计算分析进一步加工后销售预期获得的收入是否超过进一步加工时所追加的成本，若前者大于后者，则进一步加工的方案较优；若前者小于后者，则以出售松土铲为宜。

（一）半成品出售或者继续加工

【例7-6】沿用例7-1和例7-3中的产品成本数据，稻谷公司全部产能都用于生产小型松土铲，年产量为10 000件，可销售给其他企业作为原材料进一步加工，单位售价为60元。

稻谷公司有生产能力对小型松土铲继续加工成小型耕地机，假定当前直接销售小型松土铲并不会引起原有固定制造成本发生变动，但由于需要对小型松土铲进行销售，这是一笔新的支出，假定松土铲的单位变动性销售和管理费用为10元，而且相较于原有小型耕地机，固定性销售和管理费用将减少5 000元。稻谷公司生产并销售小型松土铲的成本如下：

直接材料（10 000×9）	90 000元
直接人工（10 000×3）	30 000元
变动性制造费用（10 000×2）	20 000元
固定性制造费用（10 000×4）	40 000元
变动性销售和管理费用（10 000×10）	100 000元
固定性销售和管理费用	5 000元
合计	245 000元

因此，只有固定制造成本为非相关成本，不予考虑。具体的计算可见表7-6。

表7-6 差别收入与差别成本比较 单位：元

项 目	金 额
差别收入（10 000×300-10 000×60）	2 400 000
差别成本	
变动生产成本（10 000×200-10 000×14）	1 860 000

续表

项　目	金　额
变动性销售和管理费用（10 000×30−10 000×10）	200 000
固定性销售和管理费用（5 000）	5 000
差别成本合计	2 065 000
差别收入超过差别成本	335 000

上述计算表明，若稻谷公司将小型松土铲立即出售，可得收入600 000元（10 000×60），若继续加工成小型耕地机后出售，可得收入3 000 000元（10 000×300）。将小型松土铲继续加工后再出售多得收入2 400 000元，扣除继续加工的追加成本2 065 000元，可以增加利润335 000元。因此，在现有条件下，稻谷公司应选择将小型松土铲继续加工，而不应立即出售。

（二）联产品或副产品是否要进一步加工

稻谷公司生产松土铲的原料是铁材料，生产完松土铲后，会有混合的副产品——钢的剩余，按照种类可以分为低碳钢和高碳钢。假定稻谷公司有能力可以将低碳钢继续加工成低碳钢板，将高碳钢加工成钻头进行销售，而是否进一步加工需要进行决策。这个时候需要区分两种成本。

1.共同成本。

共同成本是指应由几种或几批产品共同承担的固定成本，比如，此次稻谷公司生产的低碳和高碳钢的成本便不能分类，需要按单位售价或有关的技术系数比例等方法来进行分摊。

2.专属成本。

专属成本是指可直接归属某种或某批产品的固定成本。钢进一步生产的钢板和钻头，所需追加的成本就是专属成本，应由分离后继续加工的产品独自负担。

【例7-7】稻谷公司继续生产低碳钢板和高碳钻头的成本见表7-7，它们既可以在联产过程结束时直接销售，也可以加工后再出售。

表7-7　**副产品资料**　单位：元

项　目	金　额
低碳钢板（10 000件）	
立即出售的单价	15
继续加工后出售的单价	28
继续加工单位成本	10
高碳钻头（6 000件）	
立即出售的单价	30
继续加工后出售的单价	40
继续加工单位成本	6

根据上述资料，稻谷公司分析副产品钢应在分离后立即出售，还是继续加工后再销售。

低碳钢和高碳钢分离前的联合成本在加工前已经发生，属于沉没成本，与决策无关，是非相关成本。具体的计算过程见表7-8。

表7-8 **差量分析** 单位：元

项目	低碳钢板			高碳钻头		
	立即出售	加工后出售	差异	立即出售	加工后出售	差异
销售收入	150 000	280 000	130 000	180 000	240 000	60 000
追加加工成本		100 000	100 000		36 000	36 000
利润	150 000	180 000	30 000	180 000	204 000	24 000

通过分析表7-8可以看出，低碳钢板进一步加工后，预期收入增加130 000元，加工成本增加100 000元，利润增加30 000元，显然加工后出售较为有利。高碳钻头进一步加工后，预期收入增加60 000元，加工成本增加36 000元，利润增加24 000元，也是进一步加工再出售比较有利。

除了差量分析法外，稻谷公司也可以采用机会成本概念对上述情况进行分析。分析计算过程见表7-9。

表7-9 **机会成本分析** 单位：元

项目	继续加工	
	低碳钢板	高碳钻头
销售收入	280 000	240 000
成本		
分离后继续加工成本	100 000	36 000
机会成本	150 000	180 000
合计	250 000	216 000
利润	30 000	24 000

计算的结果和前面用差量分析法的分析结果是一样的。

第三节 产品定价决策

稻谷公司在进行完生产决策后，还需要进行产品定价决策。产品定价决策要考虑多种因素的影响，如企业目标、生产成本、促销和分销费用、需求价格弹性、竞争者定价等，而不仅仅是会计人员的工作。管理会计以产品成本为基础提供了多种产品定价方法。

对产品定价的基本原则是：从长期的角度看，销售价格必须足以补偿全部的生产、行政管理和营销成本，不管其是固定成本还是变动成本，并为投资者提供合理的利润，以维持企业的生存和发展。

一、根据产品成本定价的方法

最普遍采用的产品定价方法是以企业的成本为基础的“成本加成法”。所谓“成本加成法”就是先求出成本基数，再在这一基数上加上按预计的百分率计算的加成数作为目标售价的定价方法。成本加成法中的成本，可以是完全成本法、变动成本法以及标准成本法计算出来的单位产品成本，接下来介绍一下完全成本定价法和变动成本法，标准成本法的原理类似。

【例 7-8】稻谷公司在决定是否进一步加工时，对于小型松土铲的定价便是使用了完全成本定价法。采用完全成本定价法，成本基数是指单位产品的制造成本，加成内容包括非制造成本（如行销成本和管理成本）及合理利润。沿用例 7-6 中的数据，稻谷公司小型松土铲的有关成本资料如下：

首先，按照完全成本法计算单位产品的制造成本作为“成本基数”，有关计算如下：

直接材料	9元
直接人工	3元
变动性制造费用	2元
固定性制造费用	4元
单位产品制造成本	18元

稻谷公司经过研究确定在制造成本的基础上，“加成”235%作为小型松土铲的目标销售价格。因为这个加成比例需要覆盖非制造费用中的销售和管理费用，以此确定最终价格，计算如下：

单位产品制造成本	18元
成本加成（制造成本的235%）	42元
目标售价	60元

从上面的计算可以看出，稻谷公司小型松土铲的完全成本加成不仅包括利润，而且还包括了非制造成本，即变动销售及管理费用和固定销售及管理费用。

【例 7-9】以例 7-8 的资料为基础，假定稻谷公司以在变动成本的基础上“加成”330%作为小型松土铲的销售价格。

首先，按照变动成本法计算单位产品的变动成本作为成本基数，计算过程如下：

直接材料	9元
直接人工	3元
变动性制造费用	2元
单位产品变动成本	14元

其次，以变动成本为基础加上相当于变动成本330%的成本加成，确定甲产品的目标销售价格。计算过程如下：

单位产品变动成本	14元
成本加成（变动成本的330%）	46元
目标销售价格	60元

从上述计算过程可以看出，变动成本加成的比例不仅包括预期利润，而且还包括全部固定成本。

二、市场定价策略

除了公司本身的成本因素外，企业定价还需要考虑到市场的影响。比如，新产品的定价，取决于企业希望达到的目标、新产品本身的特点等。常用的有撇脂定价法（skimming pricing）和渗透定价法（penetration pricing）两种市场定价策略。

（一）撇脂定价法

撇脂定价法是指在新产品试销期先定出较高的价格，以后等到市场扩大，产品处于成长或成熟阶段，再把产品价格逐渐降低。这种策略能保证试销阶段获得短期的巨额利润，并可保障新产品在产销方面无法预知的成本得到补偿。

但是，由于试销阶段所带来的巨额利润会迅速招来竞争，高价难以维持。因此，这是一种短期性的定价策略，比较适用于初期没有竞争对手且容易开辟市场的新产品。

（二）渗透定价法

渗透定价法首先以低价位进入市场，常常是希望能够在价格上优于竞争对手。虽然牺牲了一部分利润，其潜在的收获是较大的市场份额。当存在生产的规模经济性或者竞争者的进入企图时，这种方法是可行的。

三、其他定价策略

（一）根据产品的需求弹性定价

需求弹性是指在一定期间内，一种产品的需求量的相对变动对于该产品的价格的相对变动的反应程度。对于弹性较大的产品，价格较小的变动就会引起销售量较大的变动，因此，可以制定较低的价格，实行薄利多销的定价策略。

（二）根据顾客需求心理定价

不同顾客的需求心理往往是不同的，应针对产品的目标顾客的心理特点来定价。例如，高档商品的价格被视为购买者身份和地位的象征，对这类产品定价过低，可能会导致其销售量的降低。

（三）根据竞争对手的情况定价

如果竞争对手的实力较弱，可先采用低价策略，抢占其市场份额，然后再提高价格；如果竞争对手的实力较强，企业不占优势，则宜采取跟随策略，即竞争对手提价，企业也提价，竞争对手降价，企业也降价。

产品定价过程是一个很复杂的过程，不能仅仅考虑某个因素。企业在定价时，必须综合考虑顾客、竞争对手和成本等诸因素。至于企业强调哪一个因素，则由企业目标、产品的特点、市场状况、企业的财务实力等多个内外因素决定。

第四节 产品销售决策

从稻谷公司的例子中，我们已知企业面临生产产品的数量、种类、步骤和产品定价等问题时应该如何选择。现在进一步去研究如何对稻谷公司的小型耕地机进行销售。之前提及的都是理想情况，实际上，产品销售的价格、数量、有关成本均会随着市场情况的变化而变化。企业需要对是否放弃某个顾客或者经营分部、销售门店等作出决策，现在用稻谷公司作为例子来说明相关收入和相关成本的决策分析。

【例 7-10】稻谷公司在现有小型耕地机的市场上有三位大客户，分别是太阳公司，月亮公司和星星公司。有关稻谷公司销售小型耕地机的数据见表 7-10。有以下几个已知条件：

（1）已知销售和人力管理随着销售数量变动。

（2）租金是稻谷公司储存厂房的固定费用，按客户购买数量进行分摊。

（3）包装和运输费既随着产品和订单数变化，也与购买公司位置和与稻谷公司的距离有关，是不同客户的专属成本。

表7-10 不同客户销售数据 单位：元

项　目	客户		
	太阳公司	月亮公司	星星公司
销售收入	900 000	1 200 000	600 000
变动生产成本	600 000	800 000	400 000
固定生产成本	15 000	20 000	5 000
销售	48 000	64 000	32 000
人力管理	90 000	120 000	60 000
租金	60 000	80 000	40 000
包装和运输	40 000	65 000	70 000
总成本	853 000	1 149 000	607 000
营业利润	47 000	51 000	-7 000

稻谷公司现在面临着两个问题，一是发现与星星公司的业务似乎导致公司处于亏损状态，二是有另一家公司——大地公司，希望从稻谷公司这里长期购买产品。稻谷公司需要作出决策，是否放弃星星公司这个客户，以及是否接受大地公司这个客户。我们之前提到，在进行决策时，只需要考虑相关收入和相关成本。

在稻谷公司这个决策中，相关收入就是销售量和销售价格的乘积。而在成本上，由于固定生产成本、租金均为公司固定成本，是否销售并不改变这些数据，所以不进行考虑。相关成本只考虑变动生产成本、销售、人力管理、包装和运输即可。

表7-11　相关收入和相关成本分析　单位：元

项　目	客户	
	星星公司	大地公司
相关收入	600 000	600 000
变动生产成本	400 000	400 000
固定生产成本	0	0
销售	32 000	32 000
人力管理	60 000	60 000
租金	0	0
包装和运输	70 000	15 000
相关成本	562 000	507 000
增量利润	38 000	93 000

从表7-11中的数据可以看出，虽然星星公司这个用户在营业利润上是负数，但消除掉不相关成本的因素后，稻谷公司可以从向星星公司销售获得38 000元的利润。当然，也不能仅靠这样的数据就决定不放弃星星公司这一客户。现在有大地公司这个客户可供选择，而且大地公司可获得的增量利润为93 000元，超出了星星公司这一客户的所得。所以，稻谷公司在进行销售决策时，要考虑到企业生产产量的限制，如果不能同时满足大地公司和星星公司这两个客户的需求，就要优先考虑接纳大地公司这一客户。

思考题

1. 简述组织决策程序。
2. 什么是机会成本？
3. 简述相关成本与无关成本的区别。
4. 什么是撇脂定价法？
5. 产品生产决策包括哪些内容？

二维码7-1　即学即测

练习题

1.某企业生产一种产品，售价为2元，每月销售10件，单位变动成本为0.5元，固定成本总额为100元。如果销售单价逐步下降，预计其销售量将发生变化，见表7-12。

表7-12 单价及销售量变化

销售单价（元）	销售量（件）
2.0	100
1.9	110
1.8	120
1.7	130
1.6	140
1.5	150
1.4	160

要求：计算该产品的销售价格应定为多少元，才能使企业得到最高的利润。

2.某企业现有生产能力80 000机器工作小时，既可以生产A产品，也可以生产B产品，但只能生产其一，假设生产A产品每件需要20机器工作小时，生产B产品每件需要25机器工作小时。A、B产品的有关资料见表7-13。

表7-13 A、B产品的有关资料

项　目	A产品	B产品
单位售价（元）	40	45
可销售量（件）	4 000	3 200
单位变动制造成本（元）	18	27
单位变动非制造成本（元）	2	3
固定性制造费用总额（元）	50 000	
固定非制造成本（元）	10 000	

要求：根据上述资料，计算确定企业在现有的生产能力下，应生产何种产品。

3.某企业生产甲、乙两种产品，每种产品都要经过A车间和B车间的加工才能完成。A车间现有的生产能力为1 000小时，生产1单位甲产品需用4小时，生产1单位乙产品需用2小时；B车间现有的生产能力为960小时，生产1单位甲产品需用3小时，生产1单位乙产品需用4小时。甲产品每单位贡献毛益为5元，乙产品每单位贡献毛益为2元。

要求：确定如何合理安排甲、乙产品的生产数量，才能使企业的产品品种结构组合达到最优，即使该产品组合产生最大的综合贡献毛益。

4.某企业全年需要甲零件5 000件，该零件的外购单价为8元，自制单位变动成本为6元，生产设备如不自制甲零件可对外出租，每年获得租金收入14 000元。甲零件应该自制还是外购？

5.某企业生产的A半成品售价20元，单位成本15元，产量6 000件，A半成品也可以加工成B产品，B产品的单位售价为25元，但需追加固定成本2 000元，每件需追加变动成本4元。

要求：对A半成品是否进一步加工作出决策。

6.某炼油厂在炼油的过程中同时生产出A、B两种产品，这两种产品既可以在分离后立即出售，也可以进行深加工后再行出售。有关资料见表7-14。

表7-14 联产品成本资料

项 目		A产品	B产品
产量（千克）		6 000	10 000
分离后直接出售	单价（元）	10	7
继续加工	单价（元）	15	12
	追加单位变动成本（元）	2.5	4.5
	追加固定成本（元）	3 000	8 000

要求：计算确定A、B产品在分离后是否需要继续加工。

案例分析

表7-15中列示了B公司在刚刚过去的会计年度中的相关数据。B公司生产工业动力钻具。表中将塑料机架的生产成本与电动和机械部件的成本分别进行了列示。请分别回答以下问题。

表7-15 B公司生产工业动力钻具的生产成本 单位：元

项目	A	B	A+B
	电动和机械部件*	塑料机架	工业动力钻具
销售收入：100 000件，每件100元			10 000 000
变动成本			
直接材料	4 400 000	500 000	4 900 000
直接人工	400 000	300 000	700 000
间接制造费用	100 000	200 000	300 000
其他变动成本	100 000	—	100 000
销售佣金（销售收入的10%）	1 000 000	—	1 000 000
变动成本总额	6 000 000	1 000 000	7 000 000
边际贡献			3 000 000
固定成本总额	2 220 000	480 000	2 700 000
营业利润			300 000

*不包括塑料机架的成本（B列）

（1）在过去的一年中，一家来自不相关市场的潜在客户提出以82 000元的价格订购1 000件钻具的要约，要约中的1 000件钻具不包含在10万件的年销量中。B公司如果接受要约，就需要为这份特殊订单支付常规的销售佣金。公司的董事长拒绝了这一特殊订单，因为“特殊订单的订购价格低于97元每件的单位生产成本”。如果B公司接受了这份订单，那么营业利润会是多少？

（2）一家供应商提出，愿意以12元每件的价格为B公司提供每年所需的10万件塑料机架。如果公司选择外购而非自行生产塑料机架，对营业利润会产生怎样的影响？假设B公司决定购买塑料机架，就可以节约自行制造机架时产生的固定成本。

（3）假设B公司可以每件13元的价格外购塑料机架，而因此闲置的生产能力可以用于生产豪华版工业钻具。如果企业可以每件90元的单位生产成本（不包括塑料机架的成本与销售佣金）生产20 000件豪华版工业钻具，并以130元每件的单位成本对外出售，豪华版钻具的销售将不会影响普通钻具的正常销售。公司同样可以13元每件的价格购买生产豪华钻具所需的塑料机架。自行生产塑料机架时的固定成本都将继续存在，这是因为这些成本主要是产生于生产机器的运行。如果B公司决定购买塑料机架并生产和销售豪华版钻具，企业的营业利润又会是多少？

第八章　长期投资决策

学习目标

通过本章的学习，了解长期投资的概念；掌握长期投资的评价指标；掌握各种评价方法的优缺点及计算过程；了解风险因素、折旧政策和通货膨胀对于长期投资决策的影响。

引例：瑞幸咖啡门店的投资决策①

瑞幸咖啡是国内较大的咖啡品牌，在创立之初就曾因其强大的营销策略，“叫板”星巴克，在美国上市，刷新了全球最快IPO纪录，后来却因财务造假而退市。在财务造假案后一年多的时间里，新任管理团队试图以“求真务实”的态度，和“不破不立”的决心，对之前战略和模式进行根本性的调整创新，并取得了显著效果。截至2021年6月底，瑞幸咖啡已有5 200余家门店，营收超过31.825亿元（4.929亿美元），较2020年同期上升106%。

瑞幸重新赢得用户的喜爱，离不开其对优质产品的创新：瑞幸咖啡2020年推出了新品“生椰拿铁”系列和“瑞纳冰”系列，这两个系列一上市就受到了年轻人的广泛喜爱，一时间成为当下的“爆款”产品。现在我们以“瑞纳冰”为例，考虑以下情况：

“瑞纳冰”是由果泥、咖啡、拿铁等饮品和冰沙混合后制成的果味/咖啡冰沙，其中，冰沙由店内制冰机直接刨制而成，但制成后仍需店员将冰沙和果泥等手动摇至均匀才能保证口感。这项作业虽然显著提高了消费者满意度和客户复购率，却会消耗店员大量的体力和时间，因而也对门店的日产销量造成了一定的影响。

现假设市场上有一种高科技制冰机，其价格比较昂贵，但是如果用这种新型制冰机替换原有制冰机，门店可以在短短几秒内将果汁、咖啡等饮料“速冻”直接制成口感细腻、甜度均匀的美味冰沙，且无需店员手动摇晃，可以大大减少制作一杯“瑞纳冰”的单位时间，能够显著提高门店产量。

显而易见的是，一台制冰机价格高，可供门店使用多年，属于门店的固定资产，所以我们在做决策的时候不仅仅要考虑今年的成本和效益，更要考虑机器在未来使用年限

---

① 改编自“穆瑀宸．从退市到上涨10倍 瑞幸咖啡翻身仗背后的扩张秘密［J］．中国食品工业，2021（18）：100-102.”

内的收益，需要我们更加审慎地作出决策。那么，我们该如何评价未来年份的收益呢？需要依靠什么指标作出判断呢？在计算指标的基础上，又如何减少未来不确定性对我们决策的影响？这是我们本章需要解决的内容。

第一节　长期投资决策概述

一、长期投资的特点

长期投资是指1年以上才能收回的投资，通常来说，长期投资涉及企业的发展方向和规模等重大问题，会带来企业生产能力或服务能力的变化。例如，大型厂房或设备的扩建、改建、更新，自然资源的开发利用，现有产品的改造和新产品的试制等。

虽然不同的教科书对长期投资的特点作出了不同的归纳，但长期投资最基本的特点有以下3个：

1.投资金额大

长期投资所涉及的金额相对于短期投资来讲是比较大的。比如，目前我国已建成的最大水电站——三峡水电站，总装机容量2 250万千瓦，工程动态总投资约2 200亿元。

2.时间长

时间长有两层含义：一是指建设时间长，比如三峡工程的建设工期为17年；二是指回收时间长，项目一旦建成，需要几年、十几年甚至更长的时间才能收回投资。

3.风险大

长期投资方案一旦执行，事后很难改变，因而，为项目带来了较大的不确定性。

二、进行长期投资决策时要考虑的因素

从长期投资的特点上，我们可以看出，与短期投资相比，进行长期投资决策，考虑的因素比较多。这些因素有：

1.货币时间价值

今天的1元与明天的1元是不等值的，对于投资高达数万、数十万乃至更多的长期投资项目，不考虑时间价值因素显然是不科学的。因此，在长期投资决策中要使用贴现现金流量指标法来评价长期投资项目的可行性。

在本章第二节对贴现现金流量法有更加详细的讲解，在附录中也给出了时间价值的计算公式。如要进一步了解时间价值，读者可参阅《财务管理》教材。

2.风险价值

长期投资风险较大，在对其进行评价时，必须考虑风险价值因素。在本章第四节，我们也专门讲解了如何在有风险的条件下进行投资决策，并通过一些专门方法来规避长期投资风险。

3.资金成本

企业所使用的资金，不论是自有的，还是借入的，都是要付出代价的，即资金成本。长期投资决策时，必须考虑资金成本，如果一个项目的投资收益无法弥补资金成本，项目就是亏损的，应当被管理者放弃。

4.现金流量

因为要考虑时间价值，所以我们也必须知道项目在每个时点上发生的现金流量的多少。在本节第三部分，我们将重点介绍现金流量。

拓展课堂　　树立正确消费观念——警惕不良“校园贷”[①]

2023年3月30日，中国消费者协会（以下简称“中消协”）与共青团中央发布消费警示，提醒广大青年学生消费者们，理性考虑超前消费，审慎选择贷款机构，避免陷入不良“校园贷”陷阱。

随着互联网和普惠金融的迅速发展，大学生的消费、信贷需求日益高涨，大量非银行机构逐渐渗透到大学生群体，吸引了众多有超前消费需求的大学生办理“校园贷”，带来了严重的隐患。“校园贷”陷阱究竟是怎么形成的呢？下面从“校园贷”的资金属性及构成说起。“校园贷”大多属于等额还本付息的贷款，而且是按复利计算的，即俗称的“利滚利”，到期偿还额为复利终值。其计算公式可表示为：$F=P_0$（1+i）n。其中：P_0为本金，i为利率，n为期数。从公式中可以看出，复利终值F是一个几何增长函数，主要受三个因素的影响：本金、利率和期数。其数值随着利率的提高和期数的增加而迅速变大。在非法校园贷中，放贷方会人为地抬高利率i，缩短计息周期，使n变大，进而推高偿还金额，而当n足够大时，一笔很小的资金会变成一个天文数字。“校园贷”陷阱会造成学生及其整个家庭经济和精神的损失，若学生无力还款，还可能会引发暴力催收，严重危害校园秩序和学生安全。

对此，中消协提醒大学生以下几点：一要树立正确的消费观念，合理安排生活支出，做到理性消费。二要学习金融理财知识，了解常见的金融产品服务类型及相关法规政策，善于评估自身还款能力并珍视信用记录。三要增强风险防范意识，妥善保护好自己的个人信息，对高利贷、诈骗等违法行为有基本的认定。四要找正规银行机构贷款，确需申请贷款的，一定先和父母沟通，并检查该机构的资质证明，在贷款前确保合同条款的合法、合理性。

三、现金流量

投资决策指标是评价投资方案是否可行或孰优孰劣的标准，企业无论是把资金投在企业内部形成各种资产，还是投向企业外部形成联营投资，都需要用特定指标对投资的可行性进行分析。

投资决策指标很多，可以按照是否考虑时间价值，分为贴现现金流量指标和非贴现

① 改编自“中国青年网．中消协、团中央发布消费警示：远离不良‘校园贷’[EB/OL]．[2023-03-30]．https：//baijiahao.baidu.com/s？id=1761799812406444046&wfr=spider&for=pc.”

现金流量指标。这里我们首先介绍一下现金流量。

企业投资决策中的现金流量是指与投资决策有关的现金流入、流出的数量。而这些指标的计算又都是以投资项目的现金流量为基础的。因此，可以认为，在评价投资决策方案的可行性时，现金流量是必须事先计算的一个基础性数据。

（一）现金流量的构成

投资决策中的现金流量，一般由以下3个部分构成：

1.初始现金流量

初始现金流量是指投资开始时发生的现金流量，一般包括如下几部分：

（1）固定资产投资，包括固定资产的购入或建造成本、运输成本和安装成本等。

（2）流动资产投资，包括对材料、在产品、产成品和现金等流动资产的投资。

（3）其他投资费用，是指与长期投资有关的职工培训费、谈判费、注册费用等。

（4）原有固定资产的变价收入。这主要是指固定资产更新时原有固定资产的变卖所得的现金收入。

2.营业现金流量

营业现金流量是指投资项目投入使用后，在整个寿命周期内由于生产经营所引起的现金流入和流出的数量。这种现金流量一般以年为单位进行计算。这里的现金流入一般是指营业现金收入，现金流出是指营业现金支出和缴纳的税金。如果一个投资项目的每年销售收入等于营业现金收入，付现成本（指不包括折旧的成本）等于营业现金支出，那么，年营业现金净流量可用下列公式计算：

每年营业现金净流量=年现金流入-年现金流出

=每年营业收入-付现成本-所得税

=净利润+折旧

3.终结现金流量

终结现金流量是指投资项目完结时所发生的现金流量，主要包括：

（1）固定资产的残值收入或变价收入。

（2）原有垫支在各种流动资产上的资金的收回。

（3）停止使用的土地的变价收入等。

（二）现金流量的计算

为了正确地评价投资项目的优劣，必须正确地计算现金流量。

【例8-1】现在，我们以瑞幸咖啡门店是否要购买机器为例。考虑一个简单的情况，假设门店的旧制冰机已经损坏报废，不能继续使用，需要购买新的制冰机替换。现有甲、乙两个方案可供选择，甲方案是采购与原有制冰机相同功能的普通制冰机，方案需投资100 000元，机器的使用寿命为5年，采用直线法计提折旧，5年后设备无残值。5年中，“瑞纳冰”系列每年的销售收入约为60 000元，每年的付现成本为20 000元。乙方案是采购新型的“速冻”制冰机，乙方案除了需要门店购买120 000元的机器，还需要在第1年垫支营运资金30 000元购买保险，机器采用直线折旧法计提折旧，使用寿命也为5年，5年后有残值收入20 000元。5年中，每年“瑞纳冰”系列的销售收入为

80 000元，付现成本第1年为30 000元，以后随着设备陈旧，还将增加修理费4 000元。假设所得税税率为25%，试计算两个方案的现金流量。

为计算现金流量，先计算两个方案每年的折旧额：

$$甲方案年折旧额=\frac{100\ 000}{5}=20\ 000（元）$$

$$乙方案年折旧额=\frac{120\ 000-20\ 000}{5}=20\ 000（元）$$

下面先计算两个方案的营业现金流量，然后再结合初始现金流量和终结现金流量编制两个方案的全部现金流量表，见表8-1、表8-2。

表8-1　**投资项目的营业现金流量计算表**　单位：元

年份（t）	1	2	3	4	5
甲方案：					
销售收入（1）	60 000	60 000	60 000	60 000	60 000
付现成本（2）	20 000	20 000	20 000	20 000	20 000
折旧（3）	20 000	20 000	20 000	20 000	20 000
税前利润（4）=（1）-（2）-（3）	20 000	20 000	20 000	20 000	20 000
所得税（5）=（4）×25%	5 000	5 000	5 000	5 000	5 000
税后净利（6）=（4）-（5）	15 000	15 000	15 000	15 000	15 000
营业现金流量（7）=（1）-（2）-（5）=（3）+（6）	35 000	35 000	35 000	35 000	35 000
乙方案：					
销售收入（1）	80 000	80 000	80 000	80 000	80 000
付现成本（2）	30 000	34 000	38 000	42 000	46 000
折旧（3）	20 000	20 000	20 000	20 000	20 000
税前利润（4）=（1）-（2）-（3）	30 000	26 000	22 000	18 000	14 000
所得税（5）=（4）×25%	7 500	6 500	5 500	4 500	3 500
税后净利（6）=（4）-（5）	22 500	19 500	16 500	13 500	10 500
营业现金流量（7）=（1）-（2）-（5）=（3）+（6）	42 500	39 500	36 500	33 500	30 500

表8-2　　投资项目现金流量计算表　　单位：元

年份（t）	0	1	2	3	4	5
甲方案：						
固定资产投资	-100 000					
营业现金流量		35 000	35 000	35 000	35 000	35 000
现金流量合计	-100 000	35 000	35 000	35 000	35 000	35 000
乙方案：						
固定资产投资	-120 000					
营运资金垫支	-30 000					
营业现金流量		42 500	39 500	36 500	33 500	30 500
固定资产残值						20 000
营运资金回收						30 000
现金流量合计	-150 000	42 500	39 500	36 500	33 500	80 500

在表8-1和表8-2中，0代表第1年年初，1代表第1年年末，2代表第2年年末……在现金流量的计算中，为了简化计算，一般都假定各年投资在年初一次性进行，各年营业现金流量是各年年末一次性发生的，终结现金流量是最后一年年末发生的。

（三）投资决策中使用现金流量的原因

一般来说，传统的财务会计按权责发生制计算企业的收入和成本，并以收入减去成本后的利润作为收益，用来评价企业的经济效益，但在长期投资决策中则不能如此，应以现金流入作为项目的收入，以现金流出作为项目的支出，以净现金流量作为项目的净收益，评价投资项目的经济效益，主要有以下两方面原因：

1.采用现金流量有利于科学地考虑时间价值因素

不同时间的资金具有不同的价值，科学的投资决策必须认真考虑资金的时间价值，这就要求在决策时一定要弄清每笔预期收入款项和支出款项的具体时间。因此，在衡量方案优劣时，应根据各投资项目寿命周期内各年的现金流量，按照资本成本，结合资金的时间价值来确定。而利润的计算以权责发生制为基础，并不考虑资金收付的时间，不能满足长期投资决策的要求。

利润与现金流量的差异主要表现在以下几个方面：

（1）购置固定资产付出大量现金时不计入成本；

（2）将固定资产的价值以折旧或折耗的形式逐期计入成本时，却又不需要付出现金；

（3）计算利润时不考虑垫支的流动资产的数量和回收的时间；

（4）只要销售行为已经确定，就计算为当期的销售收入，尽管其中有一部分并未于当期收到现金；

（5）项目寿命终了时，以现金的形式回收的固定资产残值和垫支的流动资产在计算利润时也得不到反映。

可见，考虑到时间价值因素，在投资决策中，不能单用利润来衡量项目的优劣，更合理的方式是计算项目的现金流入和现金流出。

2.采用现金流量才能使投资决策更符合客观实际情况

在长期投资决策中，应用现金流量能更科学、更客观地评价投资方案的优劣，而利润则明显地存在不科学、不客观的成分。这是因为：

（1）利润的计算没有一个统一的标准，在一定程度上要受存货估价、费用摊配和折旧计提等不同方法的影响。因而，净利的计算比现金流量的计算具有更大的主观随意性，作为决策的主要依据不太可靠。

（2）利润反映的是某一会计期间“应计”的现金流量，而不是实际收到的现金流量。若以未实际收到现金的收入作为收益，容易受到更多不确定性因素的影响，具有较大的风险。

第二节　长期投资决策评价指标

在第一节我们计算了投资项目的现金流量，但还无法对长期投资项目作出评价。若要评价长期投资项目是否可行，必须借助投资决策评价指标。投资决策评价指标按是否考虑时间价值因素，可以分为非贴现类现金流量指标和贴现类现金流量指标，贴现类现金流量指标是考虑时间价值的指标，因而也是作出决策的主要评价指标，非贴现类现金流量指标未考虑时间价值，只能作为长期投资决策的辅助评价指标。

投资项目的营业现金流量分为年金等额和不等额两种情况，所以在计算投资决策评价指标时，一般都分两种情况：一是年金的情况，如本节例题中的甲方案；二是不等额的情况，如本节例题中的乙方案。

一、非贴现现金流量指标

非贴现现金流量指标是指不考虑时间价值的各种指标。这类指标主要有以下几种。

（一）投资回收期

投资回收期（payback period，PP）是指回收初始投资所需要的时间，一般以年为单位，是一种运用很久、很广的投资决策指标。

投资回收期的计算，因每年的净现金流量（net cash flow，NCF）是否相等而有所不同。

如果每年的净现金流量相等，则投资回收期可按下式计算：

$$\text{投资回收期}=\frac{\text{原始投资额}}{\text{每年的净现金流量}}$$

如果每年的净现金流量不相等，那么，计算回收期要根据每年年末尚未回收的投资额加以确定。

【例 8-2】试根据表 8-2 中的资料分别计算甲、乙两个方案的回收期。

甲方案每年的 NCF 相等，故：

$$甲方案投资回收期=\frac{100\,000}{35\,000}\approx 2.86（年）$$

乙方案每年的 NCF 不等，所以应先计算其各年尚未回收的投资额（见表 8-3）。

$$乙方案的回收期=3+\frac{31\,500}{33\,500}=3.94（年）$$

表 8-3　　投资回收分析　　单位：元

年份（t）	每年净现金流量	年末尚未回收的投资额
0	-150 000	
1	42 500	107 500
2	39 500	68 000
3	36 500	31 500
4	33 500	
5	80 500	—

投资回收期法很容易理解，计算也比较简便，但这一指标没有考虑货币的时间价值，没有考虑回收期满后的现金流量情况。现举例说明如下。

【例 8-3】假设表 8-3 中乙方案第 1 年和第 2 年的现金流量顺序颠倒一下，其他情况不变，那么乙方案的预计现金流量变为表 8-4 中的丙方案，我们用回收期来比较乙、丙两方案的优劣。

表 8-4　　乙、丙方案现金流量比较　　单位：元

年份（t）	0	1	2	3	4	5
乙方案现金流量	-150 000	42 500	39 500	36 500	33 500	80 500
丙方案现金流量	-150 000	39 500	42 500	36 500	33 500	80 500

可以看出，丙方案的回收期也是4.16年。也就是说，如果用回收期进行评价，似乎两者的结果相同。但实际上，大部分人会认为乙方案优于丙方案。为什么呢？因为考虑时间价值因素，现金流量越先发生越好，即先收入42 500元的模式优于先收到39 500元的模式。可见，投资回收期没有考虑时间价值因素，无法评价出乙、丙两方案的差异，这是其作为非贴现现金流量指标最大的缺陷。

我们再来说明投资回收期的另一个缺陷，即没有考虑回收期以外的现金流量。假设表 8-3 中乙方案在第 6 年还有现金流量 90 000 元。在此情况下，我们再来计算乙方案的回收期，仍然是 4.16 年。为什么回收期法无法体现这种变化呢？因为回收期法只考虑了回收期以内的现金流量，没有考虑回收期以外的现金流量，或者说，没有完整地考虑项

目的现金流量。

(二) 平均报酬率

平均报酬率(average rate of return, ARR)是投资项目寿命周期内平均的年投资报酬率，也称平均投资报酬率。其计算公式为:

$$平均报酬率=\frac{平均现金流量}{原始投资额}\times100\%$$

【例8-4】现仍以例8-1中的资料为例(详见表8-1和表8-2)来说明平均报酬率的计算。

$$ARR_{甲}=\frac{35\ 000}{100\ 000}\times100\%=35\%$$

$$ARR_{乙}=\frac{(42\ 500+39\ 500+36\ 500+33\ 500+80\ 500)\div5}{150\ 000}\times100\%=31\%$$

在采用平均报酬率这一指标时，应事先确定一个企业要求达到的平均报酬率，即必要的平均报酬率。在进行决策时，只有高于必要的平均报酬率的方案才能入选。而在有多个方案的互斥选择中，则选用平均报酬率最高的方案。

平均报酬率的优点是简明、易算、易懂。其主要缺点是没有考虑资金的时间价值，第一年的现金流量与最后一年的现金流量被看作具有相同的价值，所以，有时会作出错误的决策。这个缺点可以从表8-4中看出，因为不考虑时间价值，乙、丙两方案的平均报酬率都是31%。

不考虑时间价值是非贴现现金流量指标共同的缺陷，而在第一节，我们讲过长期投资决策要考虑时间价值因素。所以，非贴现现金流量指标不能作为长期投资决策评价的主要指标，只能作为辅助指标。评价长期投资决策的主要指标是下面要讲的贴现现金流量指标。

二、贴现现金流量指标

贴现现金流量指标是指考虑了货币时间价值的指标。这类指标主要有净现值、内部报酬率和获利指数。

(一) 净现值

1.净现值的计算公式

投资项目投入使用后的净现金流量，按资本成本或企业要求达到的报酬率折算为现值，减去初始投资以后的余额，叫作净现值(net present value, NPV)。其计算公式为:

$$NPV=\left[\frac{NCF_1}{(1+K)^1}+\frac{NCF_2}{(1+K)^2}+\cdots+\frac{NCF_n}{(1+K)^n}\right]-C=\sum_{t=0}^{n}\frac{NCF_t}{(1+K)^t}-C$$

式中：NPV表示净现值；NCF_t表示第t年的净现金流量；K表示贴现率(资本成本或企业要求的报酬率)；n表示项目的预计年限；C表示初始投资额。

净现值还有另外一种表述方法，即净现值是从投资开始至项目寿命终结时所有的现金流量(包括现金流出和现金流入)的现值之和。其计算公式为:

$$NPV=\sum_{t=0}^{n}\frac{CFAT_t}{(1+K)^t}$$

式中：n表示开始投资至项目寿命终结时的年数；$CFAT_t$表示第t年的现金流量；K表示贴现率（资本成本或企业要求的报酬率）。

2.净现值的计算步骤

净现值的计算可按下列步骤进行：

第一步，计算每年的营业净现金流量。

第二步，计算未来报酬的总现值。这一步又可分成三步：

（1）将每年的营业净现金流量折算成现值。如果每年的NCF相等，则按年金法折成现值；如果每年的NCF不相等，则先对每年的NCF进行现值计算，然后加以合计。

（2）将终结现金流量折算成现值。

（3）计算出未来报酬的总现值。

第三步，计算净现值。

净现值=未来报酬的总现值-初始投资额

3.净现值法的决策规则

利用净现值进行投资决策时，在只有一个备选方案的采纳与否决策中，净现值为正者则采纳，净现值为负者不采纳；在有多个备选方案的互斥选择决策中，应选用净现值正值最大的方案。

【例8-5】现仍以例8-1中的资料为例（详见表8-1和表8-2）来说明净现值的计算。假设资本成本为10%。

甲方案每年的NCF相等，故计算如下：

$NPV_{甲}$=未来报酬的总现值-初始投资额

$=NCF\times PVIFA_{k,n}^{*}-100\ 000$

$=35\ 000\times PVIFA_{10\%,5}-100\ 000$

$=35\ 000\times 3.791-100\ 000$

=32 685（元）

*PVIFA代表年金现值系数。

乙方案每年的NCF不相等，故列表计算，见表8-5。

表8-5　　净现值的计算过程　　金额单位：元

年份（t）	NCF_t（1）	$PVIF_{10\%,n}^{*}$（2）	现值（3）=（1）×（2）
1	42 500.00	0.909	38 632.50
2	39 500.00	0.826	32 627.00
3	36 500.00	0.751	27 411.50
4	33 500.00	0.683	22 880.50
5	80 500.00	0.621	49 990.50
未来报酬的总现值			171 542.00
减：初始投资			150 000.00
净现值			21 542.00

*PVIF代表复利现值系数。

从上面的计算，我们可以看出，两个方案的净现值均大于0，都是可选的，但甲方案的净现值（32 685元）大于乙方案的净现值（21 542元），故大华公司应选用甲方案。

4.净现值法的优缺点

净现值法的优点是考虑了货币的时间价值，能够反映各种投资方案的净收益，是一种较好的方法；其缺点是净现值并不能揭示各个投资方案本身可能达到的实际报酬率是多少。

（二）内部报酬率

1.内部报酬率的计算公式

内部报酬率（internal rate of return，IRR），又称内含报酬率，是使投资项目的净现值等于零的贴现率。

内部报酬率实际上反映了投资项目的真实报酬，目前，越来越多的企业使用该项指标对投资项目进行评价。内部报酬率的计算公式为：

$$\frac{NCF_1}{(1+r)^1}+\frac{NCF_2}{(1+r)^2}+\cdots+\frac{NCF_n}{(1+r)^n}-C=0$$

即 $$\sum_{t=1}^{n}\frac{NCF_t}{(1+r)^t}-C=0$$

式中：NCF_t表示第t年的现金净流量；r表示内部报酬率；n表示项目预计年限；C表示初始投资额。

2.内部报酬率的计算步骤

内部报酬率的具体计算过程分为两种情况。

（1）如果每年的NCF相等，则按下列步骤计算：

第一步，计算年金现值系数。

$$年金现值系数=\frac{初始投资额}{每年的净现金流量}$$

第二步，查年金现值系数表，在相同的期数内，找出与上述年金现值系数相邻近的较大和较小的两个贴现率。

第三步，根据上述两个邻近的贴现率和已求得的年金现值系数，采用插值法计算出该投资方案的内部报酬率。

（2）如果每年的NCF不相等，则需要按下列步骤计算：

第一步，先预估一个贴现率，并按此贴现率计算净现值。如果计算出的净现值为正数，则表明预估的贴现率小于该项目的实际内部报酬率，应提高贴现率，再进行测算；如果计算出的净现值为负数，则表明预估的贴现率大于该方案的实际内部报酬率，应降低贴现率，再进行测算。经过如此反复测算，找到净现值由正到负并且比较接近零的两个贴现率。

第二步，根据上述两个邻近的贴现率，用插值法，计算出方案的实际内部报酬率。

3.内部报酬率法的决策规则

采用内部报酬率法进行投资项目决策时，在只有一个备选方案的采纳与否决策中，如果计算出的内部报酬率大于或等于企业的资本成本或必要报酬率就采纳；反之，则拒绝。在有多个备选方案的互斥选择决策中，应选用内部报酬率超过资本成本或必要报酬率最多的投资项目。

【例8-6】现仍以例8-1的资料为例（见表8-1、表8-2）来说明内部报酬率的计算方法。

由于甲方案每年的NCF相等，因而，可采用如下方法计算内部报酬率。

$$\text{年金现值系数}=\frac{\text{初始投资额}}{\text{每年的净现金流量}}=\frac{100\,000}{35\,000}=2.857$$

查年金现值系数表，第5期与2.857相邻近的年金现值系数在22%和24%之间。现用插值法计算如下：

贴现率			净现值		
22%	x%	2%	2.863	0.006	0.118
?%			2.857		
24%			2.745		

$$\frac{x}{2\%}=\frac{0.006}{0.118}$$

x=0.10%

甲方案的内部报酬率=22%+0.10%=22.10%

乙方案每年的NCF不相等，因而，必须逐次进行测算，测算过程见表8-6。

表8-6 **测算表** 单位：元

年份(t)	NCF_t	测试12%		测试14%		测试15%	
		$PVIF_{12\%,t}$	现值	$PVIF_{14\%,t}$	现值	$PVIF_{15\%,t}$	现值
0	−150 000.00	1.000	−150 000.00	1.000	−150 000.00	1.000	−150 000.00
1	42 500.00	0.892	37 910.00	0.877	37 272.50	0.869	36 932.50
2	39 500.00	0.797	31 481.50	0.769	30 375.50	0.756	29 862.00
3	36 500.00	0.711	25 951.50	0.674	24 601.00	0.657	23 980.50
4	33 500.00	0.635	21 272.50	0.592	19 832.00	0.571	19 128.50
5	80 500.00	0.567	45 643.50	0.519	41 779.50	0.497	40 008.50
NPV	—	—	12 259.00	—	3 860.50	—	−88.00

在表8-6中，先按12%的贴现率进行测算，净现值为正数，再把贴现率调高到14%，进行第二次测算，净现值仍为正数，说明内部报酬率比14%稍大。为计算其精确

数，把贴现率调高到15%，进行测算，净现值为负数，说明该项目的内部报酬率一定在14%和15%之间。现用插值法计算如下：

$$\begin{array}{llll} \text{贴现率} & & \text{净现值} & \\ \left.\begin{array}{l}14\% \\ ?\ \%\end{array}\right\} x\% & \multirow{}{}{} & \left.\begin{array}{l}3860.5 \\ 0\end{array}\right\} 3860.5 & \\ 15\% & 1\% & -88 & 3948.5 \end{array}$$

$$\frac{x}{1\%}=\frac{3\,860.5}{3\,948.5}$$

$x=0.978\%$

乙方案的内部报酬率=14%+0.978%=14.978%

从以上计算两个方案的内部报酬率可以看出，甲方案的内部报酬率较高，故甲方案效益比乙方案好。

4.内部报酬率法的优缺点

内部报酬率法考虑了资金的时间价值，反映了投资项目的真实报酬率，概念也易于理解。但这种方法的计算过程比较复杂，特别是对于每年NCF不相等的投资项目，一般要经过多次测算才能算出内部报酬率。

（三）获利指数

1.获利指数的计算

获利指数（profitability index，PI），又称现值指数，是投资项目未来报酬的总现值与初始投资额的现值之比。

获利指数的计算公式为：

$$PI=\frac{\frac{NCF_1}{(1+K)^1}+\frac{NCF_2}{(1+K)^2}+\cdots+\frac{NCF_n}{(1+K)^n}}{C}$$

即　$PI=\frac{\text{未来报酬的总现值}}{\text{初始投资额}}$

2.获利指数的计算步骤

获利指数的计算过程如下：

第一步，计算未来报酬的总现值。这与计算净现值所采用的方法相同。

第二步，计算获利指数，即根据未来报酬的总现值和初始投资额之比计算获利指数。

3.获利指数法的决策规则

利用获利指数法进行投资项目决策时，在只有一个备选方案的采纳与否决策中，获利指数大于或等于1则采纳，否则就拒绝；在有多个方案的互斥选择决策中，应采用获利指数超过1最多的投资项目。

【例8-7】现仍以例8-1中的资料（见表8-1和表8-2）为例，说明获利指数的计算。

甲方案的利润指数$=\frac{\text{未来报酬的总现值}}{\text{初始投资额}}=\frac{132\,685}{100\,000}=1.33$

乙方案的利润指数$=\frac{\text{未来报酬的总现值}}{\text{初始投资额}}=\frac{171\,542}{150\,000}=1.14$

甲、乙两个方案的获利指数都大于1，故两个方案都是可行的，但因甲方案的获利指数更大，故应采用甲方案。

4.获利指数法的优缺点

获利指数法的优点是考虑了资金的时间价值，能够真实地反映投资项目的盈亏程度，而且由于获利指数是用相对数来表示的，所以，有利于在初始投资额不同的投资方案之间进行对比。获利指数法的缺点是获利指数这一概念不便于理解。

第三节　典型投资决策分析

在第二节中，介绍了投资决策评价的基本指标，在本节中，通过结合两个具体实例来研究这些指标的应用问题。

一、设备更新或改造决策分析

机器设备使用到一定程度，就会发生有形损耗和无形损耗，企业就要面临是否更新旧设备的决策问题。一般来说，旧设备往往消耗大，维修费用高，当生产效率更高，原材料、燃料、动力的消耗更低的高效能设备出现时，尽管旧设备还能继续使用，企业也可能会对旧设备进行更新。因此，设备更新决策便成为企业长期投资决策的一项重要内容。

【例8-8】瑞幸咖啡考虑用一台新的、效率更高的制冰机来代替旧制冰机，以减少顾客的等待成本、增加门店收益。现在我们考虑一种新的情况，旧制冰机仍可继续使用，且剩余使用年限与购置的新制冰机使用年限相同。现在我们重新提出假设，旧制冰机原购置成本为80 000元，已使用5年，经过审慎估计，制冰机的状况良好，估计还可使用5年，已提折旧40 000元，假定使用期满后无残值，如果现在出售可得价款40 000元，使用该设备每年可获收入100 000元，每年的付现成本为60 000元。新制冰机的购置成本为120 000元，估计可使用5年，使用期满有残值20 000元。使用新设备后，每年收入可达160 000元，每年付现成本为80 000元。假设该公司的资本成本为10%，所得税税率为25%，新、旧设备均用直线法计提折旧。试作出该公司是继续使用旧设备还是购置新设备的决策。

在本例中，一个方案是继续使用旧设备，另一个方案是出售旧设备而购置新设备。为此，我们可采用差量分析法来计算一个方案比另一个方案增减的现金流量，所有增减额均用“Δ”表示。

下面，我们从新设备的角度来计算两个方案的差量现金流量。

1.分别计算初始投资与折旧的现金流量的差量

$$\Delta\text{初始投资}=120\,000-40\,000=80\,000\text{（元）}$$

$$\Delta\text{年折旧额}=\frac{120\,000-20\,000}{5}-\frac{80\,000-40\,000}{5}=12\,000\text{（元）}$$

2. 计算各年营业现金流量的差量

各年营业现金流量的差量见表8-7。

表8-7　营业现金流量差量分析表　单位：元

项　目	第1~5年
Δ销售收入①	60 000（160 000-100 000）
Δ付现成本②	20 000（80 000-60 000）
Δ折旧③	12 000
Δ税前利润④=①-②-③	28 000
Δ所得税⑤=④×25%	7 000
Δ税后净利⑥=④-⑤	21 000
Δ营业现金流量⑦=⑥+③=①-②-⑤	33 000

3. 计算两个方案现金流量的差量

两个方案现金流量的差量见表8-8。

表8-8　现金流量差量分析表　单位：元

年份（t）	0	1	2	3	4	5
Δ初始投资	-80 000					
Δ营业现金流量		33 000	33 000	33 000	33 000	33 000
Δ终结现金流量						20 000
Δ现金流量	-80 000	33 000	33 000	33 000	33 000	53 000

4. 计算净现值的差量

$$\Delta NPV = 33\ 000 \times PVIFA_{10\%,\ 4} + 53\ 000 \times PVIF_{10\%,\ 5} - 80\ 000$$
$$= 33\ 000 \times 3.170 + 53\ 000 \times 0.621 - 80\ 000$$
$$= 57\ 523\text{（元）}$$

投资项目更新后，可增加净现值57 523元，所以应进行设备更新。

二、使用年限不同时的决策分析

在前述例8-8中，我们利用差量分析法计算了两个方案的净现值，但是如果两个方案中涉及的固定资产使用年限不同，我们就不能通过净现值的计算来简单判断了，可以考虑在更长的时期（如使用两个方案使用年限的最小公倍数）计算净现值，或者计算方案的年均使用成本，以年均使用成本低的方案为优。

使用成本可通过如下公式计算：

$$\text{使用成本} = \frac{\text{初始投资额}}{PVIFA_{i\%,\ n}} + \text{年均营运成本}$$

第四节　风险条件下的投资决策

长期投资决策涉及的时间较长，因而，对未来收益和成本都很难进行准确预测，或者说，有不同程度的不确定性或风险性。为了分层次地研究问题，在本章前三节的讨论中，我们避开了风险问题。但是，风险是客观存在的，因此，在本节我们将专门讨论风险投资决策问题。风险投资决策的分析方法有很多，但概括起来主要有两种——按风险调整贴现率法和按风险调整现金流量法。

一、按风险调整贴现率法

我们知道，一项投资的总报酬可分为无风险报酬和风险报酬两部分，即投资总报酬=无风险报酬+风险报酬。将与特定投资项目有关的风险报酬率，加上资本成本或企业要求达到的报酬率，就构成了按风险调整的贴现率。以风险调整后的贴现率为基础进行投资决策分析的方法，叫作按风险调整贴现率法。

对于风险报酬的计量，我们在财务管理课程中学习过，在此不再赘述。调整过的贴现率包含风险报酬部分，因此，要高于货币时间价值（无风险报酬），并且一个项目的风险越高，风险报酬也就越高，调整过的贴现率也就越大。这样，用调整过的贴现率再来评价有风险的投资方案，结论可能发生变化，方案可能由原来的可行变为不可行，或者由最优变为次优。虽然操作不易，但更有利于管理者回避风险较大的项目。下面我们举一个例子。

【例8-9】某项目的现金流量见表8-9。

表8-9　　**某项目的现金流量**　　单位：元

年份（t）	0	1	2	3
NCF_t	-35 000	14 100	15 800	16 700

假设无风险报酬率为10%，按风险调整后的贴现率为16%，比较该项目按风险调整前后的净现值。

不考虑风险价值因素时，项目的净现值为：

$$NPV=14\,100\times(1+10\%)^{-1}+15\,800\times(1+10\%)^{-2}+16\,700\times(1+10\%)^{-3}-35\,000$$
$$=14\,100\times0.909+15\,800\times0.826+16\,700\times0.751-35\,000$$
$$=3\,409.4\text{（元）}$$

考虑了风险价值因素后，该项目的净现值为：

$$NPV=14\,100\times(1+16\%)^{-1}+15\,800\times(1+16\%)^{-2}+16\,700\times(1+16\%)^{-3}-35\,000$$
$$=14\,100\times0.862+15\,800\times0.743+16\,700\times0.641-35\,000$$
$$=-401.7\text{（元）}$$

从上述计算我们可以看出，如果不考虑风险价值因素，该项目可以通过；如果考虑了风险价值因素，该项目将被否决。

以风险程度为依据调整投资项目的贴现率，使得风险大的项目贴现率高，风险小的项目贴现率低，这是符合常理的。因而，按风险调整贴现率法是为大家所理解和接受的。

但是，在用调整贴现率进行贴现时，时间价值与风险报酬对项目的影响趋势被同一化了。也就是说，风险必然随时间的推移而逐年增大。这一结论看似正确，因为确实投资项目的时间越长，风险越大。但是与实际情况仍有出入，投资项目一旦付诸实施，不可捉摸、变化不定的往往是前几年的现金流量或投资收益，而越往后反而越趋于稳定。所以，把风险报酬与时间价值不加区分、混为一体地对未来的现金流量进行贴现，是按风险调整贴现率法的不科学之处。

二、按风险调整现金流量法

由于按风险调整贴现率法存在的不足，使得对风险的测定不准确，因而有人提出直接按风险程度调整现金流量。这种先按风险调整现金流量，然后进行长期投资决策的评价方法，叫作按风险调整现金流量法。其具体调整办法有很多，这里介绍最常用的确定当量法。

在风险投资决策中，由于各年的现金流量具有不确定性，这就必须进行调整。所谓确定当量法就是把不确定的各年现金流量，按一定的系数（通常称为约当系数）折算为大约相当于确定的现金流量的数量，然后，利用无风险贴现率来评价风险投资项目的决策分析方法。

约当系数是确定的现金流量对与之相当的不确定的期望现金流量的比值，通常用d来表示。在进行评价时，可根据各年现金流量风险的大小，选取不同的约当系数：当现金流量为确定时，可取 $d=1.00$；当现金流量的风险很小时，可取 $1.00>d\geq 0.80$；当风险一般时，可取 $0.80>d\geq 0.40$；当现金流量风险很大时，可取 $0.40>d>0$。

约当系数的选取，可能会因人而异，敢于冒险的分析者会选用较高的约当系数，而不愿冒险的投资者可能选用较低的约当系数。为了防止因决策者的偏好不同而造成决策失误，有些企业根据标准离差率来确定约当系数。因为标准离差率是衡量风险大小的一个很好的指标，因而，用它来确定约当系数是合理的。标准离差率与约当系数的经验对照关系见表8-10。

表8-10　**标准离差率与约当系数的经验对照关系**

标准离差率	约当系数
0.01~0.07	1
0.08~0.15	0.9
0.16~0.23	0.8
0.24~0.32	0.7
0.33~0.42	0.6
0.43~0.54	0.5
0.55~0.70	0.4
⋮	⋮

当约当系数确定后，决策分析就比较容易了。

【例8-10】假设某公司准备进行一项投资，其各年的现金流量和分析人员确定的约当系数已列示在表8-11中，无风险贴现率为10%，试判断此项目是否可行。

表8-11 现金流量与约当系数

年份（t）	0	1	2	3	4
NCF_t（元）	-20 000	8 000	8 000	8 000	8 000
d_t	1.0	0.95	0.9	0.8	0.8

根据表8-11中的资料，利用净现值法进行评价。

$$NPV=0.95\times8\ 000\times PVIF_{10\%,1}+0.9\times8\ 000\times PVIF_{10\%,2}+0.8\times8\ 000\times PVIF_{10\%,3}+0.8\times8\ 000\times PVIF_{10\%,4}+1.0\times(-20\ 000)$$

$$=7\ 600\times0.909+7\ 200\times0.826+6\ 400\times0.751+6\ 400\times0.683-20\ 000$$

$$=2\ 033.2\text{（元）}$$

从以上分析可以看出，按风险程度对现金流量进行调整后，计算出的净现值为正数，故可以进行投资。

采用确定当量法来对现金流量进行调整，进而作出投资决策，克服了调整贴现率法夸大远期风险的缺点，但如何准确、合理地确定约当系数却是一个十分困难的问题。

第五节 折旧方法和通货膨胀对投资决策的影响

一、折旧方法对投资决策的影响

我们知道，现金流量是具体评价投资方案经济效益的基础，对于现金流量的理解我们可站在税前和税后两个角度来分析。从税前角度来看，现金流量的计算公式为：

现金流量=销售收入-付现成本

在这个公式中，无论投资项目采用何种折旧方法，都不会影响现金流量的计算。但是，从投资者的角度来看，可能其更关心税后的现金流量。这时，现金流量的计算公式变为：

现金流量=销售收入-付现成本-所得税 ①

=税后净利+折旧 ②

如果折旧方法不同，每年计提的折旧额就不同，导致每年税后净利也不同，从而影响每年的现金流量。同一方案，由于折旧方法不同，便会有不同的投资回收期、平均报酬率、净现值、现值指数和内部报酬率。我们通过例题来说明采用直线法和年数总和法计提折旧对净现值指标计算的影响。

【例8-11】假设某设备的成本为20 000元，使用年限为5年，期满残值为2 000元，资本成本为12%。采用直线法和年数总和法所计算的折旧见表8-12和表8-13。

表8-12 **直线法下折旧计算表** 单位：元

年份（t）	年折旧额	期末账面价值
0	—	20 000
1	3 600	16 400
2	3 600	12 800
3	3 600	9 200
4	3 600	5 600
5	3 600	2 000

表8-13 **年数总和法下折旧计算表** 单位：元

年份（t）	年折旧额	期末账面价值
0	—	20 000
1	6 000	14 000
2	4 800	9 200
3	3 600	5 600
4	2 400	3 200
5	1 200	2 000

如果不考虑所得税的话，折旧方法不同对每年的现金流量没什么影响，这可以通过公式①看出。但是站在投资者的角度，我们将考虑所得税，这时折旧方法不同会对每年现金流量产生影响。

每年现金流量=（销售收入-付现成本-折旧）×（1-所得税税率）+折旧

=（销售收入-付现成本）×（1-所得税税率）+折旧×所得税税率

可见，采用不同折旧方法计提折旧，对现金流量的影响为不同方法折旧额的差额与所得税税率的乘积。

考虑时间价值因素的影响，采用不同折旧方法计提折旧将对方案的净现值产生影响。具体影响结果见表8-14（假设企业所得税税率为25%）。

表8-14 **不同折旧方法对净现值的影响** 单位：元

年份（t）	直线法		年数总和法		对现金流量的影响	$PVIF_{12\%,t}$	对净现值的影响
	年折旧额	所得税节省额	年折旧额	所得税节省额			
1	3 600	900	6 000	1 500	600	0.893	535.8
2	3 600	900	4 800	1 200	300	0.797	239.1
3	3 600	900	3 600	900	0	0.712	0
4	3 600	900	2 400	600	-300	0.636	-190.8
5	3 600	900	1 200	300	-600	0.567	-340.2
合　计	18 000	4 500	18 000	4 500	0	—	243.9

从表8-14可以看出，采用年数总和法计提折旧，确定的净现值比采用直线法计提折旧确定的净现值多243.9元。

这种差别是由折旧方法引起的，并不反映方案内在的经济性。因而，独立计量这个因素的影响程度，也是正确评价投资项目的一个必要条件。

二、通货膨胀对投资决策的影响

在前述有关投资决策指标的计算中，我们只考虑了货币时间价值和风险价值的影响。在市场经济条件下，通货膨胀的出现是不可避免的。由于通货膨胀的存在，货币随着时间的推移而发生贬值。因此，正确计量通货膨胀的影响，也是正确评价投资项目的一个必要条件。

假设用一般物价指数增长的百分比来描述通货膨胀的影响，其1期的通货膨胀率为f，贴现率为i，则n期后1元的现值计算公式为：

$$n期后1元的现值=\frac{1}{(1+i)^n(1+f)^n}$$

在现实经济生活中，因货币收支已经包括了通货膨胀的影响。为了如实反映投资方案内在的经济价值，必须设法消除通货膨胀的影响。假设r代表包括通货膨胀影响在内的投资报酬率，r′为不受通货膨胀影响的真实的投资报酬率，则r′可按下式计算：

$$1+r=(1+f)(1+r')$$

$$r'=\frac{1+r}{1+f}-1$$

思考题

1.为什么要在投资决策中进行敏感性分析？

2.简述投资回收期法的优缺点。

3.论述投资决策中使用现金流量的原因。

二维码8-1 即学即测

练习题

1.飞达集团计划购置一条生产线，需投资120 000元。该生产线可使用6年，期满残值为6 000元。使用该生产线可为企业每年增加净利润13 000元，同时，按直线法计提折旧。若该企业的资本成本为14%。

要求：

（1）计算各年的现金净流量NCF；

（2）计算净现值NPV；

（3）计算获利指数PI；

（4）计算内部报酬率IRR。

2.科佳公司准备添置一台设备，共需要投资202万元。建设期为1年，全部资金于建设起点一次投入。该项目预计可使用10年，期满残值为2万元。设备投入使用后不要求追加流动资金投入，每年可使企业增加净利润15万元。企业按直线法计提固定资产折旧。行业基准折现率为10%。

要求：

（1）计算固定资产原值；

（2）计算年折旧额；

（3）计算该项目的净现金流量；

（4）计算该项目的投资回收期。

3.为提高生产效率，一品车辆厂拟对一套尚可使用5年的机器进行更新改造。新旧机器的替换将在当年内完成（即更新设备的建设期为0），不涉及追加流动资金投资，采用直线法计提设备折旧。企业适用的所得税税率为25%。

该公司相关资料如下。

资料一：旧设备的原始价值为299 000元，截至当前的累计折旧为190 000元，对外转让可获变价收入110 000元，预计发生清理费用1 000元（用现金支付）。如果继续使用该设备，到第5年年末的预计净残值为9 000元（与税法规定相同）。

资料二：甲方案的资料如下。

购置一套价值550 000元的A设备替换旧设备，该设备预计到第5年年末回收的净残值为50 000元（与税法规定相同）。使用A设备可使企业第1年增加经营收入110 000元，增加经营成本20 000元；在第2~4年内每年增加营业利润100 000元；第5年增加经营净现金流量114 000元；使用A设备比使用旧设备每年增加折旧80 000元。

资料三：期望投资报酬率为12%。

要求：根据以上资料，以企业期望的投资报酬率为决策标准，按差额内部收益率法对甲方案作出评价，为企业作出是否更新设备的最终决策，同时说明理由。

4.甲企业拟进行项目投资，并编制了A方案，A方案的基本资料如下：初始投资为20 000元，没有建设期，第1年的净现金流量为11 800元，第2年的净现金流量为13 240元，第3年停止使用，回收残值为0，企业的资本成本为14%。

要求：使用内含报酬率方法判断该项目是否有投资价值。

案例分析

C公司某工厂的经理正在考虑购买一个效率更高的新的喷漆机，他们认为其会提升工作效率并带来运营节约。与该投资有关的数据包括：（1）0期为了购买机器的初始现金流出5 827元；（2）在资产4年的使用寿命中发生在每年年末的现金节约（等价于现金流入）2 000元；（3）项目结束后无净现金流。最低期望报酬率是每年10%。

1.使用净现值方法判断该项目是否有投资价值。

2.运用净现值法，根据以下三个步骤进行计算。

（1）确定相关预期现金流入和流出的数量和时间。表右边是这些现金流的草图，其中现金流出用括号表示。像这样的草图可以帮你想象随时间发生的成本和成本关系。

（2）计算各项预计现金流入与流出的现值：找出每年现金流量的现值系数，再将各项预计的现金流入与流出数乘以合适的现值系数。例如，2年后取得的2 000元的现值为1 653元（2 000×0.8264）。再举一个例子，0期为了购买机器的初始现金流出5 827元的现值是5 827元。

（3）计算各项净现值之和：合计数即为该项目的净现值。选择净现值是正数的项目，放弃净现值为负数的项目。

二维码8-2　投融资管理——南通供电的价值管理VCU实践

第九章　全面预算管理

学习目标

通过本章的学习，了解全面预算的概念、分类及作用；掌握全面预算的编制原理；熟练掌握预算的各种编制方法。

引例：中国一汽集团全面预算管理体系构建①

中国第一汽车集团有限公司（以下简称“中国一汽”）是国有特大型汽车企业集团。中国一汽前身为第一汽车制造厂，是国家“一五”计划重点建设项目之一。中国一汽的建成，开创了新中国汽车工业的历史。

在总结近二十年实践经验的基础上，中国一汽以打造高效、创新、开放、融合的世界一流大财务体系战略愿景为指引，将实施全面预算管理作为落实企业发展战略、高效资源配置、有效应对挑战、防范风险的重要手段，构建了全面预算管理“四横六纵”框架体系。“四横”，即有效的预算管理组织、健全的预算管理制度规范、信息标准化及对标准的统一理解、预算全面数字化及高效的智能决策支撑。“六纵”，即预算目标制定，包括KPI选取、预算目标确定、目标沟通方式、目标沟通效率；预算编制，包括预算编制方法、预算编制内容、预算编制依据、预算编制口径；预算监控，包括事前事中事后监控、预算内外事项处理；预算分析，包括预算分析内容、预算分析手段、差异追踪；预算调整，包括预算调整条件、预算调整内容、预算调整流程；预算考评，包括预算考核评价方式、预算考核评价内容、预算考核评价依据。

在此基础上，中国一汽引入数智化理念和技术，通过管理理念、方法与机制的创新，深度提炼形成了具有中国一汽特色的“152”全面预算管理创新体系（“1”即一大理念创新，“5”即五大方法创新，“2”即两大机制创新），实现了资源配置柔性化、成本管理精细化、风险识别精准化、业财融合深度化和决策支撑数智化，高质量支撑了企业战略目标落地及年度经营目标达成。

未来，中国一汽将继续聚焦新能源汽车、聚力创新驱动，抢抓产业转型新机遇，加快高质量发展步伐，勇当打造世界一流汽车企业、振兴中国汽车产业的时代先锋，为实现中国式现代化汽车强国梦作出应有贡献。

① 改编自“杨丽，高海中，赵岩，等．中国一汽全面预算管理体系［J］．国企管理，2023（1）：98-104.”

从中国一汽的案例出发，我们应该如何理解全面预算的概念？如何从头开始编制一个基础的全面预算？在整个过程中，又该如何实现有效的预算管理呢？本章，让我们一起揭开全面预算管理的面纱。

第一节 全面预算概述

通过前文介绍有关预测分析和决策分析的内容，企业未来经济活动各方面的主要目标和任务实际上已经确定下来了。为了保证目标的实现和任务的完成，企业还必须编制全面预算，以此作为企业未来展开和控制经济活动的依据。

一、全面预算的概念

企业是一种以营利为目标的组织，企业的目标为生存、发展和获利。任何一个企业所拥有的人力、物力和财力等资源都是有限的，因此，如何正确地分配和使用这些资源，为企业创造最大的经济效益，是一个需要综合权衡、合理规划的重要问题，需要采用包括制定企业战略、制订企业经营计划和实施全面预算管理等在内的多种管理手段。

企业战略是企业在内外环境、资源禀赋及能力的基础上，为生存和长期稳定持续发展以及实现企业战略目标所做的总体谋划。它是企业经营理念和使命的集中体现，也是企业经营方向和计划的导引，是企业其他行为的前提。

与企业战略不同的是，企业经营计划是企业在短期内（通常指1年或1年以内）为实现企业短期发展目标和企业正常生产经营所制订的计划，它指引了企业实施战略的具体活动，包括销售计划、生产计划、购货计划、财务计划和为生产经营所制订的其他计划等。

计划主要是用文字对企业未来经济活动的目标和任务的规划，计划在实施之前必须进行全面量化，以便为企业计划执行过程中资源的有效配置提供依据。而预算就是计划的数量说明，是用数字、金额和表格形式把企业经济活动的计划具体地反映出来，可以作为企业组织、控制和评价经济活动的直接依据。因而，所谓全面预算也就是指把企业全部经济活动的总体计划，用数量、金额和表格的形式反映出来的一系列文件，可以说，全面预算就是企业总体规划的具体化和数量化的说明。

数量和货币金额都是预算的反映形式，但通常是以货币金额形式为主，以数量形式为辅。预算所覆盖的未来期间的长短叫作预算期，通常是一个年度，一个季度或一个月份。预算依据预算期的长短不同可以分为年度预算、季度预算或月份预算。

当预算跨年度时，我们称之为长期预算；反之，称为短期预算。长期预算包括购置大型设备或扩建、改建、新建厂房等的长期投资预算，按年度划分的长期资金收支预算、长期科研经费预算等。长期预算是一种规划性质的预算，虽然数字计算可以粗略一点，但编制得好坏，将影响到一个企业的长期战略目标是否能够如期实现，影响到企业今后若干年的经济效益，乃至宏观经济的长期发展。短期预算是预算期在1年内的预算。短期预算是一种执行预算，数据要求尽可能具体化，以便于控制和执行。通常，企业生产经营活动的全面预算的期间为1年，属于短期预算。

全面预算又称总预算，是关于企业在一定时期内（一般不超过1年或一个经营周期）经营、财务等方面的总体预算。它主要包括业务方面的预算和财务方面的预算，前者如销售预算、生产预算、采购预算、费用和成本预算等；后者如现金收支预算、结算款项预算、预计财务报表等。

企业预算与企业战略、经营计划本质上都是企业目标实现的手段，但它们也有区别。从总体上看，企业预算必须服从企业战略的指导，从属于企业发展战略的需要；企业预算纵然包含有很多计划的内容，但它也不只是计划，而是将事前计划、事中控制和事后考核融为一体的重要的管理活动。

同预算概念较相近的还有预测这个概念。这里的预测是指借助科学的方法对企业未来经济活动的一种主观预见和推测，如企业对经济形势的预测，对市场的预测及对盈利的预测等。预算和预测都是企业生产经营过程中的必要活动，都是面对企业未来经济活动进行的，有着一定的相似之处，但两者也有明显的区别。

首先，预测是对未来的一种主观判断，不同的人会因为对事物的见解及采用的方法不同而得出不同的预测结果。预算作为一种管理手段，是按照一定的科学方法和程序编制和执行的，相对而言，有一定的客观性和稳定性。其次，预测是确定目标的前提，它通常是在制定企业目标之前就已经作出了的，而预算的编制是在企业目标确定之后才进行的，受企业目标的统领和指导。最后，预测并不具有预算作为管理手段的强制性和约束性。

因此，我们可以看出，预测是预算的前提，预算是根据预测结果提出的对策性方案，两者对于企业经营都是不可缺少的。

图9-1展示了战略、经营计划、预测和预算的关系：企业首先根据内外部环境确立战略目标，将战略目标分解到每年的预算，根据每2年的销售和运营计划进行季度滚动预测，根据预测对预算进行调整。如果从时间轴来看，一般企业会在第3季度开始启动战略分析会，结合上半年的经营情况对未来战略进行动态调整，之后制订未来经营计划，根据经营计划，在第4季度开始时编制下一年度预算，分析贯穿于这一系列活动之中，为制订战略、经营计划和预算提供数据支持和依据。

二、全面预算管理流程

预算管理是指企业围绕预算而展开的一系列管理活动。预算管理包括预算编制、预算执行、预算调整、预算分析、预算考评等多个流程，形成了闭环管理，如图9-2所示。

（一）预算编制

预算管理由若干个密切联系的环节组成，从编制到执行，从考核到奖惩，任何一个环节的疏漏都会造成管理上的失误，甚至出现重大的经营管理失败。因此，对于预算管

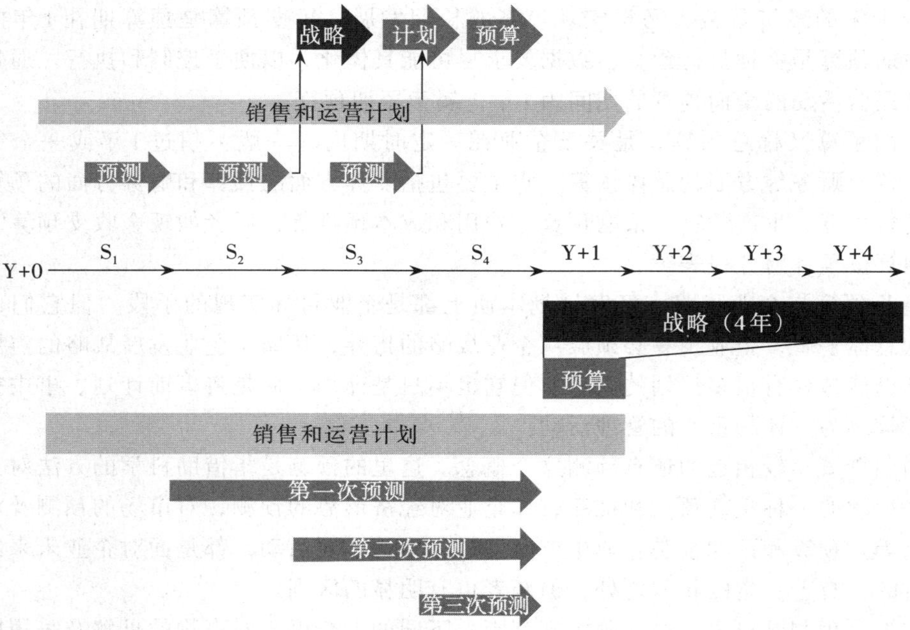

图9-1 战略、经营计划、预算和预测关系图

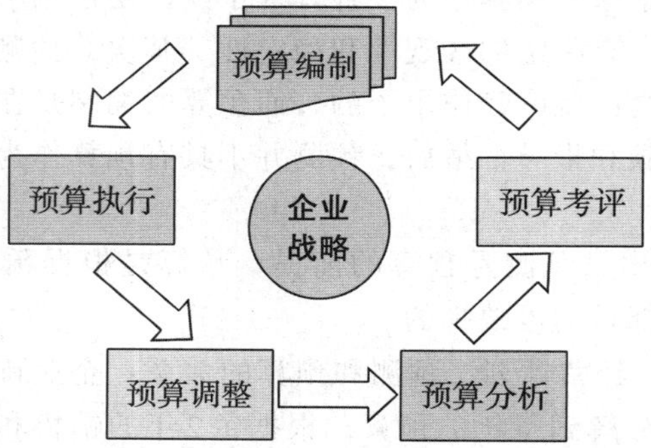

图9-2 全面预算管理流程

理的每一个组成部分都要给予足够的关注，而在环环相扣的各部分中，预算的编制无疑是整个预算管理体系的基础和起点。

没有经过精心准备的合理而明确的预算文件，以下的各阶段工作也就无从开展。预算可以从不同的角度分类，不同种类的预算在编制中也会遇到各种各样的问题。

通常，预算编制可以采用自上而下、自下而上或上下结合的编制方法。整个过程如下：①先由高层管理者提出企业总目标和部门分目标；②各级责任单位和个人根据一级管理一级的原则制订本单位的预算方案，呈报分部门；③分部门再根据各下属单位的预算方案，制订本部门的预算草案，呈报预算委员会；④预算委员会审查各分部预算草案，进行沟通和综合平衡，拟订整个组织的预算方案；⑤再将预算方案反馈回各部门征求意见。经过自下而上、自上而下的多次反复，形成最终预算，经企业最高决策层审批后，成为正式预算，逐级下达各部门执行。

(二) 预算执行

预算虽然编制完成了，但在预算执行之前，还需要经过分解、下达和具体讲解等步骤来保证预算的有序执行，从而保证预算体系运转良好。

预算开始执行之后，必须以预算为标准进行严格的控制：支出性项目必须严格控制在预算之内，收入项目务必要完成，现金流动必须满足企业日常和长期发展的需要……预算控制最主要的依据就是预算编制时产生的各级各类预算，即经营预算、资本支出预算和财务预算。

预算的执行与控制是整个预算管理工作的核心环节，需要企业上下各部门和全体人员的通力合作。

(三) 预算调整

预算刚性随企业的不同而不同，但是在不同的环境下僵化地执行预算也会带来不良后果。因此，管理层不应将预算作为其唯一的经营指导方针，也可以定期视预算的完成情况对预算作出一定的调整。定期调整预算可以提供更好的经营指南，但有些管理者会因为预算的定期调整，降低对预算编制和执行的重视程度，降低了预算对经营活动的指引和控制作用。因而，允许定期调整预算的企业应确保预算调整的门槛设置得足够高，并且应保留原始预算的副本，以便在这一时期结束后同实际结果相比较。

(四) 预算分析

预算差异的分析是在预算执行过程中和预算完成后一个重要的环节，是对预算执行中产生的各种预算与预测、实际与预算的差异等的分析，并确定差异、分析原因、总结经验教训。

在分析实际和预算差异的时候，一般按照以下几个步骤进行：

(1) 对比实际业绩和预算目标找出差异；

(2) 分析出现差异的原因；

(3) 提出恰当的处理措施。

其中，预算执行过程中的差异分析可以帮助调控预算，根据周围环境和相关条件的变化使预算得到合理而顺利地执行；预算完成后的差异分析则可以总结预算完成情况，帮助评价预算期间工作的好坏，进而为企业评价激励制度的公平有效提供数据依据。因此，可以说，预算分析贯穿于预算管理的全过程，既为预算的执行与控制明确了工作重点，也为下期预算的编制提供了可借鉴的丰富经验。

(五) 预算考评

预算考评是对企业内部的各级责任单位和个人预算执行情况的考核与评价。对预算的执行情况进行考评，可以监督预算的执行、落实情况，加强和完善企业的内部控制。在企业全面预算管理体系中，预算考评起着检查、督促以促进积极落实预算任务，及时提供信息以纠正实际与预算的偏差的作用，有助于企业管理当局了解企业生产经营情况，进而实现企业总体目标。

从整个企业生产经营循环来看，预算考评作为一次预算管理循环的结束总结，为下一次科学、准确地编制企业全面预算积累了丰富的资料和实际经验，是以后期间编制企业全面预算的基础。

三、全面预算的作用

如前所述，全面预算是企业总体规划的具体化和数量化，它的作用可归纳为以下几个方面：

（一）明确生产经营活动的目标

编制全面预算是适应目标管理的需要，通过为各个生产经营环节及各个生产经营部门制定出奋斗目标，实现企业的总体规划数量化和具体化的过程。

通过全面预算，企业不仅可以确定实现企业总体规划所需要的各种资源及比例，也可以确定生产经营活动各个环节、部门的目标以及预计实施计划所需要的各种资源和比例。由此可见，全面预算不仅从企业整体上全面地勾画出了企业未来生产经营活动的蓝图，而且也在具体方面为各个部门的生产经营活动指明了方向，提出了数量要求，向企业全体员工明确了生产经营活动的目标，有利于目标的实现。

（二）协调各职能部门的工作

编制全面预算的过程也可以使各级部门之间联系更加紧密，有利于协调部门的工作。

企业是由各个职能部门有机联系在一起组成的，只有企业各个部门在生产经营活动中密切配合，相互协调，统筹兼顾，全面安排，综合平衡，才有可能实现企业的既定目标。全面预算的编制可使各个生产经营部门认识到本部门与整个企业、本部门与其他部门之间的关系，使企业上下明确部分目标和总目标，在充分认识到目标之间联系的基础上，协调各级部门，实现部门的协调和工作的协同，共同努力完成总体目标。

（三）控制日常经济活动

在完成预算目标时，对实际执行和预算的偏差进行实时的监控和管理，有利于实现对企业日常经济活动的控制。

全面预算一经批准，就要付诸实施。预算毕竟不是实实在在的经济活动的反映，在其执行过程中，与实际执行结果往往会有差异，各有关部门以全面预算为依据，通过计量、对比，及时地提供实际执行结果偏离预算的差额，通过分析差额和差额形成原因，采取有效措施，挖掘潜力，巩固成绩，纠正缺点，有利于保证预定目标的完成。因而，可以说，全面预算是企业在控制日常经济活动时的重要依据。

（四）评价实际工作业绩

由于全面预算既反映了企业的总体规划，又反映了各个部门的具体目标，所以全面预算是评价企业整体业绩和部门业绩的重要依据。

在全面预算执行的过程中，实际执行结果偏离预算的差额，不仅是控制企业日常经济活动的主要依据，也是评价各部门和全体员工工作业绩的重要标准。为了便于各部门和员工能够及时地了解自己的业绩，全面预算在经过制定和批准以后，必须发给各部门和员工。

四、对传统预算模式的批判

尽管预算有许多积极的作用，但是一些组织，如超越预算圆桌会议（BBRT）对本章所提及的传统预算模式持批评态度。它们认为，传统预算模式反映了自上而下的命令控制式管理模式，原因如下：

（1）传统预算反映的是自上而下的管理方式，可能带来不合理的目标拆分。

（2）传统的预算编制无法适应外部环境变化的需要，也无法满足总经理或部门经理的实际需要。

（3）传统预算容易导致底层管理者将重点放在控制上，忽视了对企业战略目标的实现。在一些企业中，为了达到或超额完成预算目标值，“玩数字游戏”的做法已经膨胀到让人无法接受的地步。

（4）在传统的预算方法中，资源分配受管理当局的控制而不是企业战略的控制。

为改进传统预算，批评者们提出了以下办法：

（1）使用传统预算来计划包含在生产计划中的资源需求。

（2）对具有战略优先权的事项做预算，要包括战略性支出，如预留对新产品的开发、对新老员工的培训及对流程的改善等重要战略方面的支出。

（3）更多地使用预算差异来帮助流程改进，而不是作为绩效考核的工具。可以采用多维的成本衡量方法，如平衡计分卡等，更多地基于个人或部门对企业战略目标的贡献来衡量其业绩，降低预算差异在员工绩效考核中的占比。

第二节 全面预算的基本内容和编制原理

全面预算的内容涉及企业生产经营活动的方方面面，不同的内容，其预算的编制方法也不完全相同。

一、全面预算的基本内容

全面预算在形式上表现为一整套预计企业生产经营活动情况的业务报表和财务报表。它主要是用来规划计划期间企业的全部经济活动及其成果。全面预算按其内容不同，可以分为业务预算、专门决策预算和财务预算三大类。

（一）业务预算

业务预算（operating budget）反映企业在计划期间日常发生的各种具有实质性的基本活动的预算，主要包括销售预算、生产预算、直接材料采购预算、直接人工预算、制造费用预算、单位生产成本预算、期末产成品存货预算、销售费用及管理费用预算等。

（二）专门决策预算

专门决策预算（special decision budget）是指企业为不经常发生的长期投资决策项目或一次性专门业务所编制的预算，包括资本支出预算和一次性专门业务预算。

（三）财务预算

财务预算（financial budget）是指企业在计划期内反映有关现金收支、经营成果和财务状况的预算，主要包括现金预算、预计损益表和预计资产负债表三种。

前文所述各种业务预算和专门决策预算，最终都要以货币形式列入财务预算。如此一来，财务预算就反映了企业各项经营业务和专门决策的整体计划。

（四）全面预算诸表之间的主要关系

企业的全面预算实际上是由业务预算、专门决策预算和财务预算三大类各种不同预算表所组成的一个完整的预算体系。各种预算之间既相互联系，又相互制约。它们之间的关系如图9-3所示。

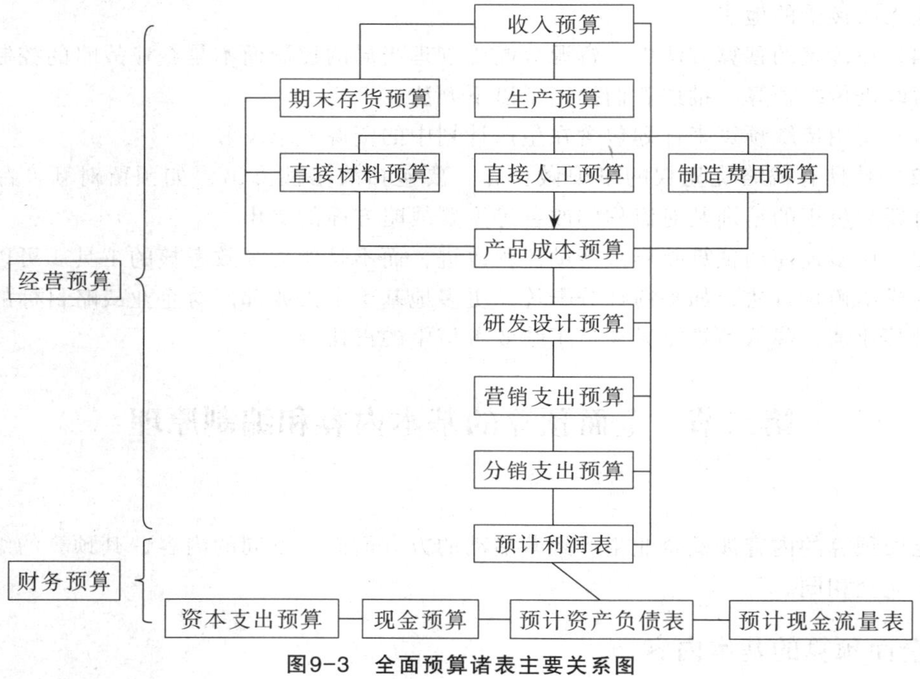

图9-3 全面预算诸表主要关系图

二、全面预算的具体编制

在市场经济环境中，企业的生产经营预算通常是在销售预测的基础上，首先编制销售预算，然后根据“以销定产”的原则，依次编制生产预算、材料采购预算、直接人工预算等。企业的财务预算则是在生产经营预算和资本支出预算的基础上编制出来的。全面预算一般一年编制一次。以下我们将就各项预算的编制方法分别加以说明。

（一）销售预测与销售预算

1.销售预测

在编制销售预算之前，需要一份准确的销售预测。

销售预测是企业对预算期销售额的主观估计。销售预测不仅要考虑到销售的历史趋势，还要考虑到经济和产业状况指标、企业战略、市场占有率、竞争者的行为、不断上升的原材料和人工成本、定价策略和信用政策、广告与市场营销的投入额、未履行的订单数量、销售渠道以及潜在客户前景等因素。

销售预测的基本方法包括定量分析方法和定性分析方法两大类。定量分析方法包括算术平均法、移动平均法、加权平均法、平滑指数法、时间序列回归法、一元直线回归分析法等。定性分析方法包括专家判断法、市场调查法等。这些销售预测技术可以参考统计学相关知识。

销售经理对其所负责的市场以及该市场中的客户最为了解，在确定最终销售预测的细节内容时，应与销售经理进行充分的沟通。

2.销售预算

销售预算是全面预算的起点，几乎其他所有预算都或多或少地使用了销售预算中的数据。销售预算包括产品的名称、销售量、单价、销售额等项目。出于战略的需要，企业还需从地区、客户、渠道、销售部门、销售人员等角度来编制销售预算。

为方便编制现金预算，在销售预算中一般还附有预计现金收入表。预计现金收入数应为上期销售收入中计划本期应收到的款项与本期销售收入中应在本期收到的款项之和。

鉴于采矿业可能与大多数制造业企业的业务流程和生产成本组成等有较大的差异，这里我们考虑更加一般的情况。以普通生产制造业企业旭日公司的数据为例，该公司产销多功能防水运动腰包。表9-1为旭日公司2023年销售预算（附有预计现金收入表，见表9-2）。

表9-1　**旭日公司销售预算**

2023年

季　度	一季度	二季度	三季度	四季度	全　年
预计销售数量（件）	5 000	15 000	20 000	10 000	50 000
预计销售价格（件/元）	20	20	20	20	20
预计销售额（元）	100 000	300 000	400 000	200 000	1 000 000

表9-2　**预计现金收入表**　单位：元

季　度	一季度	二季度	三季度	四季度	全　年
期初应收账款	40 000				40 000
一季度现金收入	70 000	30 000			100 000
二季度现金收入		210 000	90 000		300 000
三季度现金收入			280 000	120 000	400 000
四季度现金收入				140 000	140 000
现金收入合计	110 000	240 000	370 000	260 000	980 000

注：每季度销售额的70%在当季收到现金，其余30%在下季收回。

表9–1中的销售量、销售价格来自对计划期销售情况的预测；表9–2中每期收到的现金数占销售收入金额的比率一般根据以往经验确定。

（二）生产预算

销售预算确定后即可根据计划期的销售量制定生产预算。由于企业一般都要备有一定数量的存货以应付临时需要，因此，每期生产数量与当期的销售量不一定相等，可以通过以下的公式进行计算：

本期生产数量=本期销售量+期末产成品存货数量–期初产成品存货数量

表9–3为旭日公司2023年的生产预算。

表9–3 旭日公司生产预算

2023年 单位：件

季　度	一季度	二季度	三季度	四季度	全　年
预计销售量（表9–1）	5 000	15 000	20 000	10 000	50 000
加：期末产成品存货数量	3 000	4 000	2 000	2 000	2 000
产成品需要量合计	8 000	19 000	22 000	12 000	52 000
减：期初产成品存货数量	1 500	3 000	4 000	2 000	1 500
生产量	6 500	16 000	18 000	10 000	50 500

生产预算中，期末产成品存货数量用下期销售数量乘以一定比率计算得出，本例中为20%；年末产成品存货数量则是根据对下一年第一季度销售数量的大致估计数计算而来；期初产成品存货数量即上期期末产成品存货数量。

实际上，期末产成品存货数量的预算对企业来说也非常重要，如果期末剩余存货过多不仅会占用大量资金，也会增加仓储、保管等各方面费用，造成浪费；但是存货太少又可能造成下期生产过于紧张，可能导致企业无法满足下期的销售需要。因此，在编制预算时也需要对期末存货数量进行合理安排。

（三）直接材料预算

企业可以根据生产预算编制直接材料预算，用于反映生产过程中直接材料的需要量。直接材料预算的主要依据是计划期生产数量、单位产品直接材料耗用量和直接材料单位价格。同产成品一样，直接材料购买数量也可利用下列公式计算得出：

本期购买材料数量=本期生产耗用材料数量+期末材料存货数量–期初材料存货数量

为便于编制财务预算，直接材料预算中一般附有预计现金支出表，反映在各期间为本期和上期购买的直接材料支出的现金数。表9–4为旭日公司的直接材料预算（附有预计现金支出表，见表9–5）。

直接材料预算中，期末直接材料存货数量用下期直接材料总耗用量乘以一定比率计算得出，本例中为10%；年末直接材料存货数量为估计数字；期初直接材料存货数量即上期的期末直接材料存货数量。

表9-4　　旭日公司直接材料预算

2023年

季　度	一季度	二季度	三季度	四季度	全　年
生产量（表9-3）（件）	6 500	16 000	18 000	10 000	50 500
单位产品直接材料耗用量（千克）	4	4	4	4	4
总耗用量（千克）	26 000	64 000	72 000	40 000	202 000
加：期末直接材料存货数量（千克）	6 400	7 200	4 000	5 500	5 500
总需要量（千克）	32 400	71 200	76 000	45 500	207 500
减：期初直接材料存货数量（千克）	5 000	6 400	7 200	4 000	5 000
直接材料采购数量（千克）	27 400	64 800	68 800	41 500	202 500
直接材料单位价格（元）	0.5	0.5	0.5	0.5	0.5
直接材料采购金额（元）	13 700	32 400	34 400	20 750	101 250

表9-5　　预计现金支出表　　单位：元

季　度	一季度	二季度	三季度	四季度	全　年
期初应付账款	9 500				9 500
一季度付现额	8 220	5 480			13 700
二季度付现额		19 440	12 960		32 400
三季度付现额			20 640	13 760	34 400
四季度付现额				12 450	12 450
现金支出合计	17 720	24 920	33 600	26 210	102 450

注：每季度采购金额的60%在当季支付，其余40%在下季支付。

（四）直接人工预算

直接人工预算也是根据生产预算编制的，主要用于对计划期内直接生产工人的人工耗费进行规划，以便企业进行合理人员安排，满足生产需要。如果事先不对人工做好安排，就可能会出现由于生产人员短缺或生产人员缺乏经验而影响生产的情况，带来成本的增加和生产效率的降低。

制定直接人工预算的主要依据是单位产品直接人工工时耗用量、生产量、单位工资率。旭日公司的直接人工预算见表9-6。

表9-6 **旭日公司直接人工预算**

2023年

季 度	一季度	二季度	三季度	四季度	全 年
生产量（表9-3）（件）	6 500	16 000	18 000	10 000	50 500
单位产品直接人工工时（小时）	0.8	0.8	0.8	0.8	0.8
直接人工工时合计（小时）	5 200	12 800	14 400	8 000	40 400
单位工资率（元/小时）	5	5	5	5	5
直接人工耗费总额（元）	26 000	64 000	72 000	40 000	202 000

（五）制造费用预算

制造费用预算也是根据生产预算编制的，是对生产成本中除直接人工费用和直接材料费用外的其他生产费用的规划。制定制造费用预算的主要依据是计划期预计生产量、制造费用标准耗用量和标准价格。

编制制造费用预算时首先应根据制造费用的成本习性将其划分为变动制造费用和固定制造费用，然后分别编制预算。

对于变动制造费用应预先确定其各费用项目的单位标准耗用额（单位工时变动制造费用耗用率或单位产品变动制造费用耗用率），用单位标准耗用额乘以计划期生产量或预计工时耗用量得到各项变动制造费用的预算额，加总后求出变动制造费用预算总额。再根据变动制造费用分配率和预计产量可将全年的变动制造费用分配到各个季度或者更短的期间。

固定制造费用在企业生产能力一定的情况下是固定不变的，因此，在制定其预算时应根据计划期所需生产能力水平并结合以往经验确定各项固定制造费用预算，但为了编制产品成本预算仍应计算出固定制造费用分配率。

混合制造费用则应先分解为变动制造费用和固定制造费用，然后分别列入预算中的变动费用和固定费用部分。

为了便于编制现金预算，制造费用预算中也包括预计现金支出额。在计算支出金额时应该注意折旧费用，虽然固定制造费用也包括折旧费用，但这一部分的费用实际上并没有带来当期的现金支付，应从制造费用中扣除。

旭日公司制造费用预算见表9-7（附有预计现金支出表，见表9-8）。

（六）产品成本预算

根据前述几项具体预算中的数据我们可以编制产品成本预算。

制定产品成本预算的目的，一是确定预计利润表中的销货成本数据，二是确定预计资产负债表中的期末产成品存货的价值。当然，产品成本预算中年末产成品存货成本部分也可以单独编制预算。旭日公司产品制造费用预算、预计现金支出、产品成本预算分别见表9-7至表9-9。

表9-7

旭日公司制造费用预算

2023年

成本项目		金额（元）	费用分配率计算
变动制造费用	间接人工费用	20 800	变动制造费用分配率=$\frac{变动制造费用预算合计}{标准总工时}$=$\frac{80\,800}{40\,400}$=2（元/小时）
	间接材料费用	30 000	
	维护费	13 000	
	水电费	17 000	
	合计	80 800	
固定制造费用	折旧费	25 000	固定制造费用分配率=$\frac{固定制造费用预算合计}{标准总工时}$=$\frac{101\,000}{40\,400}$=2.5（元/小时）
	维护费	21 000	
	管理费	45 000	
	保险费	10 000	
	合计	101 000	

表9-8

预计现金支出表

2023年

季　度	一季度	二季度	三季度	四季度	全　年
预计直接人工工时（小时）	5 200	12 800	14 400	8 000	40 400
变动制造费用分配率（元/小时）	2	2	2	2	2
预计变动制造费用（元）	10 400	25 600	28 800	16 000	80 800
预计固定制造费用*（元）	25 250	25 250	25 250	25 250	101 000
预计制造费用（元）	35 650	50 850	54 050	41 250	181 800
减：折旧费用**（元）	6 250	6 250	6 250	6 250	25 000
现金支出的制造费用（元）	29 400	44 600	47 800	35 000	156 800

*固定制造费用在各季度间平均分配，即25 250元（101 000÷4）。

**折旧费用在各季度间平均分配，即6 250元（25 000÷4）。

表9-9 **旭日公司产品成本预算**

2023年

项　目	单位成本			生产成本（元）（50 500件）	期末存货成本（元）（2 000件）	销货成本*（元）
	单价（元）	单位耗用量	成本（元）			
直接材料（表9-4）	0.5	4	2	101 000	4 000	100 000
直接人工（表9-6）	5	0.8	4	202 000	8 000	200 000
变动制造费用（表9-7）	2	0.8	1.6	80 800	3 200	80 000
固定制造费用（表9-7）	2.5	0.8	2	101 000	4 000	100 000
合　计			9.6	484 800	19 200	480 000

*销货成本由公式“销货成本=期初产成品存货成本+本期生产成本-期末产成品存货成本”计算得出，期初产成品存货为1 500件。

（七）销售费用及管理费用预算

销售费用及管理费用预算是对计划期内发生的生产成本以外的一系列其他费用的预算。

其中，销售费用预算是指对为实现销售预算而需要支出的费用所做的预算。它以销售预算为基础，在制定时应对过去发生的销售费用进行细致分析，并运用本量利分析等方法分析销售收入、销售利润与销售费用之间的关系，以合理安排销售费用，使之得到最有效的使用。

管理费用预算是对企业运营过程中需要支出的管理费用的预算。在编制时应以过去发生的实际支出为参考，综合分析企业的业务情况，努力做到使费用支出更合理、更有效。

如果销售费用及管理费用预算包括的项目太多，也可以对各部分项目分别编制预算。

在编制销售费用及管理费用预算时应区分变动费用与固定费用。对于变动费用可以根据销售量在各季度之间分配，固定费用则可以在四个季度中平均分配，或列入实际支付的季度。混合成本则应在分解为变动费用与固定费用后分别列入预算的变动部分和固定部分。

旭日公司销售费用及管理费用预算见表9-10。

表9-10 **旭日公司销售费用及管理费用预算**

2023年　　金额单位：元

季　度	一季度	二季度	三季度	四季度	全　年
预计销售量（件）（表9-1）	5 000	15 000	20 000	10 000	50 000
单位变动销售及管理费用耗用额	1.5	1.5	1.5	1.5	1.5
预计变动销售及管理费用耗用额	7 500	22 500	30 000	15 000	75 000

续表

季　度	一季度	二季度	三季度	四季度	全　年
固定销售及管理费用					
广告费	25 000	25 000	45 000	25 000	120 000
管理人员工资	32 000	32 000	32 000	32 000	128 000
保险费	20 000		10 000		30 000
财产税				12 000	12 000
固定销售及管理费用合计	77 000	57 000	87 000	69 000	290 000
预计销售及管理费用合计	84 500	79 500	117 000	84 000	365 000

注：销售费用及管理费用全部在发生当期以现金支付。

（八）资本支出预算

资本支出预算是规划未来期间选择和评价长期资本投资活动（如固定资产的购建、扩建）的相关原则和方法步骤的预算。简要来说，成功的资本投资应该遵循以下顺序：

（1）投资意向和提案的产生；

（2）估计战略、市场和技术因素，预计现金流量；

（3）评价现金流量；

（4）在可接受标准基础上选择项目；

（5）执行计划；

（6）在投资项目的现金流量和经济状况被接受以后，不断重新评价，或进行事后审计。

所以，资本支出预算就是对上述步骤在未来期间做一个全面考虑，并把相应指标量化，供管理人员进行决策。企业资本支出预算编制时的评价和专业水平需要到什么层次，由企业的规模以及资本支出的规模和甄选标准决定。资本支出量越大，需要进行的甄选层次就越多。分公司的经理人员有权决定本公司内部中等规模的投资项目，更高级别的管理人员可以决定更大的投资项目。企业与企业之间的投资提案甄选管理程序各不相同，集权和分权的企业之间，紧凑型和松散型管理的企业之间，各级管理人员的决策权力都有很大的区别。

假设旭日公司年度资本支出预算仅购置动力设备一台，金额50 000元，分四个季度付款，其预算编制见表9-11。

表9-11　**旭日公司资本支出预算**

2023年　单位：元

项　目	预计完成日期	预计成本	一季度	二季度	三季度	四季度	全　年
动力设备	1月1日	50 000					50 000
现金支出			20 000	10 000	10 000	10 000	50 000

（九）现金预算

现金预算将前面述及的各项预算中的数据综合在一起，反映计划现金收支及筹措、运用情况。现金预算包括四个部分：现金收入、现金支出、现金多余或不足以及资金融通。

现金收入包括计划期的期初现金余额及计划期内的预计现金收入，计划期内预计现金收入数据主要来自销售预算中的现金收入。

现金支出指在计划期内付出的全部现金，包括用现金支付的材料采购费用、直接人工费用、制造费用、销售费用、管理费用、固定资产购置费用以及所得税支出和股利的发放等。这些数据来自之前编制的各项预算中现金支出的部分。

企业需要考虑不同期间现金多余或不足的问题。如果现金余额不足，企业需要考虑是否需要向银行或其他单位借款；如果现金多余，企业也应考虑如何更好地利用这些多余的现金，或进行短期投资，或用于归还借款。

资金融通是对计划期内现金多余或不足的情况所做的具体资金安排，包括向银行借款、偿还借款及利息、对外进行短期投资、收回投资及利息等。对计划期内的资金融通预作安排可以避免企业在需要用款时由于现金短缺而陷入麻烦，还可有效利用暂时多余的资金进行投资获取利益。

现金预算是企业预算的一个重要部分。为了对现金收支进行有效的控制，企业应尽可能缩短现金预算的编制期间。大多数企业按月或季编制现金预算，有些则按周甚至按天编制。

为了满足临时性现金需求，企业一般要保持一定的现金持有量，我们称之为最低现金余额。因此，在现金收入大于支出但余额低于最低现金余额时也应向银行或其他单位借款以补足余额，将现金用于对外投资或偿还借款等也必须以剩余现金达到最低现金余额为限。旭日公司现金预算见表9-12，期初现金余额为31 000元。

表9-12 **旭日公司现金预算**

2023年 单位：元

项　目	一季度	二季度	三季度	四季度	全　年
期初现金余额	31 000	30 380	30 360	30 610	31 000
加：销售现金收入（表9-2）	110 000	240 000	370 000	260 000	980 000
现金收入合计	141 000	270 380	400 360	290 610	1 011 000
减：现金支出					
直接材料（表9-5）	17 720	24 920	33 600	26 210	102 450
直接人工（表9-6）	26 000	64 000	72 000	40 000	202 000
制造费用（表9-8）	29 400	44 600	47 800	35 000	156 800
销售与管理费用（表9-10）	84 500	79 500	117 000	84 000	365 000
所得税①	17 000	17 000	17 000	17 000	68 000

续表

项　目	一季度	二季度	三季度	四季度	全　年
购置生产设备（表9-11）	20 000	10 000	10 000	10 000	50 000
发放股利	10 000		10 000		20 000
现金支出合计	204 620	240 020	307 400	212 210	964 250
资金融通前现金余额	-63 620	30 360	92 960	78 400	46 750
资金融通					
借款②	94 000③				94 000
还款			-58 000	-36 000	-94 000
偿付利息④			-4 350	-3 600	-7 950
资金融通合计	94 000		-62 350	-39 600	-7 950
期末现金余额	30 380	30 360	30 610	38 800	38 800

①所得税支出额根据对计划期的销售情况及利润情况的分析估计得出。

②假设借款应为1 000元的整数倍，假定所有借款发生在期初，还款发生在期末。

③旭日公司最低现金余额为30 000元，因此，一季度借款额应为：63 620+30 000=93 620（元），由于借款为1 000元的整数倍，故取整为 94 000元。

④借款年利率为10%。偿付的利息就当期偿还的本金部分计算，因此，各季度偿付利息的计算如下：

三季度偿付利息=58 000×10%×3÷4=4 350（元）

四季度偿付利息=36 000×10%=3 600（元）

（十）预计利润表

预计利润表是整个预算体系中的重要组成部分，从中可以了解企业的预计利润水平，并被当作衡量企业实际表现的参照标准。它的格式与实际的利润表相同，只是数据来源于上述各项具体预算而不是实际。表9-13为旭日公司的预计利润表。

表9-13　　旭日公司预计利润表

2023年　　单位：元

销售收入（表9-1）	1 000 000
减：销货成本（表9-9）	480 000
毛利	520 000
减：销售及管理费用（表9-10）	365 000
利息费用（表9-12）	7 950
利润总额	147 050
所得税（表9-12）	68 000
净利润	79 050

预计利润表中的“所得税”金额是在对企业利润进行预测分析时估算出的，并非通过预计利润表中的利润总额与所得税税率计算得出的。这是由于该项支出已列入现金预算，并对利息费用产生影响，而预计利润表又利用了现金预算的有关数据，如果在编制预计利润表时根据利润与所得税税率重新计算所得税，就需要根据计算出的新结果修改现金预算，继而影响现金预算中的有关数据，并反过来对预计利润表产生影响，结果又要修改预计利润表，如此一来，就会陷入无休止的循环修改之中。

（十一）预计资产负债表

预计资产负债表的内容、格式与实际的资产负债表相同，但反映的是预计计划期末的财务状况。

预计资产负债表是根据计划期的销售预算、生产预算等具体预算对期初资产负债表进行适当调整而编制的。旭日公司的预计资产负债表见表9-14。

表9-14 **旭日公司预计资产负债表**

2023年12月31日 单位：元

资产			负债和所有者权益		
项　目	期初余额	期末余额	项　目	期初余额	期末余额
流动资产			流动负债		
现金（表9-12）	31 000	38 800	应付账款（表9-5）	9 500	8 300②
应收账款（表9-2）	40 000	60 000①	流动负债合计	9 500	8 300
直接材料（表9-4）	2 500	2 750	长期负债		
产成品（表9-9）	14 400	19 200	长期借款	100 000	100 000
流动资产合计	87 900	120 700	长期负债合计	100 000	100 000
固定资产			负债总额	109 500	108 300
土地③	80 000	80 000	所有者权益		
房屋及设备	150 000	200 000	普通股股本	100 000	100 000
减：累计折旧（表9-7）	（64 000）	（89 000）	未分配利润（表9-12）	44 400	103 450④
固定资产合计	166 000	191 000	所有者权益合计	144 400	203 400
资产总计	253 900	311 750	负债和所有者权益总计	253 900	311 750

①期末应收账款=四季度销售额×30%=60 000（元）

②期末应付账款=四季度材料采购金额×40%=8 300（元）

③土地、长期借款、普通股股本三项未发生变动。

④期末未分配利润=期初未分配利润+本期净利润-本期发放股利

=200 000×30%

=20 750×40%

=44 400+79 050-20 000

=103 450（元）

第三节　预算编制的主要方法

全面预算编制的方法主要有固定预算法、弹性预算法、零基预算法、滚动预算法和概率预算法等多种，现在分别介绍。

一、固定预算法

固定预算法是指根据计划期某一确定的业务量水平为基础计算各项预计指标的预算编制方法，这种方法也称为静态预算。上一节所述的预算的具体编制就是采用了固定预算法。

固定预算法的缺点是每当实际发生的业务量与编制预算所依据的业务量产生差异时，各项与业务量紧密相关的预计项目的实际数与预算数就没有可比性。此时要进行比较，就必须根据实际业务量来对原预算予以调整。

二、弹性预算法

为了克服固定预算法的缺点，人们采用弹性预算法来编制预算。所谓弹性预算法就是在编制费用预算时，预先估计计划期间业务量可能发生的变动，编制出一套能适应多种业务量的费用预算，以便分别反映在不同业务量的情况下的费用水平。由于这种预算方法反映了多种业务量所对应的费用水平，本身具有弹性，故称为弹性预算法，亦称动态预算法。弹性预算法比固定预算法更加便于考核预算的实际执行情况。

由于制造费用预算和销售及管理费用预算中均包含了变动费用和固定费用两部分，所以在编制弹性预算时对于变动费用需要根据业务量的变动加以调整。

【例9-1】东升公司基于5种业务量水平编制制造费用弹性预算，具体见表9-15。

表9-15　　制造费用预算　　金额单位：元

业务量（小时）	420	480	540	600	660
占正常生产能力百分比（%）	70	80	90	100	110
变动成本：					
运输（b=0.2）	84	96	108	120	132
电力（b=1.0）	420	480	540	600	660
消耗材料（b=0.1）	42	48	54	60	66
合计	546	624	702	780	858
混合成本：					
修理费	440	490	544	600	746
油料	180	220	220	220	240
合计	620	710	764	820	986
固定成本：					
折旧费	300	300	300	300	300
管理人员工资	100	100	100	100	100
合计	400	400	400	400	400
总　计	1 566	1 734	1 866	2 000	2 244

三、零基预算法

传统的预算是以基期的各项费用项目的实际开支水平为基础，考虑计划期间可能的变动来编制的。编制费用预算如果是在原有基础上增加一定的百分比，就叫作增量预算法（incremental budgeting），如果是在原有基础上减少一定的百分比，就叫作减量预算法（decremental budgeting）。这些传统方法的优点是简便易行，缺点是受过去基期预算的约束，往往容易造成浪费。为了克服这个缺点，零基预算法应运而生。

所谓零基预算法（zero-base planning and budgeting）就是以零为基础编制计划和预算的方法。它起源于美国，是由彼得·派尔（Peter Pyhrr）在20世纪60年代提出来的，现在被公认为管理间接费用的有效方法。

零基预算法与传统的增量预算或减量预算法截然不同。采用零基预算，在确定费用预算数时，根本不考虑基期的费用开支水平，而是一切以零为起点，从根本上考虑各个费用项目的必要性及开支水平。编制零基预算的步骤如下：

（1）根据企业计划期间的总目标和各个部门的具体任务，分析确定一个详细的费用开支计划，分别每一费用项目说明其目的及需要开支的费用数额。

（2）对每一项费用进行必要性和成本效益分析，以便对费用开支计划进行评价，实施费用预算的事前控制；然后在对各个费用开支计划权衡轻重的基础上，分成若干层次，排出先后顺序。

（3）按照上一步骤所确定的费用开支的层次和顺序，结合可动用的资金来源，分配资金，落实预算。

【例9-2】假定东升公司采用零基预算法编制2023年度的销售及管理费用预算。其编制程序如下：

首先，由企业销售及管理部门根据企业2023年的经营目标和各部门的具体任务，经多次讨论，反复协商，研究确定了2023年度需要开支的费用项目及其数额如下：

（1）广告费　　60 000元

（2）培训费　　54 000元

（3）房屋租金　　27 000元

（4）差旅费　　9 000元

（5）办公费　　15 000元

其次，对上述费用项目中属于酌量性固定费用的广告费、培训费进行成本-效益分析，其结果见表9-16。

表9-16　**酌量性固定费用成本-效益分析表**　单位：元

明细项目	成本额	收益额
广告费	1	30
培训费	1	45

再次，根据上述费用项目的性质及轻重缓急，排出开支的层次和顺序如下。

第一层次：房屋租金、差旅费、办公费，属于约束性固定费用，计划期必须开支，因此，其需要全额得到满足。

第二层次：培训费，属于酌量性固定费用，可根据企业计划期间的财力，酌情增减。由于其成本效益高于广告费，所以，排列在第二层次。

第三层次：广告费，也属于酌量性固定费用，可根据计划期间企业财力酌情增减，但由于其成本效益低于培训费，所以，排列在第三层次。

假定东升公司2023年度的销售及管理费用的可动用财力资源只有129 000元，那么，就应该根据上述排列顺序分配资金，落实预算。其资金安排结果如下。

（1）房屋租金27 000元，差旅费9 000元，办公费15 000元，三项合计51 000元全额满足。

（2）上述约束性固定成本得到满足后，尚余78 000元，此金额可按成本收益率比例分配给培训及广告费：

$$培训费分配额=78\,000\times\frac{45}{45+30}=46\,800（元）$$

$$广告费分配额=78\,000\times\frac{30}{45+30}=31\,200（元）$$

零基预算法的优点是不受现行预算的约束，可以促使各级管理人员发挥积极性和主动性，以利于促使各基层单位精打细算，厉行节约，合理使用资金，提高资金的使用效率。其缺点是编制零基预算的工作量较繁重。

四、滚动预算法

滚动预算法（rolling budgeting）是指在基期编制1年期预算的基础上，每经过1个月，就立即在期末增列1个月的预算，逐期向后滚动，以便始终保持预算期有12个月的时间跨度，故也称永续预算法（perpetual budgeting）或连续预算法（continuous budgeting）。这种预算法能使企业各级管理人员对未来永远保持整整12个月时间的规划，从而保证企业管理工作能够持续稳定而有序地进行。

在编制滚动预算的过程中，企业应该根据市场和企业内部变化的情况，对预算进行及时调整。滚动预算一般用于年度预算和长期预算的编制。用滚动预算法编制年度预算可按月或季编制。如按季编制时，应先按年度分季，并将其中第一季度按月划分，确定各月的明细预算数，以便控制和监督预算的执行情况，后面三个季度只需列出各季的总数，在第一季度结束时，再将第二季度按月列出明细预算数，第三、第四季度以及增列的下一年的第一季度，只需列出各季总数。如此类推，企业任何时候都可以了解年度预算情况。

五、概率预算法

前文所讲述的预算方法，均假定所涉及的销售量、单价、生产量、产品成本等变量是确定不变的，实际上并非如此。分析编制预算所涉及的每一个变量可能出现的各种情况及其概率，计算其数学期望，进而以各个变量的数学期望为基础来编制预算的方法就是概率预算法。由于概率预算考虑了各个相关因素变化的各种情况及其概率，所以它更加符合实际情况，因而更加科学。

【例9-3】假设旭日公司计划年度2023年只生产和销售一种产品，销售单价乐观地估计为100元，其概率为20%；最可能的情况是96元，其概率为60%；最悲观的估计为80元，其概率为20%。该公司计划年度分季销售预测情况见表9-17。根据表9-17可计算销售期望，见表9-18。

表9-17 **旭日公司销售预测资料**

2023年度

摘　要	第一季度	第二季度	第三季度	第四季度
最乐观的估计值（元）	5 000	8 000	10 000	12 000
估计概率	20%	30%	20%	10%
最可能的估计值（元）	3 000	6 000	8 000	10 000
估计概率	60%	50%	70%	60%
最悲观的估计值（元）	2 000	3 000	4 000	5 000
估计概率	20%	20%	10%	30%

表9-18 **旭日公司分季销售期望计算表**

2023年度　　单位：元

摘　要	第一季度	第二季度	第三季度	第四季度
最乐观的期望	5 000×20%=1 000	8 000×30%=2 400	10 000×20%=2 000	12 000×10%=1 200
最可能的期望	3 000×60%=1 800	6 000×50%=3 000	8 000×70%=5 600	10 000×60%=6 000
最悲观的期望	2 000×20%=400	3 000×20%=600	4 000×10%=400	5 000×30%=1 500
合　计	3 200	6 000	8 000	8 700

根据对销售单价的预测资料，可计算其数学期望如下：

销售单价的数学期望=100×20%+96×60%+80×20%

=20+57.6+16

=93.6（元）

根据销售量和销售单价的数学期望编制旭日公司2023年度的销售概率预算，见表9-19。

表9-19 **旭日公司分季销售预算**

2023年度

摘　要	第一季度	第二季度	第三季度	第四季度	全　年
销售量数学期望（件）	3 200	6 000	8 000	8 700	25 900
销售单价数学期望（元）	93.6	93.6	93.6	93.6	93.6
预计销售金额（元）	299 520	561 600	748 800	814 320	2 424 240

六、作业基础预算法

作业基础预算法（ABB）是利用作业成本法原理来编制预算，它关注作业而不是产品或部门。根据作业成本法的原理，企业可以根据不同作业类型（如单位作业、批次作业、产品线相关作业、能力相关作业）划分若干作业成本库，这样每个作业成本库都是由同质成本构成。因为每项作业都有其相应的成本动因，所以不同作业成本都随着各自的成本动因量的上升或下降而成比例变化。企业可以将固定成本划分到同一作业成本库，不同类型的变动成本被划分到不同的作业成本库中。每次在编制全面预算时，企业都要对不同作业成本库划分的准确性作出评价。作业成本法厘清了资源与作业之间的关系后，管理者就可以通过预测供应、设计、客户服务等不同作业变化对资源需求的影响，从而持续改善其预算编制的精确性。下面举例说明。

【例9-4】假设旭日公司9月份生产72 000件产品，直接人工工时预算为36 000小时，变动间接人工为每直接人工工时2元，因此，总变动间接人工成本为72 000元。该公司管理人员工资预算为10 000元，这是一项固定间接人工成本。假设72 000件产品由机加工和总装两个部门生产，并且每个部门都利用部门间接人工进行质量控制。利用作业基础预算法，我们可以按批次追踪用于质量控制的间接人工，见表9-20（假设每件产品有10个零部件）。

表9-20　　**利用作业基础预算法确定成本**

项目	机加工	总　装
9月份产量	720 000个零部件	72 000件产品
每批次的零部件或产品数量	100个	100件
要检查的批次数	720 000÷100=7 200（批次）	72 000÷100=720（批次）
每批次的检查时间	0.2小时	0.3小时
总检查时间	7 200×0.2=1 440（小时）	720×0.3=216（小时）

如果零部件检查的人工成本为每小时12元，总装的检查成本为每小时15元，则：

总检查成本=1 440×12+216×15=17 280+3 240=20 520（元）

总检查成本将作为直接人工从间接人工成本中扣除，余下的间接人工可以按一种新的较低的小时费率进行计算。20 520元与新的间接人工成本之和不一定仍等于72 000元。作为一种新的更为准确的计量方法，得出一个不同的结果也在预期之内。另外，1 656小时（1 440+216）的总检查时间会占用部门固定间接成本（管理人员薪酬）。如果作业基础预算法规定每8小时的检查时间需要1小时的管理监督时间，并且每1小时的管理监督时间成本为30元，那么，用于监督的管理人员的薪酬（固定间接成本）计算如下：

管理监督人员薪酬=1 656÷8×30=6 210（元）

同时，6 210元的固定间接成本可以分到两个或更多的成本项目，比如用于监督检查的管理人员薪酬或其他任何薪酬项目。在作业基础预算法下，无论是固定成本还是变动成本都是由成本动因决定的，也可以说固定成本和变动成本都可以采用合适的成本动因进行分摊。这意味着，在短期内固定成本和变动成本的处理方式相同。这一点很重要，因为与成本分解有关的新信息可能揭示出每10小时的检查时间只需要1小时的管理监督时间，这就会降低原先预计的固定成本。信息越具体，预算就越精确。

从本例可以看出，作业基础预算法的一个主要优点是它可以更准确地确定成本，尤其是在追踪多个部门或多个产品的成本时。但为获得这一优点也需要付出一定的代价，如果设计并维护作业基础预算系统的成本超过了由这一预算系统所带来的成本节约，作业基础预算法的潜在缺陷就会暴露无遗。因此，作业基础预算法最适合于在产品数量、部门数量以及诸如设备调整等方面比较复杂的企业。这是因为当经营环境趋于复杂时，宽泛的传统成本法的效用就会大打折扣。

七、项目预算法

当某个项目完全独立于公司的其他要素或是该公司的唯一要素时，我们就会用到项目预算法。一艘货轮、一条高速公路、一架客机或其他主要资本资产常会用到项目预算。项目预算的时间框架就是项目的期限，但跨年度的项目应按年度分解编制预算。在编制项目预算时，可以用过去相似的成本项目预算作为参考的标杆。同全面预算一样，项目预算的编制利用相同的技术并包含相同的组成要素，不同之处在于项目预算只关注与项目相关的成本，而全面预算关注整个公司的成本。在项目预算中，间接费用预算被简化了，因为公司将一部分固定和变动间接费用分配到了项目中，剩余的间接费用不再在项目预算中考虑。

项目预算法的优点在于它能够包含所有与项目有关的成本，因此，能够很容易地计量单个项目的影响。无论项目规模大小，项目预算都能很好地发挥作用。在处理比较小的项目时，许多个人及公司利用Microsoft Project之类的程序编制预算。当某些项目利用了与整个组织有关而不仅仅是与特定项目有关的资源和人力的时候，项目预算法潜在的局限性就会显现出来。在这种情况下，项目预算将与这些资源中心相关并且受影响的个体将会拥有两个上级。这时就要注意成本的划分与职权结构。

思考题

1.什么是全面预算？它可以如何分类？
2.全面预算有哪些作用？
3.业务预算都包括哪些内容？它们的编制原理是怎样的？
4.专门决策预算有哪些？它的编制有无固定的模式？
5.财务预算包括哪些内容？编制财务预算的依据有哪些？
6.全面预算诸表之间是孤立的吗？为什么？
7.固定预算法与弹性预算法有何差异？
8.滚动预算法有何优点？
9.为什么要编制零基预算？编制零基预算的程序是怎样的？

10. 编制概率预算有哪些优点？如何编制概率预算？

二维码9-1 即学即测

练习题

1. 假设旭日公司在计划年度只生产和销售一种产品，预计计划年度分季的销售量分别为第一季度3 000件，第二季度4 500件，第三季度6 000件，第四季度5 000件，销售单价为120元，每季的商品销售在当季收到货款的占60%，其余部分在下季收讫。基期年末的应收账款余额为86 400元。

要求：编制该公司计划年度分季销售预算及现金收入计算表。

2. 沿用习题1的资料，假定旭日公司各季度的期末存货按下一季度销售量的10%计算，各季期初存货与上季期末存货相等。假定计划年度期末存货为360件，期初存货为300件。

要求：编制计划年度的分季生产预算。

3. 沿用习题1、习题2的资料，假定旭日公司单位产品的材料消耗定额为3千克，计划单价为6元/千克。每季度的购料款当季付40%，其余在下季度付讫。各季度的期末存料按下一季度生产需要量的30%计算，各季期初存料与上季期末存料相等，期初应付购料款9 000元。假定计划年度期初存料量为950千克，期末存料量为900千克。

要求：编制计划年度的分季材料采购预算。

4. 沿用习题1至习题3的资料，假定旭日公司在计划期间所需直接人工只有一个工种，单位产品的工时定额为8工时，单位工时的工资率为6元。

要求：编制直接人工预算。

5. 假定旭日公司财务部门计划年度预计第一季度初需向银行借款126 000元；第二季度初借款93 000元；第三季度末可还款90 000元及其利息；第四季度末可还款129 000元及其利息（年利率10%）。另外，根据税法规定，计划期间每季末预付所得税18 000元，全年共72 000元。又根据公司董事会决定，计划期间每季末支付股利9 000元，全年共36 000元。

要求：编制一次性借款业务预算和股利及税金支付业务预算。

案例分析

CS商店是一家出售各种金属器具及家庭用品的零售商店。CS商店的店主正急于编制一份预算，她非常关心商店的现金流状况。由于预计在本年的最后一个季度中的销售额将会很高，CS商店预计需要借入资金以满足采购商品的现金需求。当企业需要借入资金时，企业会在月末进行借款；而如果企业有可以用于偿还借款的现金盈余，企业同样会在月末偿还贷款。企业每个月的月末以现金支付利息，贷款的月利率为1%。

请为CS商店编制10月、11月和12月的全面预算。CS商店的管理者收集到用来编制全面预算的数据见表9-21，此外，商店打算在10月支付19 750元的现金以购入一台新设备并在12月支付4 000元的现金股利。

表9-21 **CS商店预算信息** 单位：元

资产负债表（20×3年9月30日）		销售预算	
资产：		9月（实际）	60 000
货币资金	9 000	10月	70 000
应收账款	48 000	11月	85 000
存货	12 600	12月	90 000
固定资产（净额）	200 000	1月（20×4年）	50 000
总资产	269 600		
		其他数据	
负债和所有者权益：		期末最低现金余额	8 000
应付利息	0	销售组合，现销/赊销：	
应付票据	0	现销比	20%
应付账款	18 300	赊销比（下月回收）	80%
股本	180 000	毛利率	40%
留存收益	71 300	贷款利率（每月以现金支付利息）	12%
负债和所有者权益总额	269 600	存货款支付期间：	
		采购当月	50%
预算费用（每月）		采购下月	50%
工资	7 500	工资薪金、运费、广告费及其他费用在发生当月以现金支付	
运费（占销售额的比例）	6%		
广告费用	6 000		
折旧费用	2 000		
其他费用（占销售额的比例）	4%		
期末最低存货（占下月销货成本比例）	30%		

第十章　标准成本、弹性预算和差异分析

学习目标

通过本章的学习，掌握弹性预算的概念及编制方法；了解标准成本法的原理，有利差异、不利差异的区别；了解并熟练辨别各种差异，能够基于已有数据，进行差异分析。

引例：胸科医院弹性预算编制的实践①

首都医科大学附属北京胸科医院（以下简称“胸科医院”）是一所集医疗、科研、教学、预防于一体的三级甲等专科医院。医院设有肿瘤科、结核科等临床、医技科室26个，基础研究室8个。

作为一所公立医院，需要按照事业单位差额预算管理的规定编报预算，其预算编制环节的准确性、科学性和精细化对全面预算管理的执行、调整、决算具有至关重要的影响。但目前，公立医院受预算编制方法限制，全面预算管理的编制环节与医疗业务缺乏关联性。因此，选择适宜的预算编制方法有利于实现医院年度计划目标和战略发展规划。

胸科医院对其112名不同职能管理部门人员进行了问卷调查，其中，56.60%的被调查者认为最适用于医院药品和卫生耗材支出的预算编制方法是弹性预算法，并认为该方法可有效增加医院业财融合度，有利于分析医院药品和卫生耗材的变化趋势。

弹性预算法是在变动成本法的基础上，以未来不同业务水平为基础编制预算的方法。以预算期间可能发生的多种业务量水平为基础，分别确定与之相应的费用数额而编制的、能适应多种业务量水平的费用预算。使用弹性预算法编制的重点在于对目标业务量、单位价格及成本的测算。

在构建弹性预算编制模型时，胸科医院首先对不同病种的业务量进行分别预计，并将卫生耗材、药品、人员绩效、工时消耗等与病种收入高度敏感的成本项目归入变动成本，将房屋、设备折旧、法定人员福利及其他与病种收入敏感性较低的成本归入固定成本。然后进行病种标准化成本的测定，主要包括病种单位价格、成本等额度的测算。最后，结合弹性预算原理及已核定的目标业务量得出较为准确的预计医院整体医疗收入及

① 改编自“王琦，马世元，马丽亚．弹性预算法在公立医院预算编制中的应用［J］．中国医药导报，2023，20（2）：189-191；196.”

医疗业务成本。

采用弹性预算编制法，可使医疗收入与医疗变动成本联动变化，增加预算编制的有效性。此外，因设定的医疗收入与上述两项变动成本呈正相关，对于药品和卫生耗材的实际支出值与预算值差额为额外变化因素，故弹性预算法可更准确地分析药品和卫生耗材的变化趋势，更加高效地管控预算和成本。

那么，什么是弹性预算？弹性预算又该如何编制？标准化成本应如何确定？在预算和标准确定的基础上，我们如何对预算差异进行分解和分析？在本章节中，我们将对以上问题进行学习。

第一节　标准成本

在上一章节的最后，我们简单介绍了预算编制方法中的弹性预算法。事实上，管理者可以利用标准成本编制弹性预算。

公司会根据战略目标设定不同类型的标准，其中，标准可以是仔细确定的价格、数量、服务水平或成本。制造业企业中的标准通常以单位产品为基础制定，即成本标准是一项操作或服务所应耗费的成本，或者是假设所有事项都按计划运行的情况下（如按预期时间和预期产能运行），一个实体预期会发生的成本。预算编制人员利用标准成本制定预算，并随环境的变化而相应更新标准成本指标。

一、标准的类型

（一）权威式标准

权威式标准只能由管理层制定。权威式标准可以很快制定出来并能够长期同整个企业的目标很好地匹配，但这一标准可能会导致员工的不满，因此，无法得到很好的遵循。

（二）参与式标准

参与式标准通过管理层和所涉及各方之间的相互沟通制定。参与式标准更容易被接受，但其制定过程需要耗费较多的时间，并需要管理层和各利益方之间的协商妥协，以确保实现经营目标。

（三）理想标准

理想标准，也叫最优标准，是一个远期目标。它只有当所有情况都产生最佳的可能结果时才能实现。理想标准适用于持续改进战略或全面质量管理理念。一些公司使用在现实理想标准上的进展，代替与理想标准的偏离来衡量和奖励业绩。

然而，理想标准在企业实践中很难达到，不合理地使用理想标准作为员工考核标准可能会使员工不堪重负，使标准丧失激励作用。

（四）当前可实现的标准

当前可实现的标准与历史标准比较相似。一般情况下，当前可实现的标准都是预期可达到的标准，受过适当培训的员工按照正常速度操作应能达到当前可实现的标准的要求。

当然，采用这一种方法时，标准也不能设定得太低，否则可能导致员工工作过慢。因此，标准的设定应适度，应能起到一定的激励作用。但需要注意的是，采用当前可实现的标准可能不符合持续改进战略的要求。

二、直接材料与直接人工标准成本

直接成本项目，如直接材料和直接人工，可以通过确定每一单位的产出所需要的每种类型的投入的数量来衡量，然后用投入的单位数量乘以每单位投入的标准计算。当然，真实情况下的标准成本可能需要将多个直接材料成本和直接人工成本相加。

（一）直接材料标准成本

直接材料的标准成本由质量、数量以及价格确定。其中，质量是第一决定要素，因为原材料的质量实际上对其他所有变量均有影响。

质量水平由产品的目标市场决定。该标准可以由工程师、生产经理以及管理会计人员根据生产设施、产品质量、制造成本以及所利用的设备等因素进行确定。

价格的设定需要参考所有前期数据，包括质量、数量以及供应链成本。供应链成本取决于是否每次都选择价格最低的供应商（价格会变化）或者是否与一个可信赖的供应商建立合作关系（价格会比较稳定）。

（二）直接人工标准成本

产品复杂性、人工技能水平、设备的类型和条件以及制造工艺都会影响直接人工成本。管理会计人员、工程师、生产经理、工会、人力资源管理以及其他因素也会影响直接人工的标准。需要注意的是，这里我们讲的直接人工的标准成本是以薪酬总额加上福利为基础，并非仅指净薪酬。

三、标准设定中的支持信息

设定标准时要同时应用几种信息来源，包括作业分析、历史数据、市场预期与战略决策以及标杆分析。

（一）作业分析

作业分析是作业成本法的一部分，它是指确认、整理以及分析完成一项工作或操作所需要的作业。可以通过调查直接参与该项操作的人员以确定最有效的资源以及其他投入的组合。

工程师参与核算产品的组成部分并确定生产过程中所涉及的具体步骤。管理会计人员帮助分析投入的直接成本以及将一定数量的间接成本（照明、租金、维修费用等）分配到该操作中去。作业成本法中的作业分析是最彻底的成本核算法，但其实施费用也最大。

（二）历史数据

利用历史数据确定成本相对容易，但该信息远没有作业分析可靠。为提高可靠性，可以利用历史数据确定一项操作的平均成本或历史成本的中值。为实施持续改进，可以将历史上的最佳业绩作为标准或至少是理想标准。当然，采用历史数据也有显而易见的弊端，因为历史信息无法排除过去的无效率，或者新技术所带来的影响。

（三）市场预期与战略决策

市场预期与战略决策能够决定产品的最大可允许成本水平，这与目标成本法类似。目标成本法是一种产品设计技术，即在生产结束时产品的总成本不能超过特定目标成本。然而，如果一个公司在上游市场中是价格接受者（换句话说，它必须接受原材料以及人工成本的变化），那么，目标成本法在设定标准时就必须考虑到这些市场实际成本。

（四）标杆分析

标杆分析是一个持续、系统化的衡量过程，它与最优业绩相比较来衡量产品、服务以及各项实务的优劣。很多人认为，标杆分析是获取“同类最优”信息，其实标杆分析在实际中有更广泛的应用。通常，“最好的水平”是针对该行业处于领导地位的公司的外部标杆而言的。然而，“最好的水平”也可以行业外具有类似流程的其他组织的内部标杆信息或指标为依据。好的标杆可以引导公司实现持续改进。相反，不好的标杆会导致显著的负面效应（如以一个不相容的行业为标杆会导致制定不现实的目标或缺乏挑战性目标）。另外，标杆分析一般不会带来能实现可持续竞争优势的重大突破。

第二节　弹性预算和差异分析

一、弹性预算

（一）固定预算

固定预算（static budget）又叫总预算，它假定作业水平是固定的。也就是说，总预算的编制只针对一个某一特定类型的作业水平。例如，假设一个公司使用传统成本核算系统，只有一个成本动因。

现在我们考虑一个比较简单的情况，威宝公司是珠三角地区的一家只有一个部门的企业。它生产和销售折叠式带轮行李箱，这种行李箱受到商务人士的广泛欢迎。生产这种行李箱需要若干个手工和机器操作程序。尽管这种产品有不同的种类，但为了我们研究的需要，可以将其设想为只有单一售价的单一种类产品。假设成本动因是销售量，计划作业水平（销售量）为9 000件。那么，所有的预算数据都是依据销售9 000件的情况编制的。20×2年6月总预算列示在表10-1第（2）列中，当月的实际数据列示在表10-1的第（3）列中。

表10-1　　威宝公司截至2022年6月30日根据总预算所作的业绩报告　　金额单位：元

项　目	实际预算（1）	总预算（2）	总预算差异（3）
销售量（件）	7 000	9 000	2 000U
销售收入	217 000	279 000	62 000U
变动成本			
变动生产成本	151 270	189 000	37 730F
运输费用	5 000	5 400	400F
管理费用	2 000	1 800	200U
变动成本总额	158 270	196 200	37 930F
边际贡献	58 730	82 800	24 070U
固定成本			
固定生产成本	37 300	37 000	300U
固定销售与管理费用	33 000	33 000	—
固定成本总额	70 300	70 000	300U
营业利润（亏损）	-11 570	12 800	24 370U

注：U代表实际发生的费用大于预算费用而产生的不利费用差异；F代表实际发生的费用小于预算费用而产生的有利费用差异。下同。

根据表10-1，总预算要求生产和销售9 000件产品，但实际仅生产和销售了7 000件产品。由于我们没有考虑期初存货和期末存货，故可以认为6月份的产品全部在6月份售出。

表10-1的业绩报告将实际结果与总预算进行了比较。业绩报告是一个通称，通常意味着将实际结果与某些预算进行比较。一个有效的业绩报告应该包括差异，它将管理人员的注意力引导到那些与预期发生显著偏差并需要进行例外管理的地方。回想一下，差异是实际量与预期或者预算量之间的差额。表10-1列示了实际结果与总预算的差异，即所谓的总预算差异（master budget variance）或者说固定预算差异（static budget variance）。差异的有利和不利是更加直观的说法，对于收入来说，实际收入超过预算收入时表现为有利差异，实际收入未达到预算收入时表现为不利差异；同理，实际费用超过预算费用导致了不利费用差异，实际费用低于预算费用则导致有利费用差异。

对于每一项重大的差异，管理者都应当询问“为什么”。解释差异产生的原因将迫使管理者认识到哪些因素已经影响了收入或者成本，并且还将影响未来决策的变化。假设威宝公司的总经理要求你解释为什么预算利润为12 800元，而实际上企业却发生了11 570元的营业损失。很显然，这是由收入和成本两个方面的变动带来的，虽然变动成本和固定成本表现出了有利差异，但仍然无法弥补销售量的降低带来的销售收入的不利差异。由此我们发现企业存在的问题：在销售收入低于计划水平的情况下，成本控制真的令人满意吗？当产量只有7 000件时，你真的愿意为可变费用支出196 200元吗？当然不会！因此，实际结果与总预算的比较对于例外管理并不是很有用。

（二）弹性预算

一个更加有用的分析基准是弹性预算。弹性预算（flexible budget），有时也叫变动预算，是一种对销售量和其他成本动因作业的变动进行调整的预算。弹性预算在形式上与总预算相同，但是经理们可以用它编制任意作业水平的预算。

为了进行业绩评价，弹性预算应该按照实际达到的作业水平编制。相反，总预算在作为业绩评价的初始基准时保持不变或固定，它仅仅反映初始计划作业水平下的收入和成本。可以说，弹性预算在固定预算与实际结果之间架起了一座桥梁。

在威宝公司的案例中，当销售量只有7 000件而非预算的9 000件时，经理们可以运用弹性预算来编制一套基于新的成本动因水平的新预算。然后，我们可以看到在以7 000件的销售量水平为基础的新预算中，变动成本总额应该是多少，并且可以将这个数量与实际结果相比较。

表10-2　　威宝公司的弹性预算　　金额单位：元

项　目	单位弹性预算公式	不同生产与销售水平上的弹性预算		
销售量（件）		7 000	8 000	9 000
销售收入	31.00	217 000	248 000	279 000
变动成本				
变动生产成本	21.00	147 000	168 000	189 000
运输费用	0.60	4 200	4 800	5 400
管理费用	0.20	1 400	1 600	1 800
变动成本总额	21.80	152 600	174 400	196 200
边际贡献	9.20	64 400	73 600	82 800
每月预算公式				
固定成本				
固定生产成本	37 000	37 000	37 000	37 000
固定销售与管理成本	33 000	33 000	33 000	33 000
固定成本总额	70 000	70 000	70 000	70 000
营业利润（亏损）		−5 600	3 600	12 800

（三）弹性预算公式

弹性预算是建立在相关成本动因的收入及成本性态（在相关范围内）假设基础上的。弹性预算将由作业量变动引起的对每一成本和收入的影响变化结果合并在一起。表

10-2和图10-1列示了威宝公司的简单弹性预算，它只有一个成本动因，就是产出单位。威宝公司的成本弹性预算公式为：

总成本=70 000+21.80×销售量

式中：21.80为产品的单位变动成本，70 000为每月的固定成本总额，固定成本在作业水平的相关范围内是保持不变的。

威宝公司成本函数或者说弹性预算公式在7 000~9 000件单位产品的相关范围内是有效的。表10-2的每一列（分别为7 000件、8 000件和9 000件单位产品）是采用相同的弹性预算公式编制的，并且在这一相关范围内的任何作业水平均可采用这一公式，如图10-1所示。

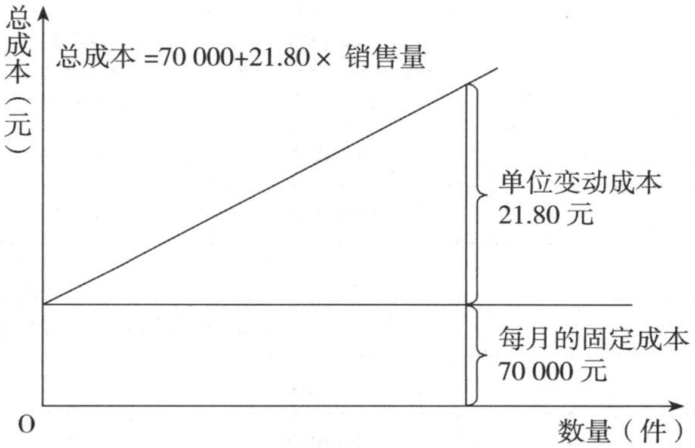

图10-1　威宝公司成本弹性预算图

（四）作业弹性预算

表10-2列示的威宝公司的弹性预算是以一个成本动因——产出单位为基础的。对于那些使用传统的、以产量为基础的成本核算系统的公司来说，这是一种适当的弹性预算编制方法。而对于那些使用作业成本核算系统的公司，就需要使用更详细的弹性预算编制方法。

作业弹性预算（activity-based flexible budget）是以每一个作业和作业相对应的成本动因为基础编制预算的。表10-3列示了威宝公司的作业弹性预算。它包括4个作业：加工、准备、市场营销和行政管理，每一个作业中，成本的发生依赖于一个适当的成本动因。

将传统的弹性预算（表10-2）和作业弹性预算（表10-3）相比较，在表10-2和表10-3中，产出数量为8 000件的那一列，两个表的结果是相同的，另外两列的成本在两个表中却出现差异，主要的原因在于相对于产量来说，一些生产成本是固定的，但相对于“准备”作业成本动因而言却是变动的。也就是说，在表10-2中，固定生产成本（37 000元）相对于产量来说是固定的，但相对于“准备次数”而言却是变动的那部分准备成本。例如，用于生产准备的物料成本，每进行一次准备，都需要提供一次物料。物料成本直接随准备次数的变化而变化。但是，在生产产品的过程中不会使用生产准备物料，因此，在大批量的产品制造过程中，生产准备成本几乎不会改变。上述就是在运用两种方法时预算成本会产生差异的原因，弹性作业预算对成本性态做了更加准确的计量。

表10-3　　威宝公司截至2022年6月30日的作业弹性预算　　金额单位：元

	预算公式			
		销售量（件）		
收入动因水平		7 000	8 000	9 000
销售收入	31.00	217 000	248 000	279 000
作业				
加工				
		成本动因：机器工作小时数（小时）		
成本动因水平		14 000	16 000	18 000
变动成本	10.50	147 000	168 000	189 000
固定成本	13 000	13 000	13 000	13 000
加工总成本		160 000	181 000	202 000
准备				
		成本动因：准备次数（次）		
成本动因水平		21	24	27
变动成本	500	10 500	12 000	13 500
固定成本	12 000	12 000	12 000	12 000
准备总成本		22 500	24 000	25 500
市场营销				
		成本动因：订单数量（个）		
成本动因水平		350	400	450
变动成本	12.00	4 200	4 800	5 400
固定成本	15 000	15 000	15 000	15 000
市场营销总成本		19 200	19 800	20 400
行政管理				
		成本动因：销售量（件）		
成本动因水平		7 000	8 000	9 000
变动成本	0.20	1 400	1 600	1 800
固定成本	18 000	18 000	18 000	18 000
行政管理总成本		19 400	19 600	19 800
总成本		221 100	244 400	267 700
营业收入		-4 100	3 600	11 300

（五）利用弹性预算评价财务业绩

将实际结果与弹性预算进行比较进行业绩评价。实际结果与总预算不相符的原因有两个：一是销售收入和其他成本动因作业与初始预测不同；二是收入或者单位作业的变动成本和每期的固定成本与预期不同。尽管这些原因不可能是完全独立的（例如，销售价格的上升可能会导致销售水平的下降），但分解这些影响还是必要的，因为可能有不同的人对它们负有责任，并且可能需要不同的管理行为。

利用弹性预算评价业绩的目的是将对实际结果的未预期影响分离出来，以便于在发生不利影响时修正不利影响，在发生有利影响时加强有利影响。由于弹性预算是按照实际作业水平（在我们的例子中是销售量）编制的，弹性预算与实际结果的任何差异不应该归于作业水平。它们必须归于实际成本或收入与弹性预算量的背离，原因是定价或者成本控制。这种弹性预算与实际结果之间的差异叫作弹性预算差异（flexible-budget variance）。

相反，任何总预算与弹性预算之间的不符或者差异都是由作业水平，而非成本控制导致的。这种总预算量与弹性预算量之间的差异叫作销售数量差异（sale volume variance）。

换言之，我们最初看到的实际结果与原总预算之间的差异，实际上由两部分组成：作业水平差异和弹性预算差异。表10-4是摘自表10-2的弹性预算，在总预算第（5）列与实际结果第（1）列之间架起一座解释性的桥梁。在表10-4的底部，对营业利润差异进行了汇总。这里的作业水平差异（销售数量差异）与弹性预算差异之和正好等于总预算差异的总额。

表10-4　　**威宝公司截至2022年6月30日业绩总结**　　金额单位：元

项　目	实际作业水平下的实际结果* （1）	弹性预算差异** （2）=（1）-（3）	实际销售作业下的弹性预算*** （3）	销售数量差异 （4）=（3）-（5）	总预算 （5）
销售量（件）	7 000	—	7 000	2 000U	9 000
销售收入	217 000	—	217 000	62 000U	279 000
变动成本	158 270	5 670U	152 600	43 600F	196 200
边际贡献	58 730	5 670U	64 400	18 400U	82 800
固定成本	70 300	300U	70 000	—	70 000
营业利润	-11 570	5 970U	-5 600	18 400U	12 800

总弹性预算差异 5 970U　　销售数量差异 18 400U

总预算差异 24 370U

*数据来自于表10-1。

**更详细的数据见表10-5。

***数据来自于表10-2的销售量为7 000件的一列。

二、差异分析

管理者利用实际结果、总预算以及弹性预算之间的比较评价组织业绩。在评价业绩时，应区分效果（effectiveness）和效率（efficiency），前者是指目标、目的或指标的实现，后者是指为获得某一特定产出而使用投入物的程度。

威宝公司制定的生产和销售量总预算是9 000件产品，而实际只生产和销售了7 000件产品。按销售数量差异来计量，业绩是无效的，因为销售目标没有实现。

在判断效率水平时，管理者可以比较实际产出（7 000件单位产品）与实际投入（例如，直接材料成本和直接人工成本），因为在既定的产出水平下，投入越少，经营效率越高。弹性预算差异指出，威宝公司是无效率的，因为实际投入的成本超过了达到实际产出水平的预期投入成本。

（一）弹性预算差异

在前文中，我们已经提及，弹性预算差异衡量的是在实际作业水平下经营的效率。在表10-4中，前三列比较了实际结果与弹性预算量。弹性预算差异是第（1）列与第（3）列之间的差额，为不利差异，总额是5 970元。

弹性预算差异总额 =实际结果总额-弹性预算总额（计划结果）
=（-11 570）-（-5 600）
=-5 970（元）或 5 970（元）U

弹性预算差异总额产生于实际的销售价格、发生的变动成本以及固定成本的差异。威宝公司的实际销售价格与弹性预算销售价格之间没有差异，所以问题的焦点在于实际成本与实际作业水平为7 000件产品的弹性预算成本之间的差异上。如果没有第（3）列的弹性预算，我们就不能将成本性态差异的影响与销售量变动的影响分开。弹性预算差异可以反映和评价企业经营是否是有效率的，因而也构成了定期业绩评价的基础。当然，解释弹性预算差异的最佳人选是业务经理们。

但是，主要利用差异来追究责任的公司会发现经理们经常采用欺骗和破坏方式来抗拒这一系统。与上级经理相比，业务经理们通常掌握了更多关于经营情况的信息。如果这些信息对其不利，可以预期下级经理为了自我保护将掩盖或谎报有价值的信息。

例如，一个制造企业按照当期部门的不利差异金额减少下个期间的部门预算。如果一个分部费用预算为50 000元，不利差异为2 000元，下期的预算将被定为48 000元。在这种情况下，系统将导致经理们欺骗、篡改报告以避免不利差异。当然，我们可以批评部门经理的道德问题，但是这个系统与经理们一样是有责任的。

表10-5是一个扩展的逐步计算威宝公司总预算各项目差异的计算表。当总预算作为比较的基准时（见表10-1），应注意表面上表现为有利差异的大多数成本实际上是如何产生不利差异的。不要轻易下结论，认为有利的弹性预算差异是好的，不利的弹性预算差异就是坏的，而应将所有差异解释为实际经营没有按照设定弹性预算公式时的预期准确进行的信号。任何与弹性预算有重大差异的成本都应该解释。表10-5的最后一列提供了对威宝公司差异的可能解释。

表10-5 威宝公司截至2022年6月30日成本控制业绩报告 单位：元

项 目	实际发生成本	弹性预算	弹性预算差异*	说 明
销售量（件）	7 000	7 000	—	
变动成本				
直接材料	69 920	70 000	80F	价格降低，用量减少
直接人工	61 500	56 000	5 500U	工资率提高，用量增加
间接人工	9 100	11 900	2 800F	生产准备时间减少
闲置时间	3 550	2 800	750U	机器故障超时
清洗时间	2 500	2 100	400U	溢出溶剂的清洗
物料	4 700	4 200	500U	价格提高，用量增加
变动制造成本	151 270	147 000	4 270U	
运输费用	5 000	4 200	800U	使用飞机运输发货
管理费用	2 000	1 400	600U	额外的复印及长途话费
变动成本总额	158 270	152 600	5 670U	
固定成本				
工厂管理	14 700	14 400	300U	工资增加
工厂租金	5 000	5 000	—	
设备折旧	15 000	15 000	—	
其他固定工厂成本	2 600	2 600	—	
固定制造成本	37 300	37 000	300U	
固定销售与管理成本	33 000	33 000	—	
固定成本总额	70 300	70 000	300U	
变动与固定成本总额	228 570	222 600	5 970U	

*这是将表10-4中的第（2）栏差异逐行列示。

（二）销售数量差异

销售数量差异（sales-volume variance）衡量的是经理们完成计划销售目标的效果。在威宝公司，销售数量水平与计划水平相比，下降了2 000件。表10-4最后三列清楚地表明了销售数量差异（共计18 400元不利差异）如何不受任何单位价格或者变动成本的影响。原因在于在构造弹性预算和总预算的时候，所使用的单位价格和变动成本都是一致的。因此，在表10-4的第（3）列至第（5）列中，所有的单位价格和变动成本都是固定不变的。

销售数量差异告知经理，实际销售量低于目标销售量2 000件导致了营业利润比原预算低18 400元（是5 600元的亏损而非12 800元的利润）。总之，销售量下降2 000件导致威宝公司产生了2 000件产品的总销售数量差异，其单位边际贡献为9.20元（见表10-2）。

销售数量差异总额=（实际销售量-总预算销售量）×预算单位边际贡献
=（7 000-9 000）×9.20
=-18 400（元）或18 400（元）U

那么，谁应当对销售数量差异负责呢？市场营销部经理通常对达到固定预算要求的销售量水平负有主要责任。当然，销售量变动可能由许多因素引起[①]。但不管怎样，市场营销部经理是解释为什么实际销售作业不同于计划水平的最佳人选。

（三）谁应当对这些差异负责呢?

对于任何一个组织来说，其各个部门都是紧密相联的，一个经营领域的业绩水平常常影响其他领域的业绩，一个领域的改进会引发其他领域的改进，反之亦然。同样，一个领域的未达标准的业绩可能与其他领域较高的业绩相抵消。

例如，一个服务性组织通过雇用不熟练的而且报酬要求更低的销售代表，可能会产生有利的人工成本差异，但是这种有利差异可能会导致不利的顾客满意程度和未来不利的销售数量差异。另一种情况是，制造商可能通过以高于计划价格的实际价格去购买高质量水平的材料而承受不利的材料差异，但是这种差异可能足以被更低的浪费、更少的检查以及更高质量产品所引起的有利差异所抵消。

因为作业活动相互依赖，“不利”或“有利”的标签不应导致经理匆忙作出结论。这些标签本身仅仅是提出问题，为调查产生业绩的原因提供线索。它们是注意力的引导者，不是问题的解决者。而且，差异的原因可能是错误的预测，而不是经理们对计划的执行。在解释较大差异时，经理应该考虑的首要问题就是预测是否正确。

（四）何种程度的差异应该提请注意?

差异应该什么时候调查呢？经理们承认，即使每一件事情都按照计划运作，差异也不可能正好等于零，但他们可以预计出“正常”差异的范围。这一范围是以经济分析为基础确定的。经济分析指出在值得为调查付出努力之前差异必须有多大。对某些关键性项目来说，任何偏差可能都需要调查。而对大多数项目来说，与预算的差异达到了一定金额或者百分比，调查才是值得进行的。例如，1 000 000元材料成本4%的差异可能比10 000元修理成本20%的差异更值得注意。因为要想准确知道什么时候应该调查是困难的，所以许多组织采取的是一些经验法则，如调查所有超过预期成本5 000元或者25%的差异，即孰低原则。

① 例如，销售作业差异可以进一步细化到销售数量、销售组合、市场规模以及市场份额差异。对销售作业差异进一步的处理可以参看IMA的《管理会计与报告》（第2版）（经济科学出版社，2007），pp.677-681，以及HORNGREN，FOSTER，DATAR. Cost Accounting：A Managerial Emphasis. Upper Saddle River. N. J.：Prentice-Hall.2000，pp.573-580。这种销售作业差异可能是由生产的改变，消费者需求的改变，以及有效的广告等引起的。

（五）采用预算为标准还是采用历史为标准？

一些组织将最近一个预算期的实际结果与上一年同期的结果进行比较，而不使用弹性预算标准。例如，一家企业将2019年3月的实际结果与2018年3月的实际结果相对比。但是一般来说，对于评价公司业绩，这种比较不如同期实际结果与计划结果的比较更加有用。因为企业的内外部环境都可能在短期内发生较大的变化，跨期比较对重要变量，如销售量、市场份额和产品组合等的趋势分析可能是有用的，但是对于回答诸如"为什么我们在6月份亏损11 570元，而我们预期的是12 800元的利润"等问题却是毫无用处的。

第三节　弹性预算差异分解

本节将深入研究弹性预算差异，重点是将人工、材料和间接费用差异划分为不同的组成部分。注意，在直接人工成本相对于总成本较小的公司（即高度自动化公司）里，直接人工成本可能处理为间接成本项目，因此，不需要单独分析人工标准、预算和差异。

一、直接材料和直接人工差异

威宝公司直接材料标准成本为10元，直接人工标准成本为8元。这些单位成本由两个部分构成：投入的标准数量和投入的标准价格，详细资料见表10-6。

表10-6　**威宝公司投入产出资料**

项　目	标　准		
	单位产出的预期标准投入量	单位投入的预期标准价格	单位产出的预期标准成本
直接材料	5千克	每千克2元	10元
直接人工	0.5小时	每小时16元	8元

一旦确定了标准并且观察到了实际结果，我们就可以计量实际结果与弹性预算的差异。为了更加充分地显示差异分析的过程，我们将重新考虑威宝公司的直接材料成本和直接人工成本，见表10-5，并且假设为生产7 000件产品实际发生了如下支出。

（1）直接材料：威宝公司购买并使用材料36 800千克，实际单位成本为每千克1.90元，实际成本总额为69 920元。

（2）直接人工：威宝公司使用人工3 750小时，实际小时价格（工资率）为每小时16.40元，实际人工成本总额为61 500元。

直接材料和直接人工弹性预算差异分别为80元有利差异和5 500元不利差异，具体分析见表10-7。

表10-7 弹性预算差异分析 单位：元

项　目	实际成本（1）	弹性预算（2）	弹性预算差异（3）
直接材料	69 920	70 000	80F
直接人工	61 500	56 000	5 500U

直接材料和直接人工弹性预算总额是指在预期效率下的耗费量，它们通常被称为准许的标准成本总额，计算公式如下：

$$\frac{\text{弹性预算或准许的}}{\text{标准成本总额}}=\frac{\text{达到的}}{\text{产出数量}}\times\frac{\text{单位产出}}{\text{准许的投入}}\times\frac{\text{投入的单位}}{\text{标准价格}}$$

准许的标准直接材料成本=7 000件×5千克×2.00元/每千克=70 000（元）

准许的标准直接人工成本=7 000件产品×0.5小时×16.00元/每小时=56 000（元）

这里要特别注意弹性预算量（也就是准许的标准成本）与一个基本问题紧密相联——什么是达到的产出数量？或许对于企业管理者来说，可能需要首先考虑什么是最优产出量，然后再计算达到这个最优产出量所准许的标准成本总额。

二、价格差异与用量差异

弹性预算差异衡量了威宝公司达到生产7 000件产品的相对效率。接下来，我们可以通过分析威宝公司以下两个方面来检验其效率：（1）公司为了达到实际产出水平是否耗用了比计划更多或者更少的资源；（2）公司是否比计划的每单位产品付出了更多或者更少的成本。我们通过比较价格和用量差异来计量这两个方面。这样的话，就将每一项弹性预算差异分解为以下两个部分：

（1）价格差异（value variance）——实际投入价格与标准投入价格之差与实际投入数量的乘积。

（2）用量差异（usage variance）——实际投入的数量与达到实际产出数量应该投入的数量之差与投入的预期价格的乘积，也叫作数量差异（quantity variance）或者效率差异（efficiency variance）。

计算这些差异的目的是保持价格或者用量不变，以便分离另一因素的影响。当计算价格差异时，保持投入量为实际用量水平；在计算用量差异时，保持价格为标准价格。

威宝公司的价格差异为：

直接材料价格差异=（实际价格-标准价格）×实际使用量

=（1.90-2.00）×36 800

=-3 680（元）或3 680（元）F

直接人工价格差异=（实际价格-标准价格）×实际使用量

=（16.40-16.00）×3 750

=1 500（元）U

威宝公司的用量差异为：

直接材料用量差异=（实际使用量-准许标准量）×标准价格

=（36 800-7 000×5）×2

=（36 800-35 000）×2

=3 600（元）U

直接人工用量差异=（实际使用量-准许标准量）×标准价格

=（3 750-7 000×0.5）×16

=（3 750-3 500）×16

= 4 000（元）U

为了确定差异是有利差异还是不利差异，可以使用逻辑推理而不需要记忆公式。对价格差异而言，如果实际价格低于标准价格，价格差异就是有利差异。对用量差异而言，如果实际使用量低于准许标准量，用量差异就是有利差异。

需要注意的是，直接人工价格差异和用量差异合计等于直接人工弹性预算差异。进一步说，直接材料价格和用量差异合计等于直接材料弹性预算差异。

直接材料弹性预算差异=3 680F+3 600U=80（元）F

直接人工弹性预算差异=1 500U+4 000U=5 500（元）U

直接材料和直接人工差异分析的具体过程见表10-8。

表10-8　　**直接材料和直接人工差异分析**

	A	B	C
总体上	实际发生成本： 实际投入 × 实际价格 ××× 元	基于实际投入的弹性预算 × 预期价格 ××× 元	基于完成实际产出的标准投入的弹性预算 × 预期价格 ××× 元
	价格差异（A–B）		用量差异（B–C）
	弹性预算差异（A–C）		
直接材料	36 800 × 1.90=69 920（元）	36 800 × 2=73 600（元）	7 000 × 5 × 2=70 000（元）
	价格差异（A–B） =69 920–73 600 =–3 680（元） 或 3 680（元）F		用量差异（B–C） =73 600–70 000 =3 600（元）U
	弹性预算差异（A–C） =69 920–70 000 =80（元）F		
直接人工	3 750 × 16.40=61 500（元）	3 750 × 16=60 000（元）	7 000 × 0.5 × 16=56 000（元）
	价格差异（A–B） =61 500–60 000 =1 500（元）U		用量差异（B–C） =60 000–56 000 =4 000（元）U
	弹性预算差异（A–C） =61 500–56 000 =5 500（元）U		

三、价格差异与用量差异的解释

只要可行，经理们都尽量区分他们直接影响的差异与其他不受他们直接影响的差异。这样有助于记录业绩、引起注意和解决问题。一种比较常见的做法是将价格因素和用量因素分开。

从价格和用量两个方面来看，价格因素更不容易得到立即的控制，因为价格的变化主要源于外部因素，如总的经济情况可能对价格造成很大的影响。然而，即使当价格因素被管理当局视为无法控制的因素时，分离它们也有助于集中分析投入的有效使用。例如，小麦、燕麦、玉米和稻米的商品价格不在西麦公司的控制之内，但通过区分价格差异与用量差异，这家麦片生产商可以将注意力集中在谷物是否能得到有效使用上。

当然，这些差异不应该是用于决策、控制或评价的唯一信息。例如，采购代理或采购者仅仅强调材料的价格差异，也会与公司的适时制系统和全面质量管理理念相抵触，因为采购者可能会被驱使通过购买大批量和低质量的材料以获取有利的材料价格差异，结果是导致超额的存货管理成本和机会成本，也可能增加了次品数量。同理，仅仅强调人工价格和用量差异也会导致主管们使用技术水平较低的工人，或催促工人加紧完成任务，从而损害产品和服务质量。

差异本身并不能说明为什么预算营业利润没有达到，但是它们可以为管理者提供发现问题的线索。例如，威宝公司这组差异的一个可能的解释是经理可能做了利益的互换——经理可能以有利的价格购买了低于标准质量的材料，节约3 680元（材料价格差异）；超额浪费可能几乎抵销了这一节约额，如3 600元不利的材料用量差异和80元有利的净弹性预算差异所示的那样。材料的浪费至少部分地可能引起直接人工的超额使用。假定4 000元不利的直接人工用量差异是因为材料有缺陷而返工引起的，那么经理的互换就是不成功的。可见，由使用低于标准质量的材料引起的成本无效率超过了有利的价格节约。

图10-2表明了投入价格与用量差异的计算。标准成本（或弹性预算）是标准用量乘以标准价格。价格差异是实际单位价格与标准单位价格的差额乘以实际用量。用量差异是标准价格乘以实际用量与标准用量（达到的产出水平准许标准用量）的差额。这里需要注意的是，为清晰起见，图形描绘的仅仅是不利差异。

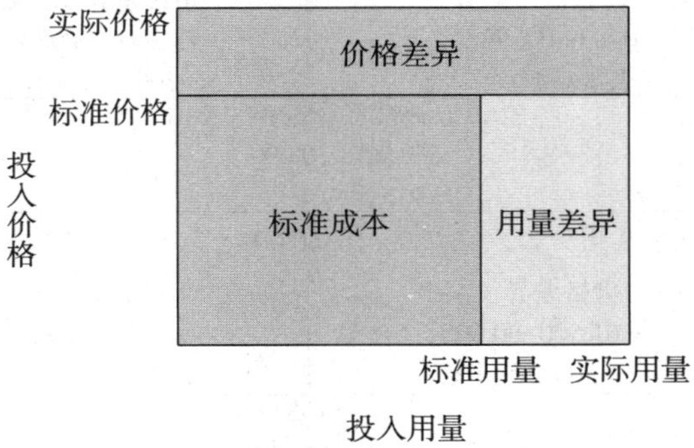

图10-2　投入价格与用量差异图示

四、存货的影响

以上是我们对威宝公司简化后的分析过程，我们说“简化后”是因为在以上的分析中，一没有产成品存货——任何生产的产品都在同期被售出；二没有直接材料存货——材料在同期间购买并耗用。

当有产成品存货，即生产量不等于销售量时，情况将如何呢？此时，销售数量差异是售出产品量的固定预算与弹性预算之间的差额。相反，弹性预算成本差异比较的是生产产品量的实际成本与弹性预算成本。

当有直接材料存货的时候，情况又将怎样呢？一般情况下，经理希望迅速得到反馈并希望尽早确认差异。对直接材料价格而言，确认差异的时间是材料购买之时而不是材料购买使用之时，材料使用的时间比购买要晚得多。因此，材料价格差异通常以购买量为基础并在购买之时计算。材料用量差异仍然以使用量为基础。假定威宝公司以每千克1.90元购买材料40 000千克（而非使用的36 800千克）。材料价格差异将是（实际价格-标准价格）×材料购买量=（1.90-2.00）×40 000=-4 000元或4 000元有利差异。材料用量差异将仍然为3 600元不利差异，因为它以材料使用量为基础。

五、间接费用差异分析

（一）变动间接费用差异

变动间接费用弹性预算差异分为变动间接费用支出差异和变动间接费用效率差异。

1.变动间接费用支出差异

变动间接费用支出差异（variable-overhead spending variance）是实际变动间接费用与实际成本动因作业水平下的预算变动间接费用额之间的差额。

2.变动间接费用效率差异

当实际成本动因作业量与达到的实际产出水平所准许的标准量不同时，就会发生变动间接费用效率差异（variable-overhead efficiency variance）。变动间接费用效率差异是指成本动因的实际产品数量乘以标准变动间接费用率减去成本动因的标准产品数量乘以标准变动间接费用率。

假定威宝公司本期实际产量7 000件，使用工时3 750小时，实际发生变动间接费用4 700元。变动间接费用标准成本为0.6元/件，每件产品标准工时为0.5小时，标准的变动间接费用率为1.2元/小时。则变动间接费用差异的计算如下：

$$\text{变动间接费用支出差异}=\text{实际变动间接费用}-\text{实际使用直接人工小时}\times\text{标准变动间接费用率}$$

$$=4\ 700-3\ 750\times1.2$$

$$=4\ 700-4\ 500$$

$$=200\text{（元）U}$$

$$\text{变动间接费用效率差异}=(\text{实际使用直接人工小时}-\text{标准直接人工小时})\times\text{标准变动间接费用率}$$

$$=(3\ 750-7\ 000\times0.5)\times1.2$$

$$=300\text{（元）U}$$

这300元的物料超额使用是由于成本动因作业，即直接人工的无效率地使用所引起的。只要实际成本动因作业量超过达到的实际产出水平所准许的作业量，间接费用效率差异就是不利差异。实质上，这一效率差异是管理当局不加控制地使用成本动因作业所要付出的代价。

一般来讲，变动间接费用支出差异与间接费用自身耗费控制有关，变动间接费用效率差异与成本动因控制有关。

变动间接费用差异分析的具体过程见表10-9。

表10-9　　变动间接费用差异分析

	A 实际发生的 间接费用	B 基于实际投入的弹性 预算 × 预期价格	C 基于完成实际产出的 标准投入的弹性 预算 × 预期价格	D 产品成本计算 分配至产品
物料（和其他类似变动间接费用）	4 700元 （给定）	3 750 × 1.20 =4 500（元）	3 500 × 1.20 =4 200（元）	4 200元
	支出差异（A–B） =4 700–4 500 =200（元）U	效率差异（B—C） =4 500–4 200 =300（元）U	无差异	
	弹性预算差异（A–C） =4 700–4 200 =500（元）U		无差异	
	少分配的变动间接费用=500元 U			

（二）固定间接费用差异

固定间接费用差异分为固定间接费用弹性预算差异和固定间接费用产量差异。

1.固定间接费用弹性预算差异

固定间接费用弹性预算（fixed-flexible budget），也就是计划期初编制的固定预算中的数量。对于固定成本来讲，不需要调整实际产量与预期产量之间的差异。因为在相关范围内，固定成本不受业务量水平变化的影响。例如，威宝公司固定间接费用中的工厂管理费，预计数为14 400元，实际发生额为14 700元，则：

固定间接费用弹性预算差异=实际固定间接费用–弹性预算数
=14 700–14 400
=300（元）U

在前面的内容中，变动间接费用弹性预算差异被细分为支出差异和效率差异。而固定间接费用没有效率差异，因为在预算期内，一笔特定的总计固定成本数不会受到机器工时等的影响。在我们刚分析的威宝案例中，弹性预算差异并不意味着在运用固定成本资源时，一家公司可能是有效的或无效的。因为没有效率差异，固定间接费用支出差异（fixed-overhead spending variance）在数量上等于固定间接费用弹性预算差异。

固定间接费用支出差异=实际固定间接费用–弹性预算数

一项固定间接费用支出差异表示了在预测某种固定成本的变化方面，预算程序出现失误或失败情况。当部门花费没有被控制或由于外部事件或计划外维修等，不利支出差异就会产生。

2.固定间接费用产量差异

固定间接费用产量差异（fixed-overhead volume variance）的存在，主要是因为用于控制（通过弹性预算）的会计处理与用于产品成本计算（通过分配率）的会计处理之间产生的矛盾。对于变动间接费用来说，弹性预算中的预期变动间接费用与分配至产品的变动间接费用是相同的。如预算和分配的变动间接费用为每件0.20元，那么每生产

1 000件产品，我们预期会多消耗200元的变动间接费用，而这200元的变动间接费用需要转入到存货账户中。也就是说，用于预算控制的变动成本与用于产品成本计算的变动成本相同。相反，已分配至产品的固定间接费用则不同于弹性预算的固定间接费用。如威宝公司固定间接费用（工厂管理）的弹性预算总额为14 400元，它不受产量的影响。但是，分配的固定间接费用依赖于实际产量。

分配的固定间接费用=实际产量×固定间接费用分配率

$$固定间接费用分配率=\frac{预算的固定间接费用}{预期产量}=\frac{14\ 400}{9\ 000}=1.6（元/件）$$

式中，假设威宝公司的预期产量为9 000件。

为了进行预算和控制，管理者采用固定成本的实际成本性态模型。但是从分配的固定间接费用的公式中可以看出，产品成本计算（采用完全成本法）对这些成本的处理就好像它们具有变动成本性态一样。因此，当实际产量偏离计算固定间接费用分配率所用的预期产量时，用于预算和控制的成本将不同于用于产品成本计算的成本，就会出现产量差异。

固定间接费用产量差异=（实际产量-预期产量）×固定间接费用分配率

从固定间接费用产量差异的计算公式可以分析出下列结论：

（1）当实际产量等于预期产量时，不存在固定间接费用产量差异。

（2）当实际产量小于预期产量时，固定间接费用产量差异为不利差异。因为生产设施的使用情况比预期要差，固定间接费用少分配了。

比如，当威宝公司实际产量为7 000件时：

固定间接费用产量差异=（7 000-9 000）×1.6=-3 200（元）或3 200（元）U

（3）当实际产量大于预期产量时，产量差异为有利差异。因为生产设施的使用情况比预期的要好，固定间接费用多分配了。

比如，当威宝公司实际产量为10 000件时：

产量差异=（10 000-9 000）×1.6=1 600（元）F

固定间接费用差异分析的具体过程见表10-10。

表10-10　**固定间接费用差异分析**

	A 实际发生的 间接费用	B 基于实际投入的弹性 预算 × 预期价格	C 基于完成实际产出的 标准投入的弹性 预算 × 预期价格	D 产品成本计算 分配至产品
工厂管理（和其他类似固定间接费用）	14 700元	14 400元	14 400元	7 000 × 1.6 =11 200（元）
	支出差异（A-B） =14 700-14 400 =300（元）U	无差异	产量差异 3 200元U	
	弹性预算差异（A-C） =14 700-14 400 =300（元）U		产量差异 3 200元U	
	少分配的固定间接费用=3 500元U			

大多数公司认为，尽管有时负责产量差异的管理者需要作出一些解释或调查，但是产量差异在短期内还是无法直接控制的。有时，达不到预期产量是由能力的闲置引起的，原因诸如令人失望的销售额、糟糕透顶的生产计划、意外的机器故障、熟练工人的缺乏、罢工、经济危机等。

与固定间接费用不同，变动间接费用不存在产量差异。因为变动间接费用弹性预算与产量成正比例增减，并且预算控制目的与产品成本计算目的是完全协调的。固定间接费用存在产量差异是因为预算控制目的与产品成本计算目的无法进行协调，预算控制目的将其作为固定成本处理，而产品成本计算目的将其作为变动成本处理。最主要的一点是，固定成本不像变动成本那样是可分的，它们是作为一个整体出现的，与一定数量的总生产或销售能力而不是单个产品的生产或销售相关。

许多管理者认为，产量差异是评价公司生产能力利用情况的一个很好的指标，有利（不利）差异意味着生产能力的有效（无效）利用。但这种观点是错误的。产量差异只告诉了你一件事，而且是唯一的一件事，就是实际产量偏离了计算固定间接费用分配率时的预期产量。如果不加考虑对产量进行调控，可能会带来不良影响，例如，如果一位管理者通过降低产品售价来利用闲置生产能力以避免出现不利差异，这样做的结果是边际贡献的降低（例如，新的售价低于变动成本），这不是生产能力的有效利用。如果有利差异是在不顾产品质量下降或其他由于设备超负荷运转所带来的无效率情况下的剩余产量带来的，这样的“有利差异”当然也不是管理者所期望的。

六、标准成本差异的处理

标准成本法的倡导者认为，差异是受当前情况影响的，特别是在制定当前可达到标准时。因此，差异不能被存货化，即不应该计入到存货成本，而应该作为对当期损益的调整。在实际应用中，除非差异金额和存货量非常大，一般不进行差异分配。

思考题

1.简述标准的类型。
2.弹性预算的含义是什么？
3.固定预算与弹性预算的区别有哪些？
4.简述作业弹性预算的含义。
5.试阐述标准成本法差异处理的程序。

二维码10-1　即学即测

练习题

1.假定A公司计划期间（2022年度）准备将弹性预算法运用到利润预算的编制中。若该公司计划期间只生产一种产品，其贡献毛益率为45%。另外，根据以往历史经验证明，销售额在8 000元至12 000元之间时，其固定成本保持在1 500元不变。

要求：假定在以下几种情况下，计划期间该产品的销售额分别为9 000元、9 500元、10 000元、10 500元、11 000元，编制该公司弹性利润预算。

2.某公司生产甲产品需使用一种直接材料A，本期生产甲产品1 000件，耗用材料A 9 000千克，A材料的实际价格为200元/千克。假设A材料计划价格为210元/千克。单位甲产品标准用量为10千克。

要求：

（1）计算A材料的价格差异；

（2）计算A材料的数量差异；

（3）计算A材料的成本差异。

3.某公司本期生产甲产品400件，只需一个加工工种，实际耗用5 000工时，实际工资总额为9 000元；标准工资率为2元，单位产品的工时耗用标准为12工时。

要求：对直接人工成本进行差异分析。

案例分析

参照表10-11和表10-12的数据，假定实际生产和销售量为8 500件而非7 000件，实际变动成本为188 800元，实际固定成本为71 200元，销售价格保持为每件31元。

（1）计算固定预算差异。这一差异说明经营效率怎么样？经营的有效性又如何？

（2）计算销售作业差异。市场营销部门的业绩是这一差异产生的唯一原因吗？为什么？

（3）用实际作业水平的弹性预算计算预算的边际贡献、预算的营业收益和弹性预算差异。从这一差异中你认识到了什么？

表10-11　**D公司截至20×3年6月30日根据全面预算作出的业绩报告**　金额单位：元

项目	实际表现 （1）	9 000件固定预算 （2）	差异 （3）
销售量（件）	7 000	9 000	2 000U
销售额	217 000	279 000	62 000U
变动成本：			
变动生产成本	151 270	189 000	37 730F
运输成本（销售）	5 000	5 400	400F

续表

项目	实际表现 (1)	9 000件固定预算 (2)	差异 (3)
管理费用	2 000	1 800	200U
总变动成本	158 270	196 200	37 930F
边际贡献	58 730	82 800	24 070U
固定费用：			
固定间接费用	37 300	37 000	300U
固定销售和管理费用	33 000	33 000	—
总固定费用	70 300	70 000	300U
营业利润（损失）	（11 570）	12 800	24 370U

U代表实际发生的成本大于预算而产生的不利成本差异；实际收入（或利润）小于预算而产生的不利收入（或利润）差异。F代表实际发生的成本小于预算而产生的有利成本差异；实际收入（或利润）小于预算而产生的有利收入（或利润）差异。

表10-12 **D公司弹性预算** 金额单位：元

项目	弹性预算公式	不同产销量水平上的弹性预算		
销售量（件）		7 000	8 000	9 000
销售额	31.00	217 000	248 000	279 000
变动成本：				
变动生产成本	21.00	147 000	168 000	189 000
运输成本（销售）	0.60	4 200	4 800	5 400
管理费用	0.20	1 400	1 600	1 800
总变动成本	21.80	152 600	174 400	196 200
边际贡献	9.20	64 400	73 600	82 800
固定费用：				
固定间接费用	37 000	37 000	37 000	37 000
固定销售和管理费用	33 000	33 000	33 000	33 000
总固定费用	70 000	70 000	70 000	70 000
营业利润		（5 600）	3 600	12 800

第十一章　管理控制系统和责任会计

学习目标

通过本章的学习，了解管理控制系统的概念及构成要素；了解三大中心的概念，并掌握其评价指标；了解激励体系中的各种激励方法。

引例：基于阿米巴的管理体系在中电爱华的实践①

东莞市中电爱华电子有限公司成立于1998年，简称中电爱华，主要从事通信设备面板、机箱、机柜、精密模器等设备的精密加工，具有完整的产业链和硬件配套设施，主要客户为华为、中兴等知名通信企业。由于3G市场需求逐渐饱和，中电爱华盈利情况逐年下滑，希望通过应用阿米巴管理模式来积极应对市场变化，保障市场份额。

阿米巴原指一种能够随着外界环境变化而不断变化的变形虫。将阿米巴思想运用到公司中就是指公司根据外部市场环境的变化而自我调整，希望达到最佳状态。中电爱华在近4年的实践中逐步完成了阿米巴经营在生产制造部门的个性化应用。

由于中电爱华受行业影响，整体员工教育程度偏低。所以，公司首先对员工进行培训，让员工认识到阿米巴是什么，能带来什么变化，之后让员工参与经营管理的过程，提高认可度。接下来，中电爱华按工序、产品、资产等多种组合方式，综合考虑收入和成本的匹配，将生产制造部门划分为三个层级的163个阿米巴组织。在这一过程中，中电爱华还提高了信息化管理水平，及时获取公司数据，为成本管理优化打下基础。

在有了最小核算单元和信息系统的支出后。中电爱华明确了核算标准，例如，标准工时等，还建立了报表体系，满足了数据传递的及时性和准确性。在这个过程中，为了提高全员积极性，中电爱华将增加值作为核心考核指标，将员工考核情况与薪酬挂钩。为提高考核激励效果，中电爱华每日对考核数据进行更新并公布，最大化地激励员工，提高工作效率的同时也降低了成本。并且公司会定期开展分享会，总结经验教训，让各个阿米巴部门之间相互学习。

除了制度的保障外，中电爱华还按照以总经理为阿米巴项目总指导，财务总监为项目执行组长，各职能部门负责人为成员的阿米巴经营项目团队，对公司事项进行责任分工，共同推进阿米巴管理体系的建设。在这一过程中，中电爱华取得了良好的经济效

① 改编自“李兆明，刘红斌，曾磊，等. 基于阿米巴的成本管理体系构建与应用［M］//杨晓娟：工业和信息通信业管理会计案例集（2020）. 北京：人民邮电出版社，2021.”

益，经营活动得到了有效改善，也培养了不少吃苦耐劳的基层干部和优秀的管理人才，取得了良好的社会效益。

公司应该如何搭建管理控制体系？对待员工是应该赋能还是控制？什么是公司的责任中心？不同的责任中心有什么不同的考核方式？本章，让我们一起学习管理控制系统的知识。

第一节　管理控制系统

一、管理控制系统的概念

在前面的章节中，我们学习了变动成本法、作业成本法、标准成本法等不同类型的成本管理系统，并运用它们生成的信息进行各种类型的决策和控制。但是，成本控制只是管理控制系统（MCS）或管理会计控制系统（MACS）的一个组成部分。美国学者安东尼和戈文达拉扬认为，管理控制是指为执行组织战略，管理者向组织内的其他成员施加影响。管理控制系统的基本要素包括：战略规划、预算、资源配置、绩效衡量、评价与激励、责任中心的分配和转移价格等，如图 11-1 所示。

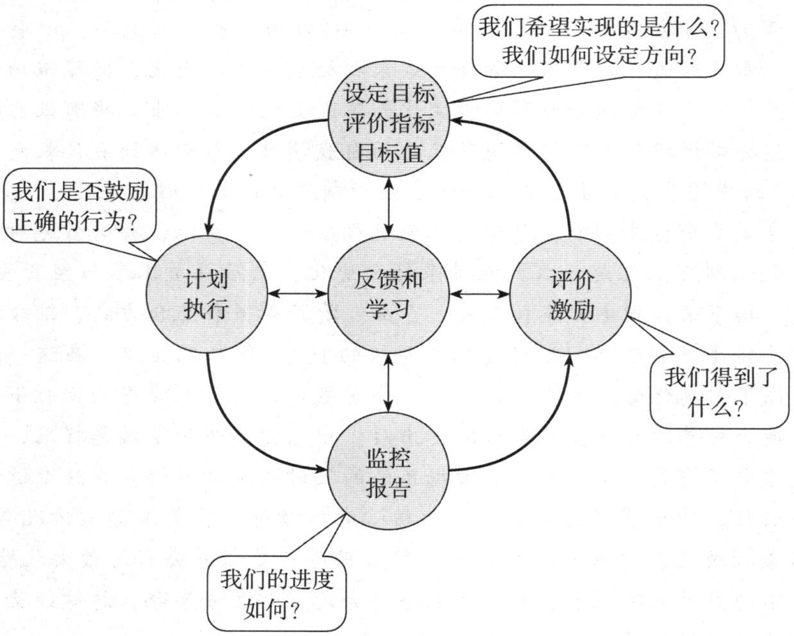

图11-1　管理控制系统

一般来讲，管理控制系统的目的有：①清晰地传达企业目标；②确保管理者和员工理解为实现组织目标所需完成的具体行动；③在组织内部传达各项行动的结果；④确保管理者能够根据环境变化作出适当调整。

二、管理控制系统与企业目标和指标的层层分解

设计良好的管理控制系统能够帮助协调决策制定过程，激励整个组织员工同步行动。它也有助于预测收入动因和成本动因水平、预算控制以及业绩衡量和评价。

在管理控制系统中，组织目标处于首要地位。因为管理控制系统的核心在于制定内部管理决策并激励员工完成（进而评价）经营业绩，以使其与组织目标相一致。

如图11-2所示，设定目标、选择行动和制定业绩评价指标的过程将涉及所有层面的管理者。

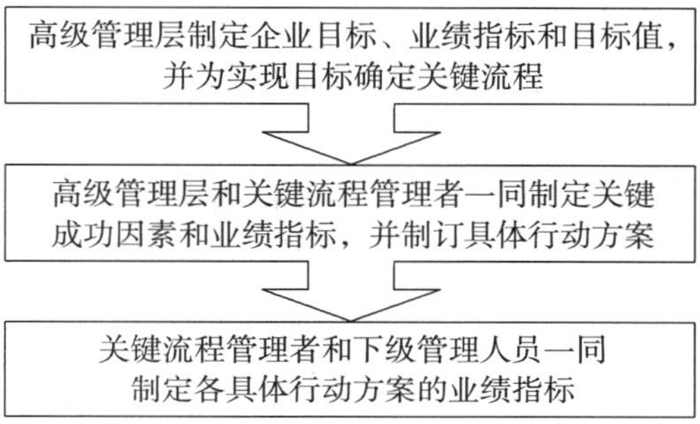

图11-2　设定目标、业绩指标和目标值

图11-2表明组织整体的目标、业绩指标和目标值由最高管理层制定。最高管理层定期审查这些目标，通常为一年一次。这些目标为组织提供了一个长期框架，围绕它可以形成一个综合计划，从而保证组织在市场上合理定位。业绩评价的目的在于引导和激励管理者。业绩评价能够提供激励，因此，将评价指标与有价值的目标联系起来显得非常重要。

拓展课堂　　守正创新，笃行致远——公立医院绩效管理的价值提升①

“守正创新”是中华民族的优良传统。守正就是坚守正道，即尊重客观规律、遵守规章制度。创新是引领发展的第一动力，意味着对旧的、常规的突破与超越。2020年8月，国家卫健委发布《关于加强基层医疗卫生机构绩效考核的指导意见（试行）》（国卫办基层发〔2020〕9号），进一步明确了绩效考核主体、对象和内容。

济南市卫生健康工作在全国、全省取得了诸多走在前列的成绩，是全国卫生城市、国家城市医联体建设试点城市、全国电子健康卡应用试点、全省社区医院建设试点市。

一直以来，济南市致力于国家基本公共卫生服务项目绩效评价信息化创新模式的改革，按照国家和省政府的具体工作要求，依托智慧济南建设，建立健全健康济南行动日常监测和考核工作体系和制度。该市充分发挥信息化技术在绩效考核中的支撑作用，实现数据自动抓取，确保数据真实客观。同时，鼓励各地利用信息化手段开展基层机构绩效考核。利用绩效评价信息化系统，济南市破除了基层医疗卫生机构多平台互不通用的

① 改编自“济南市人民政府新闻办公室．济南发布推进健康济南行动的实施意见［EB/OL］．［2023-05-25］．http：//www.jnio.gov.cn/html/2020/tsfbh_0709/2027.html.”

信息壁垒，规范了绩效评价工作，提升了绩效评价工作的精细化、规范化、标准化水平；实现了基层卫生服务项目绩效评价新旧动能转化、提质增效的目标。经过多年探索实践，济南市基本公共卫生电子化绩效考核平台的应用取得了良好成效。

信息化在绩效评价工作中的运用，使基本公共卫生绩效评价工作变得便捷，增强了考评工作的真实性和公平性，更好地促进了基层医疗卫生机构进一步做实做细基本公共卫生服务项目。

市场上存这样一家公司——骏马公司，它主要进行新能源电池和车辆的销售，企业现有的目标和业绩指标见表11-1。

表11-1 企业目标和相关业绩指标

企业目标	业绩指标
建设中国汽车行业的第一	市场占有率 行业领军人才率
收入最大化	试验业务收入 设计业务收入 市场占有率
国际水准的技术开发平台	专利数量 获批国家自然科学基金数量

不难看出，公司目标和相关业绩指标是非常广泛的。但是问题在于，它们很可能由于过于模糊而难以指导管理层和员工的工作。因此，最高管理层还要确定关键成功因素。关键成功因素是必须达到的特征或属性，它们能够推动组织整体向其目标迈进(见表11-1)。举例来说，虽然公司有着收入最大化的目标，但是，对于试验业务和设计业务来说，应选择总收入，而对于新能源汽车则应选取市场占有率作为业绩考核指标，原因在于前两项业务相对稳定，而新能源汽车业务处于国家支持的蓬勃发展产业，对于新兴市场而言，能否在新开拓的土地上占有一席之地，往往比总收入指标更加具有意义。因此，骏马公司的管理者应该通过设定不同的业绩考核指标去激励员工。这就是关键成功因素，它一定要能够确保企业目标通过业绩指标最终落实到管理者和员工的行动上。

此外，尽管关键成功因素及相关的业绩评价指标比整个组织的目标更能引起管理者们的注意，但是仍然没有为基层管理者和员工的行动提供指导方向，需要通过对目标和指标的有效的层层分解，使得企业的目标能够落实为员工的日常行动。

为了解决这一问题，公司高管打算在2021年搭建一个更为详细的管理控制系统，以推动公司未来的发展。要设计一个满足组织需要的管理控制系统，骏马公司的管理者需要确认责任中心、制定业绩指标、建立监控和报告机制、权衡成本与收益，并为实现目标提供激励。我们将下文对如何搭建进行详细的介绍。

第二节 责任中心与业绩评价

由前面的介绍可知，骏马公司搭建这个管理控制系统需要经历四个步骤，先进行前两个步骤，确认责任中心并制定业绩评价指标，首先进行概念介绍。

一、责任会计

责任会计（responsibility accounting）是根据经理人员管理责任中心所必需的有关信息来考核每个责任中心业绩的一个系统。将经营职责、会计核算和业绩评价相结合，对会计核算与报告起着关键作用。不同组织结构下的责任会计制度不同。

组织结构分为集权制和分权制。

（一）直线职能式组织结构——集权制

在集权组织结构形式下，只有公司的总经理大权独揽，并对企业的所有成本、收入、利润和资金负责。它既是利润中心，又是投资中心。至于公司下面的各部门及其所属的工厂、车间、工段、地区、地段，都是成本中心，而不是利润中心；它们只对其权责范围内能控制的成本负责。

（二）事业部组织结构——分权制

在分权组织结构下，经营管理权分散。事业部与总公司一样，既是利润中心，又是投资中心。它们既要控制成本、收入、利润，又要对所占用的全部资金负责。

责任会计制度必须适应企业组织结构，下面我们简单介绍一下在两种不同组织结构形式下的责任会计制度。

（三）集权组织结构形式下的责任会计制度

在集权组织结构形式下建立责任会计制度，首先，应按照责任中心的层次，从最高层把全面预算逐级向下分解，形成各个单位的责任预算，直至最基层的成本中心；然后，建立预算执行情况的跟踪系统，记录预算执行的实际情况，并定期由最基层的成本中心把责任成本的实际数逐级向上汇总，一直达到最高层的利润中心和投资中心。至于责任中心的层次和责任单位的数目，可根据公司的具体情况和管理的需要而定。

（四）分权组织结构形式下的责任会计制度

在分权组织结构形式下建立责任会计制度，也应按责任中心的层次，先将全面预算从最高层逐级向下分解，形成各责任单位的责任预算；然后，建立责任预算的跟踪系统，记录预算执行的实际情况，并定期从最基层的责任单位把责任成本的实际数，以及销售收入的实际数，通过编制“业绩报告”的形式逐级向上汇总，一直达到最高层的投资中心。

二、责任中心

责任中心是指企业的一个组成部分，其管理人员要负责某些具体的生产经营活动。例如，生产部门对于部门主管来说就是一个责任中心。通过这种方式，管理控制系统中，最高管理者可以运用责任会计来确认每种行为，确定组织的哪些部门应该承担主要的责任，同时，做到权力的下放，提高部门自主权。主要的责任中心有四类：成本中心、收入中心、利润中心和投资中心。本书重点介绍三种责任中心：成本中心、利润中心和投资中心。

由于大多数责任中心有着多种目标和行为，选择评价指标时既需要考虑到财务指标，也要考虑非财务指标。财务指标包括经营预算、目标利润，最低投资报酬率等。非财务指标包括顾客满意度、货物送达时间等。财务和非财务指标同样重要，不能仅考虑财务指标，通常，在失去大量客户群之后，较差的非财务业绩所产生的不利影响（例如，缺乏组织学习、流程改善不力以及客户满意度低下等）才会在财务指标中显现出来。非财务指标是预警器，财务指标是事后反馈的晴雨表，两者缺一不可。

骏马公司接下来对不同的责任中心和与之对应的指标进行分析。但需要强调的是，骏马公司对责任中心进行考核时使用的是责任成本（responsibility cost）。责任成本与传统的产品成本有所不同，是指应由某责任中心负责的成本。

在认定各中心的责任成本时，必须采用合理的标准。有些成本虽然在某个中心发生，但却是由于其他中心的活动造成的，不属于责任成本。例如，骏马公司的生产部门由于采购部门购入原材料质量不合格，导致多次检测返工，使得生产成本增加，这部分成本应视为采购部门的责任成本，而非生产部门的。

在计算责任成本时，还要区分可控成本（controllable cost）与不可控成本（uncontrollable cost）。可控成本是指在特定时期内，特定责任中心的责任人可以直接控制其发生的那部分成本。成本可控与否总是针对特定的时期和特定的责任人，离开这两个条件就会失去实际意义。比如，某些固定成本短期不变，但是长期可以改变。成本中心只能对其可控成本产生影响，对不可控成本却无能为力，因此，骏马公司在计算责任成本时只应包括可控成本。

三、成本中心及相关指标

（一）成本中心与责任成本

成本中心是成本发生的单位，一般没有收入，或仅有无规律的少量收入，其责任人可以对成本的发生进行控制，但不能控制收入与投资。因此，成本中心只需对成本负责，无须对利润情况和投资效果承担责任。对成本中心的考核主要针对其成本和费用。骏马公司当前的生产车间就属于成本中心。

骏马公司对于成本中心的考核指标分为财务指标和非财务指标。

（二）财务指标

骏马公司对成本中心使用标准成本法，即在既定产品质量和数量条件下的标准成本。标准成本中心的产品质量和数量有良好的量化方法，如果能以低于预算水平的实际成本生产出相同的产品，则说明该成本中心业绩良好。

（三）非财务指标

财务指标之前的章节中已有涉及，接下来重点介绍骏马公司的非财务指标，以客户满意度、产品流程质量、质量成本等为目标构建。

1.客户满意度

为了提高客户满意度，骏马公司的成本中心打算从客户在意的方面入手。现有客户高度重视迅捷的交货周期和交货数量，即从下订单到收到汽车所需的时间要短，同时，要有可靠的交货周期，不能缺货。制造业通常以两种方法满足客户迅捷的交货周期和可靠的交货数量的要求。一种方法是利用高效率、可靠、零缺陷、短周期的订单履约和生产流程，对客户的订单作出迅速的反应；第二种方法是生产大量产品并保持大量库存，以便用现有产品立即满足客户的需要。

由于第二种方法往往使企业的生产过剩、忙于制定库存清单从而导致成本上升。所以骏马公司采用第一种方式，试图通过及时生产（JIT）流程来缩短内部流程的周期或产出时间，衡量标准是制造周期效率（manufacturing cycle effectiveness，MCE）。其公式如下：

$$MCE=\frac{加工时间(processingtime)}{产出时间(throughputtime)}$$

MCE应小于1，这是因为：

产出时间=加工时间+检查时间+搬移时间+等候或储存时间

加工时间是制造汽车实际所用的时间（无论是制造、生产还是组装），许多汽车加工时间其实不到产出时间的5%。也就是说，如果全部产出时间是6个星期（30个工作日），那么真正用到加工的时间只有1天到2天。其余时间里，零部件或汽车可以处于检查、搬运等生产空档。MCE值隐含着一个理论，理想的及时生产流程的产出时间应该正好等于它的加工时间，即除了加工时间外，其余时间没有发生任何改变以满足客户的需要，所以都是浪费，骏马公司的成本中心致力于减少这些不必要的时间。虽然就像零缺陷一样，可能无法达到，但骏马公司仍致力于以MCE等于1为目标。

2.产品流程质量

目前，几乎所有企业都在实施质量方案和质量计划，而任何一个质量计划的中心都是衡量，因此，骏马公司早已熟悉各种各样的流程质量衡量指标。主要包括每百万个产品的次品率、浪费率、废料率、返工率、退货率等。

3.质量成本

质量成本是指在产品质量上发生的一切费用支出，包括由于未达到质量标准造成的损失或发生的费用以及为保证和提高产品质量而支出的各种费用。

骏马公司属于制造业，而制造业的质量成本一般包括以下四种类型的成本，相关举例见表11-2。

（1）预防成本——防止生产不合格产品或提供不符合标准的服务所发生的成本。

表11-2　　质量成本类型

预防成本	鉴定成本
员工培训	材料验收
评价潜在的供应商	产品生产各阶段的检查
改进材料	产成品或最终服务的检查
预防性维护	产品检测
改进设备和生产流程	
内部失败成本	**外部失败成本**
停工损失	客户流失损失
返工	质保成本
次品	上门服务成本
废品	由于质量问题造成的销售退回和折让
废品处置	质量承诺

（2）鉴定成本——确认不合格产品或服务所花费的成本。

（3）内部失败成本——由于不合格元件和最终产品或服务报废、返工所发生的成本。

（4）外部失败成本——由于提供给顾客不合格产品或服务所发生的成本。

根据质量成本所包括的内容，其计算公式可表示如下：

质量成本总和=预防成本+鉴定成本+内部失败成本+外部失败成本

当质量成本总和达到最低时，即为最佳质量成本，如图11-3所示。

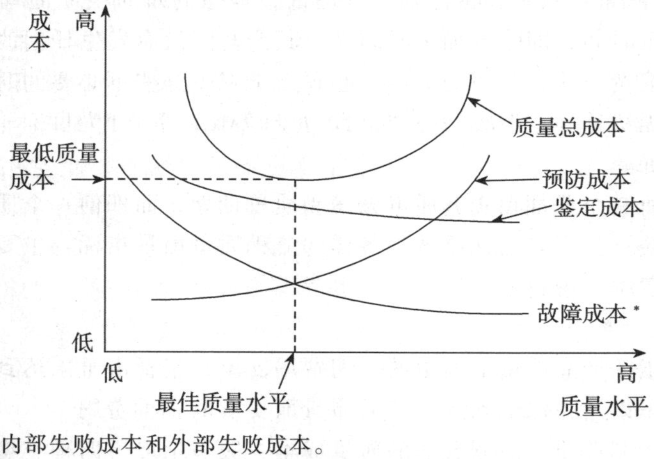

*故障成本包括内部失败成本和外部失败成本。

图11-3　质量成本模型

骏马公司通过预测最佳质量成本，可以把质量水平和成本水平联系起来考察质量成本的构成和总额，寻找提高质量、降低成本的有效途径，力求以最低的质量成本来保证和不断提高产品的质量。

四、利润中心及相关指标

（一）利润中心

利润中心的责任人既能控制其成本，又能控制其收入，但不能控制投资活动。利润中心负责人可以决定生产何种产品、如何制定价格等，需要对收入和成本负责。骏马公司利润中心的考核指标包括财务指标和非财务指标，这里主要介绍财务方面的计算。

（二）部门利润的计算

这里通过骏马公司的一个销售门店的数据进行解释说明。

【例 11-1】骏马公司有某一销售门店，相关数据如下：

门店销售收入	15 000元
已销产品变动成本和变动销售费用	10 000元
门店可控固定间接费用	800元
门店不可控固定间接费用	1 200元
分配的骏马公司管理费用	1 000元

则该门店的相关利润数据见表11-3。

表11-3　门店利润数据　单位：元

项目	门店数据
收入	15 000
变动成本	10 000
贡献毛益（1）	5 000
可控固定成本（2）	800
可控贡献毛益（3）=（1）+（2）	4 200
不可控固定成本（4）	1 200
部门贡献毛益（5）=（3）-（4）	3 000
公司管理费用（6）	1 000
部门税前利润（7）=（5）-（6）	2 000

进行业绩评价时至少应包括可控制的固定成本，骏马公司选择以可控贡献毛益4 200元作为业绩评价依据，这可能是最好的，因为它反映了销售门店经理在其权限和控制范围内有效使用资源的能力。这样的评级指标使得销售经理可集中精力增加收入并降低可控制成本，而不必再为那些他们不可控的分配来的管理费用花费精力。除此之外，骏马公司可以部门贡献毛益3 000元作为核算该部门对企业利润和管理费用的贡献。

（三）内部转移定价

利润中心有两种类型：一是自然的利润中心；二是人为的利润中心。自然的利润中心一般直接向企业外部市场销售产品、提供劳务以获取利润，例如，一个同时肩负生产和对外销售任务的分厂可以作为一个自然的利润中心。人为的利润中心则是通过将产品或劳务按照确定的内部转移价格“销售”给本企业其他生产部门或销售部门以获取收入而形成的。

内部转移价格（Internal transfer price）是企业的内部单位之间相互提供产品或劳务时由于结算的需要而选定的价格标准。内部转移价格对于转出部门来说，相当于销售收入，对于转入部门则相当于成本，它同时影响到两个相关部门的利润，定价高会增加转出部门的利润、降低转入部门的利润，定价低则结果相反。因此，各部门的负责人都非常关心内部转移价格的制定，有时为了各自的利益甚至会发生争执。

制定内部转移价格的目的是：一方面明确各部门的责任，另一方面引导各责任中心在经营中采取与整体目标一致的决策。但这两个目的往往难以兼顾，因此，在制定内部转移价格时必须根据企业的具体情况全面考虑，权衡利弊，作出最佳选择。骏马公司可以通过三种方式确定内部转移价格：基于市场的转移价格；基于成本的转移价格；经过协商的市场价格。

（1）以市场价格作为内部转移价格的方法，是假定企业内各部门都立足于独立自主的基础之上，它们可以自由地决定从外界或内部进行购销。

（2）用产品成本作为转移价格，是制定转移价格的最简单的方法。管理层制定标准时可以变动成本、生产成本（变动和固定）和产品全部成本等不同的成本概念为基础。需要说明的是，产品的全部成本包括生产成本和与产品相关的其他业务职能成本，比如研发、运输、售后等。

（3）协商的价格包括成本和市场等信息，可以由那些部门的经理定期进行协调，来确定一个双方都愿意接受的转移价格作为内部计价、结算的依据。协商价格往往介于市场价格和基于全部成本的转移价格之间。

【例11-2】骏马公司有两个分公司，材料分公司和电池分公司，其中，材料分公司购买生产新能源的原料，同时，负责将原料运输给电池分公司，电池分公司将原料加工成新能源电池。为了简化，假设电池分公司可以直接将产品出售，生产1份电池需要1份原料。相关数据见表11-4。

表11-4 **材料和电池分公司数据** 单位：元

项目	材料分公司	电池分公司
材料采购价格	100	140（或转移价格）
公司内部情况		
可变成本	5	50
固定成本	5	30
总成本	10	80
全部成本	110	
销售价格	转移价格	400

表11-4表达了以下这些信息：

（1）材料分公司和电池分公司处于不同的地域，材料分公司可以自己在市场上以100元的价格购买原料，电池分公司可以从材料分公司以一定的转移价格获得原料，也可以在市场上以140元的价格购买原料。

（2）材料分公司将一份原料运输到电池分公司需要增加10元的成本。电池分公司将一份原料加工成电池需要增加80元的成本。

（3）材料分公司以给电池分公司的转移价格作为销售价格，电池分公司可以400元的价格对市场进行销售。

表11-5展示了材料分公司和电池分公司的生产与销售数据，表11-6以三种不同的转移定价方法计算了各分公司的营业利润。

表11-5　**生产与销售数据**　单位：份

转移的材料数	100
销售的电池数	100

表11-6　**营业利润计算**　单位：元

项目	基于市价的转移价格	基于全部成本110%的转移价格	协商确定的转移价格
材料分公司			
单位收入（基于转移成本）	140	121	130
总收入	14 000	12 100	13 000
材料采购成本	10 000	10 000	10 000
材料分公司变动成本	500	500	500
材料分公司固定成本	500	500	500
材料分公司总成本	11 000	11 000	11 000
材料分公司营业利润	3 000	1 100	2 000
电池分公司			
总收入	40 000	40 000	40 000
转移成本	140	121	130
转移总成本	14 000	12 100	13 000
电池分公司变动成本	5 000	5 000	5 000
电池分公司固定成本	3 000	3 000	3 000
电池分公司总成本	22 000	20 100	21 000
电池分公司营业利润	18 000	19 900	19 000
两分公司营业利润合计	21 000	21 000	21 000

骏马公司在三种方式下计算出来的转移价格不同。

基于市场价格的情况下，转移价格为电池分公司面临的一份原料市场价格140元。

基于成本加成的情况下，转移价格选取材料分公司的原料全部成本的110%加成，为121元（110×110%）。

基于协商定价的情况下，转移价格选取协商后的价格130元，可以看到，这个价格介于市场价格和全部成本加成价格之间。

虽然转移价格不同会导致各分部营业利润不同，当全部分公司的经营结果合并时，收入和成本就抵消了。所以，每种方法下总的营业利润都是21 000元。

总营业利润=收入−原料购买收入−材料分公司成本−电池分公司成本
=400×100−100×100−10×100−80×100
=21 000（元）

五、投资中心及相关指标

投资中心是责任人对其责任区域内的成本、收入及投资均要负责的责任中心。投资中心是企业最高层次的责任中心，其责任人既能控制责任中心的成本和收入，也能控制所占用的资产。比如骏马公司下的子公司、事业部等。

各投资中心的资产与权益必须明确划分，共同发生的成本应该按照合理的标准在各中心之间分配，这样才能准确计算和正确评价各投资中心的效益，分清责任，充分发挥财务控制的作用。

骏马公司评价投资中心业绩的指标通常有以下三种：投资报酬率、剩余收益和经济增加值。下面以骏马子公司的数据为例。

（一）投资报酬率

投资报酬率是最常见的考核投资中心业绩的指标。这里的投资报酬率是部门的税前利润除以该部门所拥有的资产额。

【例11-3】骏马子公司的资产额为20 000元，税前利润为4 000元，那么，投资报酬率=4 000÷20 000×100%=20%。已知骏马总公司的资本成本为15%。

用投资报酬率来评价投资中心业绩有许多优点：它是根据现有的会计资料计算的，比较客观，可用于部门之间以及不同行业之间的比较。但是现在骏马公司的管理层在对其进行考核后发现了一个问题。我们就子公司经理的投资决策来进行说明。2022年间，他面临着两种方案的选择。

方案一是骏马子公司经理可以接受一个投资机会，投资额为10 000元，每年净利1 700元。

$$投资报酬率=\frac{1\,700}{10\,000}\times100\%=17\%$$

尽管对整个骏马公司来说，由于投资报酬率高于资本成本，应当利用这个投资机会，但是它却使这个子公司的投资报酬率由过去的20%下降到19%：

$$投资报酬率=\frac{4\,000+1\,700}{20\,000+10\,000}\times100\%=19\%$$

方案二是经理可以放弃子公司在现有资产中的一项资产，它的价值为5 000元，该资产每年获利850元。

$$投资报酬率=\frac{850}{5\ 000}\times100\%=17\%$$

可以看到，虽然该资产的投资报酬率为17%，超过了资本成本15%。经理却愿意放弃该项资产，以提高子公司的投资报酬率：

$$投资报酬率=\frac{4\ 000-850}{20\ 000-5\ 000}\times100\%=21\%$$

所以，投资报酬率的不足也是十分明显的：为了获得更好的评价，部门经理会放弃高于资本成本而低于目前部门投资报酬率的机会，但却损害了企业整体的利益。骏马公司发现投资报酬率并不是一个很好的指标。

（二）剩余收益

为了克服由于使用投资报酬率来衡量骏马子公司业绩带来的次优化问题，骏马公司使用了许多企业都采用的绝对数指标——剩余收益，来评价利润与投资之间的关系。

剩余收益=部门利润-部门资产应计报酬

　　　　=部门利润-部门资产×资本成本

剩余收益的主要优点是可以使业绩评价与企业的目标协调一致，引导部门经理采纳高于企业资本成本的决策。

【例11-4】承接例11-3，根据前面的资料计算，得：

目前，骏马子公司剩余收益：

4 000-20 000×15%=1 000（元）

方案一实施后剩余收益：

（4 000+1 700）-（20 000+10 000）×15%=1 200（元）

方案二实施后剩余收益：

（4 000-850）-（20 000-5 000）×15%=900（元）

骏马子公司会采纳增资的方案而放弃减资的方案，这正是与骏马公司总目标相一致的。

对于骏马公司，采用剩余收益指标还有一个好处，就是允许使用不同的风险调整资本成本。从现代财务理论来看，不同的投资有不同的风险，要求按风险程度调整其资本成本。因此，不同行业部门的资本成本不同，甚至同一部门的资产也属于不同的风险类型，例如，现金、短期应收款和长期资本投资的风险有很大区别，要求有不同的资本成本。在使用剩余收益指标时，可以对不同部门或者不同资产规定不同的资本成本，使剩余收益这个指标更加灵活。而投资报酬率评价方法并不区别不同资产，无法分别处理风险不同的资产。

当然，剩余收益是绝对数指标，不便于不同部门之间的比较。规模大的部门容易获得较大的剩余收益，而其投资报酬率并不一定很高。在这里，我们再次体会到引导决策与评价业绩之间的矛盾。因此，骏马公司在使用这一方法时，要事先建立与每个部门资产结构相适应的剩余收益预算，然后通过实际与预算的对比来评价部门业绩。

（三）经济增加值

虽然骏马公司目前为止使用了两种方式，但是市场上还提出了另一种衡量指标——EVA，也称为经济利润，是指扣除了股东所投入的资本成本之后的企业真实利润。

1.经济增加值的计算原理

经济增加值是公司经过调整的营业净利润（NOPAT）减去该公司现有资产经济价值的机会成本后的余额，其公式为：

$$EVA=NOPAT-KW\times NA$$

式中，KW是企业的加权平均资本成本，它考虑了公司股东和债权人对公司的资本投入情况。NA是公司资产期初的经济价值，是对公司会计账面价值进行调整的结果。NOPAT是以报告期的营业利润为基础，经过下述调整得到的：（1）加上坏账准备的增加；（2）加上LIFO计价方法下存货的增加；（3）加上商誉的摊销；（4）加上净资本化研究开发费用的增加；（5）加上其他营业收入（包括投资收益）；（6）减去税金等。

企业的加权平均资本成本通过下列公式得出：

$$KW=\frac{D_M}{D_M+E_M}\times(1-T)\times KD+\frac{E_M}{D_M+E_M}\times KE$$

式中，D_M表示公司负债总额的市场价值，E_M表示公司所有者权益的市场价值，KD表示负债的税前成本，T表示公司的边际所得税税率，KE表示所有者权益的成本。

运用EVA指标可以对骏马公司的业绩和股东财富是否增加作出解释。这里有一个假设，那就是公司的投资者可以自由地将他们投资于公司的资本变现，并将其投资于其他企业。因此，投资者从骏马公司至少应获得其投资的机会成本。这意味着，从经营利润中扣除按权益的经济价值计算的资本的机会成本后，才是股东从经营活动中得到的增值收益。

2.经济增加值的调整思路

在计算EVA的过程中，会计调整的潜在可能性很多，但各种各样的调整都包括对以下项目的处理，例如，确认支出和营业收入的时间、外币折算、存货估价、各项准备、坏账确认等。这些调整是为了解决经营决策和融资决策混同，存量和流量混同等问题的。

现在举例说明以上内容。

【例11-5】假定骏马公司有一集团分部将在20×2年1月1日，投资400万元用于一种产品的研发，该产品已经被证明寿命周期会长达4年（20×2年到20×5年）。在发生这笔研发费用之前，公司每年的经营利润是1 200万元，资本是5 000万元。这家公司的资本成本是10%。为了简化起见，我们在这里忽略了所得税。

通常财务报告要求该公司将全部400万元当期费用化而不增加资产负债表上任何资产项目余额。但是就需要实施EVA的骏马公司而言，他们将用于研发的支出作为一项资本投资。出于计算EVA的目的，骏马公司将这笔支出资本化并在其产品生命周期内费用化。另外，公司会从当年的经营利润中减去一笔资本费用，这笔资本费用是以当年的平均资本余额的10%计算得到的。利润与资本对财务会计报告的影响以及对EVA计算的影响的比较，见表11-7。

表11-7 经济增加值计算 单位：百万元

年份	会计经营利润	调整后的经营利润（1）	会计资本	调整后的平均资本**	EVA资本（以调整后平均资本的10%计算）（2）	EVA (3)=(1)-(2)
20×2	8	8+4-1=11*	50	53.5	5.35	5.65
20×3	12	12-1=11	50	52.5	5.25	5.75
20×4	12	12-1=11	50	51.5	5.15	5.85
20×5	12	12-1=11	50	50.5	5.05	5.95

*经营利润+研发费用-研发费的摊销额=8+4-1=11（百万元）。

**调整后平均资本计算如下：20×2年的平均资本=$\frac{1}{2}$×（54+53），20×3年的平均资本=$\frac{1}{2}$×（52+53），以此类推。

第三节 建立监控和报告机制

管理控制系统的中心是反馈和学习。在计划和控制过程中的每一阶段，所有层次的管理者和员工进行有效沟通是很重要的。事实上，组织范围内开展学习是获取并维持财务实力的基础。企业唯一的可持续竞争优势在于其管理人员参与学习的比例。尽管如此，即使拥有了这种竞争优势，也可能被那些以更快速度引入智力资本的竞争者所超越。

图11-1表明，在经历了责任中心建立、评价指标设定后，建立业务作业监控和报告机制是建立管理控制系统的关键步骤。在前面一节中，骏马公司确定了与目标实现相关的业绩指标。一旦这些指标被确定，公司必须获得与实现期望结果有关的信息，这是通过业绩报告系统来完成的。有效的业绩报告把管理者的总目标、具体目标和结果联系起来，给管理者提供指导，在整个组织范围内调整目标及其实现水平，使组织能够对发生的变化及时进行预测并作出反应。

骏马公司的业绩报告中主要反映各责任中心的业绩评价指标的预算数、实际数以及两者之间的差异，这种计算在前面章节中已经具体介绍过，这里不再进行详细计算，骏马公司部分业绩见表11-8。

表11-8 业绩报告 单位：元

	预算	实际	差异
成本中心：I 工段的业绩报告			
直接材料	6 250	5 750	-500（F）
直接人工	7 500	7 750	+250（U）
制造费用	4 500	5 000	+500（U）
I 工段责任成本合计	18 250	18 500	+250（U）
成本中心：A 车间的业绩报告	↓	↓	↓
I 工段责任成本	18 250	18 250	+250（U）
II 工段责任成本	7 500	8 000	+500（U）
A 车间可控成本	3 250	3 000	-250（F）
A 车间责任成本合计	29 000	29 500	+500（U）
成本中心：甲工厂的业绩报告	↓	↓	↓
A 车间责任成本	29 000	29 500	+500（U）
B 车间责任成本	35 000	37 250	+2 250（U）
C 车间责任成本	50 000	48 500	-1 500（F）
甲工厂的可控成本	47 500	47 250	-250（F）
甲工厂责任成本合计	161 500	162 500	+1 000（U）
成本中心：制造部业绩报告	↓	↓	↓
甲工厂责任成本	161 500	162 500	+1 000（U）
乙工厂责任成本	175 000	177 000	+2 000（U）
制造部的可控成本	33 750	32 500	-1 250（F）
制造部可控成本合计	370 250	372 000	+1 750（U）
利润中心：投资中心：公司业绩报告			
销售收入	750 000	747 500	-2 500（U）
制造部责任成本	370 250	372 000	+1 750（U）
销售部责任成本	56 550	58 550	+2 000（U）
财务部责任成本	36 250	34 750	-1 500（F）
总经理处可控成本	50 750	49 750	-1 000（F）
责任成本合计	513 800	515 050	+1 250（U）
公司息税前利润	236 200	232 450	-3 750（U）

第四节　建立激励机制

为了以最小成本取得最大收益，管理控制系统必须鼓励目标一致和管理层努力。当个体或群体与组织具有相同目标时，就表明目标一致是可以存在的。当员工在为满足自身最大利益工作的同时，作出有助于组织总目标实现的决定时，便实现了目标一致。

报酬对于实现目标一致是必要的。如图11-1所示，骏马公司设计管理控制系统的难题是确定具体的目标、行动以及业绩评价，而这些都要保证鼓励员工作出实现组织目标的行为决定。骏马公司可能设定具体目标以不断提高员工的工作效率和有效性。但是员工可能会认为持续改进将导致更严格的标准、更快的工作节奏，甚至丢掉饭碗。所以，骏马公司对员工自觉进行持续改进不抱太大希望，打算以给他们自身带来利益的方式来进行激励。

根据激励发挥作用的方式是外部强化还是来自激励对象内部的心理强化，激励可划分为外在激励与内在激励。

内在激励是指那些来源于个人内在的，反映其工作的满意程度以及工作所提供的提升机会的奖励。在某些情况下，内在激励反映的是企业的性质或一个人从事工作的类型。例如，京剧票友或收藏迷，需要花费很多的时间、精力和金钱，来满足他们对于自己所喜欢的事情的追求。与工作不同，这种爱好往往是没有直接的利益的，但恰恰是在这些爱好上，票友或收藏迷们的投入往往是毫不吝惜的，无论在时间还是金钱方面，当然更不需要别人的监督来完成。

表11-9 **激励的分类**

种　类	经济性激励	非经济性激励
外在激励	薪酬激励：工资、奖金、津贴、福利 股权激励：实股激励、期股激励、期权激励	舒适的办公环境 各种荣誉
内在激励	无	参与决策 挑战性工作 感兴趣的工作或任务 上级、同事的认可与内部地位 学习与进步的机会 多元化活动 就业保障

外在激励就是指某个人以业绩评价结果为基础给另一个人提供的任何一种激励以承认其出色地完成了某项工作。一般性的外在激励包括一顿饭、一张电影票、现金奖金、股票奖金以及通过新闻报道和奖杯等来表示赞赏。外在奖励强化了员工把他们自己和企业区别开来这样的观点。同时，许多人认为外在奖励还强化了这样一种观点：工作补偿是员工可接受的最低限度的付出，所以企业必须利用额外的奖励或者补偿方式以激励员工提供额外的付出。

本书主要研究外在激励问题，这并不是因为内在激励不重要，而是因为本书的目的是明确企业所要实现的结果，并把这些结果和管理者及员工的薪酬联系起来。

一、激励机制的构成因素

骏马公司在设计激励机制时，必须对三个因素进行决策：奖金池、分配公式、复合激励形式。

（一）奖金池

奖金池就是一些专门保留用来作为激励和认可奖励的资金。奖金池通常是依据企业或公司层面的业绩来设定的。例如，骏马公司年度利润的15%被留存在奖金池中为激励支付提供资金。

（二）分配公式

一旦奖金池被定下来之后，下一步的决策就是怎样把奖金池分配给个人了。通常有三种业绩可以被用来分配奖金：个人业绩、业务或部门业绩，以及公司业绩。对于骏马公司的管理者来说，必须决定如何在这三种业绩变量之间分配权重。举例来说，骏马公司现有下述两种权重方案，见表11-10。

表11-10 两种权重方案

项　目	管理者甲	管理者乙
公司业绩	20%	40%
业务业绩	20%	40%
个人业绩	60%	20%
合　计	100%	100%

通常情况下，在一个单独的业务部门中，一个经理的管理权限越宽，业务业绩相对于个人业绩的权重就应该越高。同时，在一个公司中某个业务部门与其他业务部门间的联系越多，公司业绩相对于其他业绩的权重就应该越高。从两种方案来看，管理者甲的权重方案，更看重个人业绩的表现，可能更适合于一个管理权限小的基层员工。相对来说，管理者乙的权重方案，把大部分权重分配给业务业绩和公司业绩，可能适合于管理一个与公司其他部门有着重要联系的部门的高层经理。

（三）复合激励形式

最后一个因素是提供什么类型的激励给员工以认可他们的业绩。骏马公司常见的经济激励形式有现金；礼物和奖品；延迟的现金支付；公司股票奖励；股票期权奖励。骏马公司可以选择其中一种形式或将几种形式结合起来运用。

二、具体激励计划

常见的激励计划包括：现金奖金、利润分享、增益分享、股票期权、股票增值权益、分享单位和员工持股计划等形式。骏马公司把这些激励计划分为两大类：一类是依赖内部目标，即基于管理会计系统的激励计划；另一类是基于股价的激励计划。

（一）基于管理会计系统的激励计划

1.现金奖金

现金奖金计划称为一揽子奖励，根据业绩用现金支付。这种奖金是一次性奖励，不会成为员工日后基础工资的一部分。

2.利润分享

利润分享是按照企业公布利润的百分比支付的现金奖金。利润分享是团体激励补偿计划，重点在于短期业绩。有的利润分享计划需要先保障股东的权利，要减去之前约定好给股东的部分。接下来，剩余的部分就可以用来实施利润分享计划，剩余部分按一定比例在员工和高层之间分配，比如10%归员工，20%归高层。

3.增益分享

增益分享首先需要高层制定一个业绩目标函数，并以此作为可分配总额的现金奖金分配计划。例如，某个指定部门的员工业绩超过业绩目标值时，得到一笔奖金。

（二）基于股价的激励计划

骏马公司意识到，传统的激励机制，如工资和奖金，都在一定程度上刺激了经营者的短期行为，但与公司的长期价值关系不明显。公司内部的经理人有可能为了短期的财务指标而牺牲公司的长期利益。但是从股东投资角度来说，他们关心的是公司长期价值的增加。为了解决此类的公司问题，市场上有一种新的激励机制——股权激励。它是企业经营者和职工通过持有企业股权的形式，来分享企业剩余索取权的一种激励行为。

1.股票奖励

股票奖励是一种即期奖励，它在会计期末以股票形式发放，一般使用公司利润或个人业绩确定奖金额。通常它奖励的是管理者和员工在一年内所完成的业绩。

2.递延股票报酬

递延股票报酬是指递延到将来的股票报酬。递延股票报酬计划通常伴随一些限制条件，如禁止管理者出售股票，或规定公司在股票价格中的补贴部分要在一定的时期后才归管理者所有。这样做的目的是把管理者牢牢拴在公司。

3.股票期权

股票期权是指高级管理人员有权以规定的价格在将来获得股票期权时购买公司股票。股票期权是为了鼓励高级管理人员努力做投资者认为有价值的事，从而使他们能够抬高股票价格，这样同时也能提高股票期权的价值。

4.业绩股份

业绩股份是指高级管理人员实现规定的，通常是长期的业绩目标值后，公司给予其一定数量的公司股票。最普遍的目标是在3~5年的时间里把每股收益增长率保持在一定水平。只要达到这个目标，高级管理人员就会得到奖励。

5.股票增值权益

股票增值权益是以奖励期到支付期股票价格的上涨为基础的递延现金报酬。股票增值权益通常与股票期权方案结合使用，为高级管理人员提供一种购买股票期权方案下赚取股票的方式。

6.虚拟股票

虚拟股票方案是奖励股票的数量单位。当高级管理人员获得规定的股份数量时，他将收到一笔现金，现金的数额等于股份的数量乘以股票的现行市价。

7.分享单位

分享单位方案与股票增值权益相似，但它与经营成果相联系，而不是与股票价格相联系。常用的经营指标包括税前收益、投资报酬率、销售量与积压量，或者是上述指标构成的指标体系。所奖励的单位可因经营结果的不同而有所不同。

相关链接 **我国中央企业激励机制**

国务院国有资产监督管理委员会2019年下发的40号文《中央企业负责人经营业绩考核办法》规定，考核需要突出效益效率，但更要关注企业的发展质量，强调“坚持质量第一效益优先”原则，引导企业实现质量更高、效益更好、结构更优的发展。

我国中央企业高管激励与考核具有分类考核和目标管理相结合的特色，根据国有资本的战略定位和发展目标，结合企业实际，对不同功能和类别的企业，突出不同考核重点，合理设置经营业绩考核指标及权重，确定差异化考核标准，实施分类考核。

首先是对中央企业的考核进行分类：

对主业处于充分竞争行业和领域的商业类企业，以增强国有经济活力、放大国有资本功能、实现国有资本保值增值为导向，重点考核企业经济效益、资本回报水平和市场竞争能力，引导企业提高资本运营效率，提升价值创造力。

对主业处于关系国家安全、国民经济命脉的重要行业和关键领域、主要承担重大专项任务的商业类企业，以支持企业可持续发展和服务国家战略为导向，在保证合理回报和国有资本保值增值的基础上，加强对服务国家战略、保障国家安全和国民经济运行、发展前瞻性战略性产业以及完成重大专项任务情况的考核。适度调整经济效益指标和国有资本保值增值率指标考核权重，合理确定经济增加值指标的资本成本率。承担国家安全、行业共性技术或国家重大专项任务完成情况较差的企业，无特殊客观原因的，在业绩考核中予以扣分或降级处理。

对公益类企业，以支持企业更好地保障民生、服务社会、提供公共产品和服务为导向，坚持经济效益和社会效益相结合，把社会效益放在首位，重点考核产品服务质量、成本控制、营运效率和保障能力。根据不同企业特点，有区别地将经济增加值和国有资本保值增值率指标纳入年度和任期考核，适当降低考核权重和回报要求。对社会效益指标引入第三方评价，评价结果较差的企业，根据具体情况，在业绩考核中予以扣分或降级处理。

对国有资本投资、运营公司，加强落实国有资本布局和结构优化目标、提升国有资本运营效率以及国有资本保值增值等情况的考核。

对科技进步要求高的企业，重点关注自主创新能力的提升，加强研发投入、科技成果产出和转化等指标的考核。在计算经济效益指标时，可将研发投入视同利润加回。

对结构调整任务重的企业，重点关注供给侧结构性改革、主业转型升级、新产业新业态新模式发展，加强相关任务阶段性成果的考核。

对国际化经营要求高的企业，加强国际资源配置能力、国际化经营水平等指标的考核。

对资产负债水平较高的企业，加强资产负债率、经营性现金流、资本成本率等指标的考核。

对节能环保重点类和关注类企业，加强反映企业行业特点的综合性能耗、主要污染物排放等指标的考核。

对具备条件的企业，运用国际对标行业对标，确定短板指标纳入年度或任期考核。

对中央企业进行经营业绩考核时，根据年度经营业绩考核和任期经营业绩考核等级分为A、B、C、D四个级别；针对不同的性质和类型的企业进行分类考核，有助于优化对标企业的可比性，使得考核更加公平透明。其次，考核基准值根据企业功能定位，兼顾企业经营性质和业务特点，依据考核指标近三年完成值、客观调整因素和行业对标情况综合确定。根据年度利润总额、经济增加值指标目标值设置“达到历史最高水平”、“不低于基准值”和“低于基准值”三档。经行业对标，目标值处于国际优秀水平或国内领先水平的，不进入第三档目标。可见，我国中央企业经营业绩考核已经将目标管理的理念纳入其中，只有将企业经营业绩与合理的目标值挂钩，制定出公平合理的考核目标，才能对中央企业负责人和主要经理人形成良好的激励。

思考题

1. 简述管理控制系统的概念及构成体系。
2. 简述管理会计控制系统设计的一般程序。
3. 简述责任会计的含义。
4. 简述成本中心、利润中心、投资中心的含义。
5. 简述质量成本的含义。
6. 简述内部转移价格的含义。
7. 简述经济增加值的含义。
8. 简述内在激励与外在激励的区别。
9. 简述奖金池的含义。

二维码11-1　即学即测

练习题

1. 某企业20×2年税后净利润为500万元，资产总额为10 000万元。本年研发费用400万元作费用化处理。该企业计算经济增加值的调整规则为：研发费用分5年摊销，未摊销部分调增资产总额。该企业适用的所得税税率为25%，加权平均资本成本为12%。

要求：计算该企业20×2年经济增加值。

2. “书与游戏”公司旗下有两家书店：理想书屋和梦中书咖。每家书店的经理都对书店拥有极大的决策权。但广告、市场调查、购书、法律服务以及人事职能是由中心办公室来执行的。"书与游戏"公司目前使用的会计系统是将所有的成本分摊到书店。20×2年的经营成果见表11-11。

表11-11　　20×2年的经营成果　　单位：元

项目	全公司	理想书屋	梦中书咖
销售收入	700 000	350 000	350 000
销售成本	450 000	225 000	225 000
毛利	250 000	125 000	125 000
经营费用			
工资和薪金	63 000	30 000	33 000
物料	45 000	22 500	22 500
租金和设施费	60 000	40 000	20 000
折旧	15 000	7 000	8 000
分摊的行政成本	60 000	30 000	30 000
经营费用小计	243 000	129 500	113 500
经营收益（亏损）	7 000	（4 500）	11 500

书店的经理作出的决策能够影响工资和薪金、物料以及折旧。与之相对的是，租金和设施费在经理们的控制范围之外，因为经理们不能选择书店的地址和规模。

物料属于变动成本；工资和薪金的可变部分是销售成本的8%，其余部分属于固定成本。租金和设施费、折旧也属于固定成本。行政成本分摊并不受书店任何事项的影响，但按照销售收入的比例分配。

（1）用边际贡献法编制业绩报表，将每家书店的业绩和书店经理的业绩区分开来。

（2）评价每家书店的财务业绩。

（3）评价每家书店经理的财务业绩。

案例分析[①]

中国工商银行（以下简称"工行"）成立于1984年，是国有大型商业银行，国家副部级单位。工行拥有中国最大的客户群，是中国最大的商业银行之一，也是世界五百

① 改编自"张娟，刘希麟. 电商企业阿里大数据分析技术下管理会计控制系统研究［J］. 电子商务，2020，252（12）：67-69."

强企业之一。工行为公司客户与个人客户提供了多元、专业的各项金融服务。其业务范围广、业务量大、业务品种丰富，已形成跨越亚、非、欧、美、澳五大洲的全球经营网络。

为提升管理效率，节约管理成本，工行依托管理会计应用的坚实根基，不断建立健全业绩分成体系，在业绩精准计量、降低运营成本、促进业务发展、助力业财融合、强化风险管控和实现价值创造等方面取得了较为显著的应用成效，以下我们将一起来了解工行业绩分成体系的发展。

工行的业绩分成体系发展主要分为如下三个阶段：

（一）传统实账分成阶段

在实账分成模式下，商业银行总部向各分支机构分批次、分账户下划各项收支。分支机构收到下划项目对应的资金后再继续向下级机构划转，整个下划流程给各级分支机构业务处理和财务核算增加了较多的工作量，操作风险较高。这一模式存在的不足如图11-4所示。

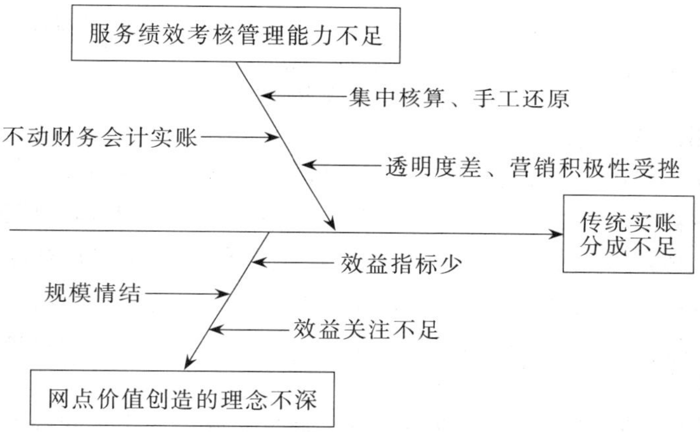

图11-4 传统实账分成不足

（二）管理会计业绩分成阶段

为解决上述不足，工行依据业绩分成原理，创新研发了基于管理会计方法的业绩分成系统，将分成结果引入管理会计总账，既兼顾了财务会计实账分成“实”的优点，又体现了管理会计模拟记账的便捷性和灵活性。

针对财务会计信息缺乏管理价值内涵的局限性，按照“服务管理、零和分成、成本效益、真实合规”的原则，工行率先在业内建立了“财务会计总账+分成业绩=管理会计总账”的理论与实践体系。管理会计总账兼具方法灵活和赋能管理的特点，成为全行预算管理、绩效考核和资源配置等管理手段的基础和核心，真正实现了由记账式的财务会计向“信息相关、决策有用”的管理会计跨越。具体业绩分成原理如图11-5所示。

业绩分成系统实现了分成流程再造，即核算流程由原“业务部门+清算中心”合作模式转变为业务部门独立完成，提升核算质效的同时，推动了业绩分成核算向“轻型化”“集约化”发展。

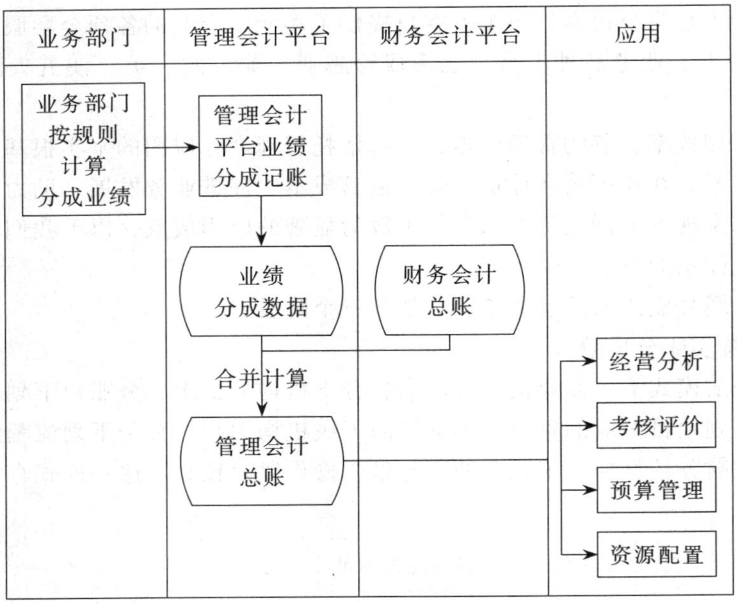

图11-5 业绩分成原理

（三）立体化分润创新阶段

工行清晰地认识到，在以客户账户为基础的营销业绩计量模式下，业绩只能归属开户网点，极其容易造成大客户开户网点“躺吃”和“躺赢”，其他协同网点“白忙”，影响了有关经营主体联动营销的主动性和积极性，不利于形成工商银行集团“利益共同体”，提升整体作战能力。业务管理系统未能从源头记录联动业务信息，原始分成信息的缺失，导致业绩计量的合理性和完整性不足。为此，当前业绩分成体系、规则和机制有待进一步提升。

基于此，工行不断解放思想，攻坚克难，通过实施内部市场化改革，探索构建了如图11-6所示的覆盖机构间、条线间、行司间的立体化分润机制，全面激发了各经营单元的经营活力。主要体现在四个方面。

（1）机构维度。突破“机构壁”，可在总行、一级分行、二级分行、支行到网点、母行与子公司等多个层级、纵横双向进行业绩分成，满足各机构间、区域间、行司间联动营销利益分配的需要。

（2）部门维度。打破“部门墙”，通过个人、对公、资金等各部门（条线、板块）间的业绩分成，可将部门联动营销时的利益进行重新分配，对让渡部门进行收益补偿，加强了部门间的沟通和信息共享，形成了营销合力。

（3）产品维度。形成“组合拳”，针对客户多元化的金融服务需求，为客户量身定制综合化金融服务方案，建立跨部门的产品组合。对组合内的各个产品收益，根据实际贡献进行业绩分成，既能准确反映产品业绩，又能提高营销服务效率。

（4）客户维度。聚焦“客群链”，以商业银行资金链条为主线，根据上下游客户群之间的资金流向关系，在各类客户群之间（如对公客户群和个人客户群）进行业绩分成，真实反映客户对商业银行的贡献。

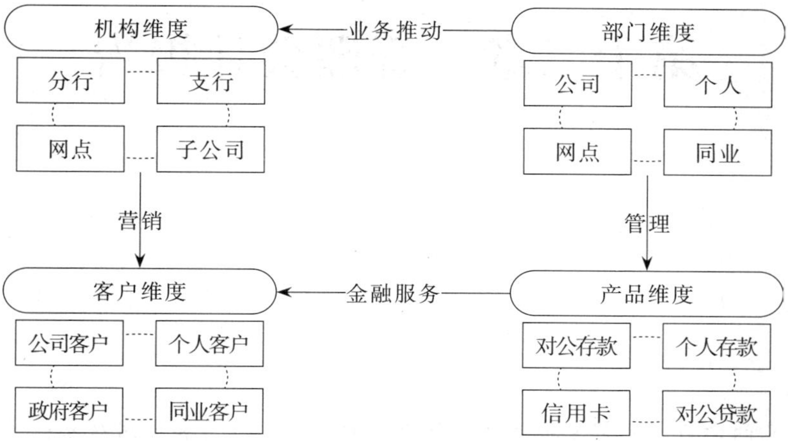

图11-6　立体化分润框架

立体化分润机制是工行近年来在业绩分成工具应用方面的又一创新突破。截至2022年末，立体化分润体系覆盖会计科目223个，年累计交易笔数3 300万笔，分成到营业网点的数量较之前提升了165%。该体系以建立集团内的长效机制为基础，以“谁联动、谁受益”为基本原则，充分考虑各方的利益诉求，准确合理展现各方综合价值贡献，激发各经营主体联动积极性，实现“常联动、常受益”，促进利益相关方共同营销推动业务，从而实现集团利益的最大化。

请结合上述案例材料思考：

（1）工行的管理会计体系创新主要体现在哪些方面？

（2）为了更能适应时代的发展，工行的管理会计体系还可以如何加以改进？

（3）案例体现了本章节所学管理控制系统的哪些内容？

第十二章　管理会计报告

学习目标

通过本章的学习，了解掌握管理会计报告的概念、作用和使用对象；了解管理会计报告的不同分类，以及管理会计报告的优点与不足；掌握管理会计报告与财务会计报告的区别和联系；了解管理会计报告的编制原则与编制流程。

引例：得力文具基于管理会计的内部管理报告体系构建①

得力集团有限公司成立于1988年，经过20余年的发展，现已是一家专业从事办公文具制造的中国民营企业500强公司，在国内轻工文教行业排名第一。得力文具的管理层提出了“创建世界一流的文具企业”的愿景，以“为消费者提供性价比最优的产品，让办公学习更得力”为使命。经过多年的经营，得力文具已经在研发、生产、产品、渠道、物流等方面引领行业的发展，现主要以品牌经营为主，为消费者提供办公采购一站式服务。

在办公文具行业，产品可以小到是几分钱的橡皮擦、票夹等，而产业链无限大，大到无法用一个确切的范围来界定，其范围可以包括传统的小文具、办公用品，也可以涵盖IT产品、办公家具、体育用品等。这个行业中，产业的集中度与竞争度还远不如家电、医药等其他行业，这是一个还存在着集中与整合机会的行业。得力文具处于该行业的领先地位，有其独特的管理特征。得力文具产品种类众多、营销渠道多样、供应商来源分散，都对企业管理水平提出了较高的要求。除此以外，集团包括60余家控股或全资子公司，管理主体不易区分，组织结构复杂。公司经过多年的调整与完善人事架构，根据人事架构设置了如图12-1所示的基于管理会计主体的组织架构。

为提升管理水平，得力文具借助阿米巴管理模式，构建了战略层、管理层、操作层的三级内部管理报告体系。其主要做法如下：

一是公司中高层管理人员系统学习了阿米巴经营理念，并在相关业务部门引入了阿米巴管理模式。阿米巴经营理念根据管理的需要，把业务单位分割成细小的独立单元进行管理与财务核算，实质上就是一个特殊的管理会计系统。

① 吴富中．基于管理会计的内部管理报告体系构建——以得力文具为例［J］．财会月刊，2016（4）：71-77.

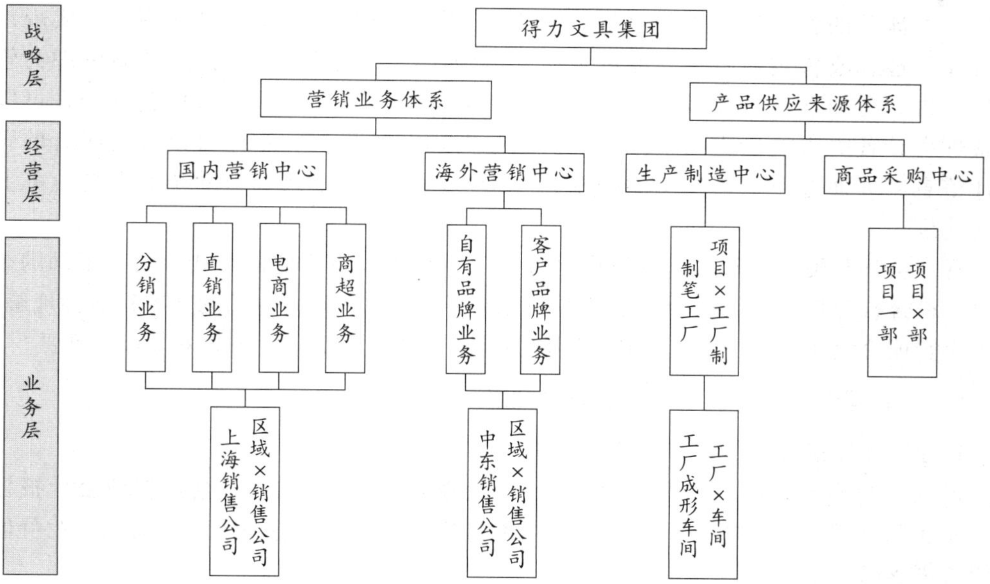

图12-1 得力文具基于管理会计的组织架构

二是对财务组织架构进行重构，使财务会计与管理会计彻底分离，并在此基础上，构建了涵盖战略层、管理层和操作层三个层级的基于管理会计主体的组织架构，又称为构建内生动力的阿米巴组织。就如动车组的特点一样，经营动力结构多元化、分散化、均衡化，每一个节点都是动力制动点。

三是基于管理会计主体的组织架构，构建相应的内部管理报告体系。综合考虑了营销渠道、材料供应来源与企业自身的组织架构等重要因素，得力文具自上而下制定了包含战略层、管理层、操作层及专题项目等的完整的报告体系。

四是确定内部管理报告的具体内容和模板。得力文具在管理报告体系中不仅纳入了财务指标，还纳入了人力资本、顾客与市场、过程管理、学习成长等非财务指标。具体内容由财务负责人与管理主体负责人一起讨论确定。

五是完善内部管理报告的运行环境。首先，完善信息化建设，实现财务业务一体化管理，导入外延专业管理信息化系统和BI商务智能系统；其次，构建涵盖战略财务、共享财务、业务财务的财务组织架构；最后，与地方高等院校合作，创办得力管理学院，除每月开设营销、生产、品质和财务等管理类课程外，加大管理会计知识的培训，由集团分管财务的副总经理牵头，制定了适合管理人员的管理会计课程，为内部管理报告的准确、及时、有效执行提供了人才保障。

第一节 管理会计报告

一、管理会计报告的概念、作用和使用对象

我们已经了解，管理会计的目的是帮助决策，它使用一系列专业工具，对企业运

营过程中涉及的各类信息进行收集、汇总和分析，再将结果呈现给使用者，实现帮助决策和管理，改善企业经营、促进企业发展的作用。而承载这些信息的载体即为管理会计报告。正如财务会计报告是对于企业财务信息的综合反映，管理会计报告可以说是管理会计各类方法应用的最终结果。通过管理会计报告，企业可以打通所有的管理会计信息，并通过对这些信息的挖掘和分析，以财务的结果来帮助企业发现业务上存在的问题。

管理会计与财务会计很大的不同之处在于，前者没有固定的形式，对于不同的企业来说，符合自身特点的管理会计报告可以更快更有效地发现自身问题并有针对性地解决，为企业实现价值助力。所以，不同的管理会计报告体系对不同的企业来说至关重要。

（一）管理会计报告的含义、目标和对象

1.管理会计报告的定义

根据《管理会计应用指引第801号——企业管理会计报告》，企业管理会计报告是指企业运用管理会计方法，根据财务和业务的基础信息加工整理形成，满足企业价值管理和决策支持需要的内部报告。

2.管理会计报告的目标

管理会计的目的在于帮助决策，报告作为管理会计信息的载体，其目标是为企业各层级进行规划、决策、控制和评价等管理活动提供有用的信息。

3.管理会计报告的对象

从管理会计报告的定义和目标我们可以得知，企业管理会计报告是为帮助决策编制的内部报告，具有支持性和内部性，所以，企业管理会计报告的对象是对管理会计信息有需求的各个层级、各个环节的管理者。

（二）管理会计报告的内容

企业管理会计报告的内容包括报告的名称、报告期间或时间、报告对象、报告内容及报告人等。企业管理会计报告的内容应根据管理需要和报告目标而定，要易于理解并具有一定的灵活性。

企业可根据管理的需要和管理会计活动的性质设定报告期间。一般应以日历期间（月度、季度、年度）作为企业管理会计报告期间，也可根据特定需要设定企业管理会计报告期间。企业管理会计报告体系应根据管理活动的全过程进行设计，在管理活动各环节形成基于因果关系链的结果报告和原因报告。

管理会计报告的具体内容是根据管理会计信息需求者的需求而定的，容易被需求者理解且灵活性较强。不同企业的管理会计报告内容各不相同，企业应该在秉承成本效益的大原则下，去制定适合企业特点、符合自身需求的管理会计报告。

例如，在管理会计的规划、决策阶段，需要编制预计资产负债表、预计利润表及预计现金流量表等；在控制阶段形成执行差异报表，可以反映预算与实际之间的差异并进行分析；最后，在评价阶段形成目标实现程度的报表，其对应的是业绩考核，相应的管理会计报告将反映业绩完成情况并对差异进行分析评价。结果报告形成于管理活动的全过程，在提供结果报告的基础上同时提供每一种结果产生的具体报告原因。

二、管理会计报告的分类

企业管理会计报告体系可按照多种标准进行分类，包括但不限于以下几类：

（1）按照企业管理会计报告使用者所处的管理层级可分为战略层管理会计报告、经营层管理会计报告和业务层管理会计报告。这也是本章所采用的分类方式。

（2）按照企业管理会计报告内容可分为综合企业管理会计报告和专项企业管理会计报告。

（3）按照管理会计功能可分为管理规划报告、管理决策报告、管理控制报告和管理评价报告。具体应包括报告组织体系、报告目标、报告内容、报告流程、报告呈现、报告使用、质量控制及报告改进等内容。

（4）按照责任中心可分为投资中心报告、利润中心报告和成本中心报告。

（5）按照报告主体整体性程度可分为整体报告和分部报告。

（一）战略层级的管理会计报告

战略层管理会计报告是总括性的，是为战略层开展战略规划、决策、控制和评价及其他方面的管理活动提供相关信息的对内报告。报告对象是企业的战略层，包括股东大会、董事会和监事会等。往往采取战略管理会计报告的企业是较大型的集团企业，报告关注的重点和董事会的职能相匹配，比如战略方向、产品产业布局、重大投资、重大风险以及集团或产业盈利能力等。报告内容包括宏观形势、行业形势、总体经营情况、主要产品发展、重点项目（工作）情况、经营特点及问题汇总、相关建议、未来预期等方面内容。由于报告内容具有的是总体的指导意义，战略层管理会计报告通常较为精练、简洁、易于理解，报告了主要结果、主要原因，并提出具体的建议。

战略层管理会计报告包括但不限于战略管理报告、综合业绩报告、价值创造报告、经营分析报告、风险分析报告、重大事项报告、例外事项报告等。这些报告可独立提交，也可根据不同需要整合后提交。

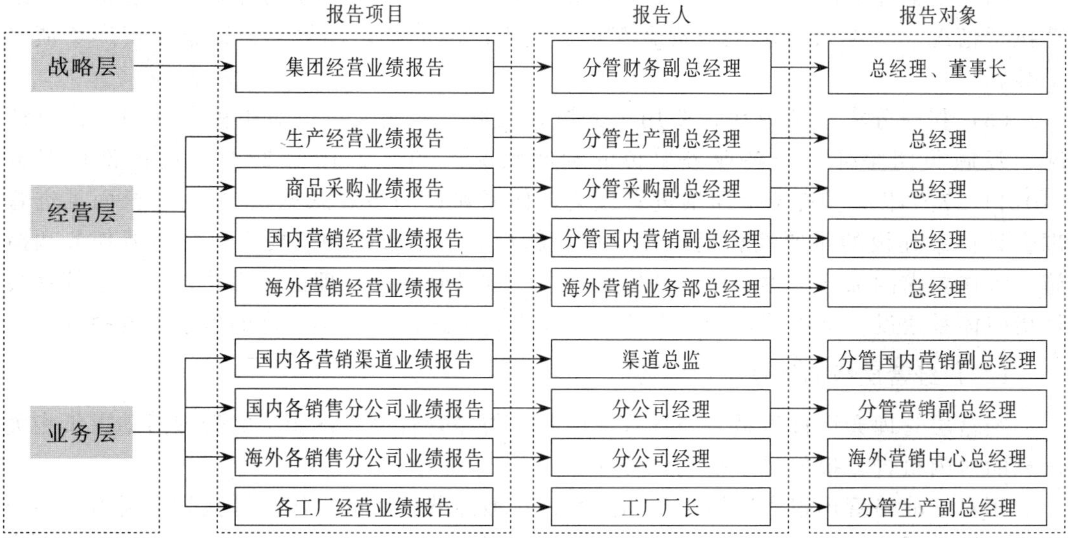

图 12-2　得力文具的管理会计报告体系

图12-2展示了得力文具的管理会计报告体系，可以看出体系由战略层、经营层和业务层三部分构成。战略层的内部管理报告主要通过集团经营业绩报告来体现，内容涵盖如下模块：

（1）外部环境分析。该模块主要对办公文具行业所处的宏观环境进行PEST分析，如政策与法律环境的影响，国内外大宗原材料价格、外汇汇率等经济因素的影响，环保与能耗、互联网、大数据等社会与文化因素的影响，以及工业创新等科学技术因素的影响；同时，还对产业环境进行五力分析，对齐心、晨光等同行业企业之间的竞争强度进行分析，对国际文具大品牌如BIC、PLUS等潜在进入者进行分析，对得力文具的规模化、集约采购对供应商的影响进行分析，其他如买方分析、替代品分析等均在该模块编制比较详尽的分析报告。

（2）总体业绩分析。在该模块中，提炼出集团公司整体的关键经营目标，如销售收入、利润、经营性现金流量、人均产值、期间费用、新产品销售、研发投入指标等，基本上是以结果为导向反映得力文具整体的经营成果。经营成果的时间维度指标包括目标值、累计值、达成率、增长率，反映公司内部经营质量；空间维度包括与同行业的上市公司，如晨光文具、齐心文具、广博文具等进行相关指标的比较，反映公司与同行业企业相比经营质量的高低。

（3）营销与生产业绩分析。该模块主要反映销售收入与生产产值的整体变化趋势，以及各营销渠道、各工厂的目标达成情况。重点在于揭示异常数据，分析原因，再加以改善。

（4）营运资金分析。该模块主要反映经营性现金流量的质量，尤其是通过营运资金同比增幅、目标达成率与营运资产周转率的分析，揭示经营性现金流量与营运资金之间此消彼长的逻辑关系，在现金流量不足的情况下，提出如何减少营运资金的占用以释放充足的现金流量。

（5）投融资分析。该模块主要反映重大投资项目的进度与资金来源、年度的资金预算执行情况、近期融资动态与资金存量、资本成本的变化趋势、集团整体资产负债水平等。

（6）利税分析。该模块主要用于分析各区域、各法人单位对于税负规划的执行情况，反映集团整体以及各业务单位的利润状况。2014年10月27日，财政部以财会〔2014〕27号印发《关于全面推进管理会计体系建设的指导意见》，分为：全面推进管理会计体系建设的重要性和紧迫性，指导思想、基本原则和主要目标，主要任务和措施，工作要求四部分。主要任务和措施包括：推进管理会计理论体系建设，推进管理会计指引体系建设，推进管理会计人才队伍建设，推进面向管理会计的信息系统建设。

（二）经营层级的管理会计报告

经营层管理会计报告是为经营管理层开展与经营管理目标相关的管理活动提供相关信息的对内报告。报告对象是经营管理层。

相对于战略管理报告适用于集团层面，一般经营层级的常用会计报告主要适合各个公司以及其子公司等经济实体，这类企业的发展关注重点在行业形势、经营状况、产品的成本、盈利能力、竞争能力及业务改善等。经营层管理会计报告应包括行业形势、主要经营情况、损益情况、利润增减、主要业务、主要特点及问题提示、相关建议、业务改善计划、未来预计等方面的内容。作为低一级别的报告，经营层级的管理会计报告操作性更强，应做到内容完整、分析深入。

经营层级管理会计报告的内容也涵盖了企业的多个方面，例如，企业的全面预算管理、盈利分析、资金管理和投融资分析等，从多个方面为企业进行战略策划、战略决策、风险控制以及效果评估提供信息。经营层管理会计报告主要包括全面预算管理报告、投资分析报告、项目可行性报告、融资分析报告、盈利分析报告、资金管理报告、成本管理报告、绩效评价报告等。

得力文具的经营层内部管理报告主要由针对产品供应商的生产体系与商品采购体系的经营业绩报告和针对国内外营销体系的经营业绩报告构成。产品供应商的生产与采购体系经营业绩报告主要是反映一个独立完整体系的经营质量。比如，在生产经营业绩报告中，主要反映财务模块中销售收入、净利润、可控费用占比；在顾客市场的模块中，反映品质合格率、投诉次数、客户满意度；在先进生产力的模块中，反映人均产值、人力成本、工伤与安检情况；在过程有效性的模块中，反映缺货率、订单达成率、半成品周转率、呆滞物料存量等。在营销体系的经营业绩报告中，财务模块包括销售收入、利润、费用等项目；内部运营模块反映应收账款周转率、存货周转率、呆滞存货存量、人均销售收入等信息；市场开发模块反映渠道客户开发、新品销售、重点品类推广等内容。

（三）业务层级的管理会计报告

业务层管理会计报告是为企业开展日常业务或作业活动提供相关信息的对内报告。业务层级的管理会计报告的目的是根据企业内部不同业务所承担的责任和义务，通过对日常业务或者作业活动信息的收集来帮助企业对各项业务进行绩效考核评价，考察职责的履行情况。报告对象是企业的业务部门、职能部门，以及车间、班组等。报告适用于各公司（企业）内部的研发、采购、制造、营销等部门或分厂（车间）以及职能部门。其关注的重点是专门业务的计划、实施与控制，专门业务实施与计划的偏差及修正，专门业务实施中问题的反映与解决。报告应包括业务背景及计划情况、费用预算情况、业务实施进度、业务重点评价指标、业务问题点及改善、业务实施偏差及修正、业务效益、业务结果与计划的匹配等方面内容。业务层管理会计报告具有非常强的操作性，所以应做到内容具体，数据充分。

业务层级管理会计报告的内容是根据企业各个业务部门和职能部门的业务目标或者职能所设计的。主要包括采购业务报告、生产业务报告、运送业务报告、销售业务报告、售后服务报告以及人力资源报告等。对于企业整个业务流规进行考核评估，具有针对性，有利于各个业务部门对此作出改进，同时，对人力资源进行考核评估，有利于成本控制，提高企业业绩。

操作层的管理报告主要以各渠道、各销售分公司和各工厂、商品采购部门为管理主体出具经营业绩报告。在该层级的管理报告中，多以图表、表格等简单明了的方式进行表述。比如，反映某销售分公司经营质量与营运效率，可通过表12-1来实现。

表12-1 ××销售分公司经营业绩质量情况

	项目	指标	2022年		2021年		增幅	1月	2月	3月	……
			金额	占比	金额	占比					
业绩管理	一、销售收入										
	减：促销费用										
	销售成本										
	二、毛利										
	减：直接费用										
	退货损失										
	分公司分摊费用										
	集团公摊费用										
	三、税前利润										
	减：税费（25%）										
	四、净利润										
余额管理	应收账款余额										
	超龄账金额										
	应收周转天数										
	存货金额										
	呆滞存货金额										
	存货周转天数										

表12-1是一张具有代表性的管理会计报表，从其内容来看，有几点优势：①既反映了管理主体的销售收入、费用、利润等情况，同时，又反映经营业绩所带来的“附产品”——应收账款、存货的健康状况。②反映了各项目的经济指标，如当年累计值、去年同期值、增幅以及逐月的经营数据等，非常简单、清晰。③各项目根据管理实体特点进行核算上的改造，比如：销售成本按固定的采购成本来取数；集团公摊费用是集团职能部门的行政费用、财务费用、战略性投入费用的总和。另外，由于不是独立的税务主体，在无法明确税率的情况下，统一按25%的税率来估算税负等。此类表格的构建，让不懂财务的业务负责人可以轻松阅读与理解。

三、管理会计报告的评价

（一）管理会计报告的优点

一是信息全面，管理会计报告具有综合性，报告内容涵盖财务和非财务的信息，能够为内部管理者提供有效的全方位的信息；

二是便于理解，管理会计报告是经过综合方法，对企业信息进行系统分析、加工而成的，其编制要求之一就是要便于使用者理解；

三是较为灵活、具有针对性，管理会计报告内容可以根据不同的情况和需求进行调整，不是一种完全固定格式的报告，其形式和侧重点更加具有目的性。

（二）管理会计报告的不足

一是内容质量难以把控，在管理会计报告的优点中已经提到，管理会计报告的形式和内容并不是固定不变的，是根据使用者的实际需求改变的，具有灵活性。但是，灵活性的背后隐藏着的是管理会计报告内容看似丰满，实质上内容质量难以把控，很多信息不能帮助管理者作出决策和管理。

二是编制难度高，由于管理会计报告需要通过各种综合性的专业方法对收集到的多种数据进行分析、整合成利于使用者理解的报告，涉及统计、信息化等技术知识，这对于编制者以及企业的基础要求很高。

三是及时性不足，在编制管理会计报告中，对各种信息的收集、分析和整合需要耗费大量时间，因此，难免会影响信息的及时性。

第二节　管理会计报告与财务会计报告的区别和联系

一、管理会计报告与财务会计报告的区别

结合管理会计报告和财务会计报告的知识，我们可以发现，由于二者的目标不同，在服务对象、内容和信息种类上都有所差别。管理会计报告重在向内部使用者披露信息，以协助其进行决策或管理，财务会计报告虽然也受到内部管理者的重视，但披露的主要对象是外部信息使用者；在信息种类方面，管理会计报告是面向未来的报告，综合了财务信息和非财务信息，旨在帮助管理者决策和价值管理，而财务会计报告仅是财务信息，是面向过去的报告，旨在为利益相关者提供决策信息；从内容上看，管理会计报告具有针对性，报告内容不一定是企业整体，也可能只针对某一管理单元编制报告，而财务会计报告往往涵盖企业经营活动的全过程；除此之外，由于财务会计报告是通过确认、计量、记录以及报告四步骤所制成的，严格遵守了公认会计准则或者其他会计制度，报告的模式较为固定，而管理会计结合统计和数学的方法，综合地制定出一套灵活的管理会计报告，具有较高灵活性。总结来看，财务会计报告与管理会计报告的区别见表12-2。

表12-2　　　　财务会计报告和管理会计报告的区别

项目	财务会计报告	管理会计报告
编制格式	公认会计准则以及其他会计法则	格式灵活、具有针对性
信息种类	财务信息；面向过去	财务信息、非财务信息；面向未来
主要服务对象	内部和外部投资者	内部投资者
目的	为内部和外部使用者提供信息	内部管理者价值管理和决策
内容	涵盖整个企业经营活动的全过程	企业整体或者单个管理单元
特征	着重于数据的客观性	强调决策的相关性

二、管理会计报告与财务会计报告的联系

管理会计报告与财务报告也具有高度相关性。从数据源头来看，财务会计报告是基础，管理会计报告建立在财务会计报告之上，是对财务会计报告信息的深度加工，需要对相关会计账户数据进行细化和调整；从内容来看，管理会计报告不仅包含了财务信息，还包含了非财务信息，而财务会计报告中也会披露一些内部管理计划和企业或者部门的方案等管理信息。

第三节　管理会计报告的编制

一、管理会计报告的编制原则

管理会计报告主要是为了满足内部管理与控制，为企业内部管理者提供对决策有用的信息。尽管企业管理会计报告的形式和作用各有不同，但有效的企业管理会计报告应当遵循以下编制原则。

（一）适应性原则

企业管理会计报告的编制、审批、报送、使用等应与企业组织架构和决策机制一致。汤谷良等（2004）认为“内部财务管理报告作为经营决策和经营管理的重要工具，近年来在国内不少企业中已经广泛应用，但是理论上的提炼特别滞后，可谓‘百花齐放’，实际操作上也‘五彩缤纷’，这可能就是内部财务管理报告固有的特征，不可能具有统一的表达形式、公认的编制准则和报告流程。”简单来说，管理会计报告是为企业内部管理者服务的，所以表现出一定的个性化，企业应结合组织架构、业务特点、内部授权等决策机制设计适合的管理会计报告体系，比如，华润集团是一家多元化经营的企业。为适应集团公司管理的需要，公司从1999年开始将多元化的业务及资产划分为责任单位并作为利润中心进行专业化管理，创立了以战略为中心的6S管理系统，对不同的行业进行统一的质量管理。其中，利润中心管理报告系统是战略执行的关注点，由总

部财务部门每月编制管理会计报表，包括不同业务板块的营业额、损益、资产负债、现金流量、成本费用、盈利能力、应收账款、不良资产等情况。

（二）层次性原则

不同层次的管理者对企业运营状况的关注点是不同的，管理会计报告提供的信息发挥决策支持的作用方面，应根据不同层次（战略层、运营层、作业层）的价值管理需求，进行数据整合应用，通过管理会计报告展现经营结果，实现业务可观测、价值可衡量，构造不同层次的管理会计报告。比如，原神华集团公司设立了三层管理会计报告体系，包括战略层面、运营层面和作业层面：战略层面的管理会计报告反映企业的总体情况；运营层面的管理会计报告反映具体的运营状况；作业层面的管理会计报告反映创造价值的核心业务以及与生产密切关联的一系列具体的作业活动的状况。

（三）相关性原则

相关性是指与决策有关，具有改变决策的能力。相关信息是指与正在处理中的事项具有某种关联的信息。信息的相关性表现为影响目标和影响决策。管理会计报告要为管理者提供内部决策、控制、评价、沟通所需要的各种信息，特别是会计信息。管理会计报告应坚持问题导向，提供与决策有关的相关信息。

（四）整合性原则

由于管理会计所需的数据分散在不同的业务部门，所以要实现业财融合，管理会计人员应具备收集数据、分析数据并将数据整合为所需要的管理会计报告的能力，管理会计报告整合了大量的非财务信息和财务信息，成为企业运营的导航仪。管理会计人员采用适当的工具方法（模型工具）实现数据的拆分与整合，设计管理会计报告体系。

（五）成本效益原则

管理方法和管理工具的使用是有成本的，在会计管理活动中，一项活动的收益必须大于其成本。编制管理会计报告的成本和收益，会影响内部和外部使用者的决策。管理会计报告的内容和报告频率在遵循相关性等基本原则的同时，必须考虑成本效益原则。过于繁琐的报告内容和过于频繁的报告频率会加大管理成本，得不偿失。管理者应该定期针对管理会计报告的内容和频率结合经营环境的变化及时调整，根据不同的管理层级要求不同频率和周期的管理会计报告。比如，兵器装备集团的董事会按季度提供管理会计报告，关注苗头性或趋势性问题，并下发宏观经济和产业发展资讯；集团公司高管每月主持召开经济运行分析会，事业部高管组织所属企业开展月度滚动预测等管理会计报告分析会议；企业每周针对市场变化情况进行监控分析，编制产销存情况周报等管理会计报告，有的企业每日监控日程计划执行情况。

二、管理会计报告的编制流程

管理会计报告的有效运用要有相应的流程和机制保证，从使用者需求出发，建立管理会计报告信息需求的“收集–编制–使用–反馈”机制。

(一) 报告主题及目的确认

报告主题与报告目的是对报告信息需求的前瞻性分析，明确报告受众、信息内容，并进一步确定信息范围、信息来源，同时，会相应选择或圈定报告形式。报告主题与报告目的的确定，可以加强报告的针对性和有效性，降低不必要的报告产生的可能性。这是管理会计报告要解决的首要问题。

(二) 报告编制

管理会计报告主要是为了满足内部管理与控制需要，为企业内部管理者提供对决策有用的信息。企业的管理会计报告应参考组织层级划分，对应确定各层次的管理重点和信息需求，根据各个层级管理重点和信息需求差异确定相应管理会计报告的核心内容和重点。根据财政部颁布的《管理会计应用指引第801号——企业管理会计报告》，由于不同的管理组织层次具有不同的管理重点以及信息需求，所以，按照使用者所处的管理组织层级，可以将管理会计报告分为战略层级的管理会计报告、经营层级的管理会计报告和业务层级的管理会计报告。不同层面的管理会计报告由于报告目的和报告对象不同，因而报告的内容也有所差异。具体内容见表12-3。

表12-3 **管理会计报告的分类**

分类	战略层	经营层	业务层
报告目的	帮助企业的战略层进行战略的规划、决策和评价	帮助企业的经营层顺利开展经营管理活动、完成经营目标	帮助企业对各项业务进行绩效考核评价，考察职责的履行情况
报告对象	股东、董事以及监事会	企业的经营管理层	企业各个业务部门、制造车间以及职能部门
报告内容	战略管理方面、综合绩效方面、企业的经营状况以及企业的风险分析等	企业的全面预算管理、盈利分析、资金管理和投融资分析等	采购业务报告、生产业务报告、运送业务报告、销售业务报告、售后服务报告以及人力资源报告等

(三) 报告审批及报送

企业应根据报告的内容、重要性和报告对象等，确定不同的审批流程。经审批后的报告方可报出。企业应合理设计报告报送路径，确保企业管理会计报告及时、有效地送达报告对象。企业管理会计报告可以根据报告性质、管理需要进行逐级报送或直接报送。

(四) 报告使用

管理会计报告的最终目的在于报告使用，支撑决策，反馈或取得反馈信息。管理会计报告的使用既包括受众收到、理解管理会计报告信息，也包括管理会计报告涉及主体(事项) 通过管理会计报告进行相应的改变和反馈。

（五）报告评价反馈

企业应对管理会计报告的质量、传递的及时性、保密情况等进行评价，并将评价结果与绩效考核挂钩。针对管理会计报告编制存在的不足应及时反馈，以便今后持续改进。

思考题

1.什么是管理会计报告？

2.管理会计报告和财务会计报告有什么区别和联系呢？

3.简述管理会计报告的编制流程。

二维码12-1　即学即测

案例分析

兵器装备集团摩托车部按照兵装集团价值创造行动的总体部署和要求，将价值创造行动作为推进摩托车产业专业化经营管理的重要抓手，以“服务和支撑战略及日常经营规划与实施的价值创造行动”为主题牵引，持续开展价值创造行动，建立价值创造型财务管理体系，大力推动管理会计报告等管理会计工具的应用和推广。

兵器装备集团摩托车产业近年来受到全球金融危机的冲击和国内经济增速放缓等因素的制约，加上行业生存环境有待改善，自身业务规模不大等原因，产业整体抗风险能力较弱，存在一定的经营风险。基于上述背景，兵器装备集团摩托车产业需要从提升产品、产业经营质量和规模以及资源整合优化和再平衡等方面解决产业的经营发展问题。为此，兵装集团摩托车产业充分应用了管理会计的管理会计报告工具，力求从财务、业务等多方面为摩托车产业的战略方向明确和规划措施落地提供有力的量化支撑。

具体来说，兵装集团摩托车部首先编制了13张管理会计报表，以资产、利润、人员、成本、产品等为工作对象，主要分析填列人、财、物资源的分布状况，明确资源在产品、产业中的配置效率，并梳理出经营性损益和非经营性损益，从而揭示相关产品、产业的效益情况。

其次，兵装集团摩托车部分析并支撑摩托车产业战略及日常经营规划与实施。具体表现在：①支撑产品、产业优化规划。通过对管理会计报表中的业务结构利润表、产品单品效益分析表的分析，结合主要指标对比情况，可以看出本部企业经营利润亏损，毛利率较合资企业低，期间费用率较合资企业高。②支撑产能管理优化规划。通过对管理会计报表中的业务结构资产负债表、费用习性汇总表的分析，可以看出本部企业传统业务固定资产规模大，有无效、低效资源，折旧、专用工装和摊销性费用占比较高，进而发现三家本部企业产能利用率低。③支撑人力资源优化规划。通过对管理会计报表中的业务结构利润表、业务结构用工规模及人工成本表的分析，可以看出本部企业传统业务有冗员，人力资源未完全发挥作用。④支撑资产结构改善规划。通过对管理会计报表中的业务结构资产负债表、业务结构利润表、EVA驱动路径表的分析，可以看出本部企业收入与资产占用不完全匹配。销售规模较低，资产规模较大，有无效、低效资源，效率、效益不理想，进而影响了价值创造能力的提升。⑤支撑负债结构改善规划。通过对管理会计报表中的业务结构资产负债表、业务结构利润表、费用习性汇总表的分析，可以看出本部企业资产负债率较高，融资规模和利息费用支出较大，表明有非经营性费用。针对以上问题，兵器装备集团摩托车部分别提出了相应的改进措施。

管理会计报告应用结果所形成的方向和对策符合兵装集团对摩托车产业深化改革调整，加快战略转型、合资合作和调整步伐的工作要求，并纳入了各成员单位的战略规划之中，支撑了摩托车产业“改革调整、战略转型”战略和日常经营规划与实施，逐步达到各级单位和人员“统一思想、一致行动”的目的，从而合力推动产业资源再平衡，促进产业逐渐健康发展。管理会计报告应用以来取得了一系列阶段性成果，具体表现如下：一是产业发展思路更加清晰，重点企业改革调整一揽子方案成功推进实施；二是产业发展步伐明显加快，成长业务占比提高；三是加大人员去冗余力度，减员增效取得良好效果；四是加快低效、无效资产处置，努力推动产业轻资产运作；五是进一步降低负债水平，切实维护资本市场和社会稳定；六是产业经营现金净流量、两金占用等控风险指标持续向好；七是产业持续实现整体减亏目标，亏损态势得到有效遏制。

要求：

（1）兵装集团摩托车部的产业发展存在什么问题？

（2）兵装集团摩托车部是如何应用管理会计报告的？

（3）兵装集团摩托车部应用管理会计报告有什么成效？

二维码12-2 管理会计案例——管理会计报告：B超市基于商务智能的零售分析体系构建